마지막 홍콩배우 양조위

마지막 홍콩배우
양조위

말보다 깊은 눈빛,
양조위의 삶·사랑·작품

미디어창비

차례

2부. 양조위 신화의 서막

3부. 왕가위의 카메라, 양조위의 얼굴

4부. 마지막 홍콩배우

프롤로그

빛과 그림자 속의 양조위
光影裏的梁朝偉

양조위에 대해 써나갈 결심이 든 것은, 뉴진스의 〈쿨 위드 유
(Cool With You)〉 뮤직비디오를 본 뒤였다. 한 번도 본 적 없는
백발로 등장해 쓴웃음을 짓는 그를 보면서 '양조위는 왜 어디
에나 잘 어울릴까'라고 생각했다. 그건 한 배우가 어떤 역할이
든 잘 소화한다는 말과 다르다. 양조위는 그냥 존재만으로 서
사와 정서를 만든다. 〈비정성시〉(1989)의 허우샤오시엔 감독
은 "양조위는 말하지 않는 법을 아는 배우"라고 했고, 〈아비정
전〉(1990)부터 〈일대종사〉(2013)까지 가장 오랜 세월을 함께
한 왕가위 감독은 "양조위는 눈빛만으로 수만 가지 감정을 전
달하는 배우"라고 했다.

　자고로 배우란 말과 움직임으로 이야기를 끌어가야 하
는 사람들인데, 양조위에게서는 그런 대사와 액션을 통해 자
신의 연기를 폭발시킨 경우가 많지 않다. 홍콩영화계의 동세
대 남성 배우들인 주윤발, 장국영, 유덕화와 비교해 가장 다른
점이다. 그들에게는 즉각적으로 떠오르는 몇몇 인상적인 장면
들이 있는 반면, 양조위는 그런 장면들이 〈중경삼림〉(1994)에
서 미드나잇 익스프레스를 향해 정면으로 걸어오고 슬픈 사물
들과 대화하거나 〈화양연화〉(2000)의 앙코르와트 장면처럼

주로 혼자 있는 장면들이다. 이처럼 내재화된 감정 연기로 오직 시선과 호흡, 그리고 최소한의 제스처만으로 작품의 정서를 이끌어가는 경우는 세계 영화사의 여러 대배우들과 비교해봐도 굉장히 드물다. 정통 메소드 연기의 방법론과도 사뭇 다르게, 말로 설명할 수 없는 감정의 깊이를 떨림과 망설임 사이 그 어디에서 눈빛 하나로 만들어낸다. 영화 역사상 가장 미스터리한 배우라 해도 이상하지 않다.

　　양조위는 어떤 순간에도 스스로 뽐내지 않는다. 감히 주연배우임에도 드러나길 원하지 않는 것처럼 보일 때가 더 많다. 화려함보다 소박함을 택하고 과시보다 절제를 앞세우는, 그래서 날카롭게 번쩍이는 칼날이 아니라 보는 각도에 따라 은은한 광택을 드러내는 도자기 같다. 큰 목소리로 화면을 장악하기보다 담백한 목소리와 절제된 몸짓으로 관객의 마음에 스며든다. 눈빛만으로 충분하기에 그 마음을 얻고자 결코 성대를 혹사하는 일도 없다. 그처럼 매 장면 관객의 마음을 장악하지 않고 설득하려 애쓴다. 실존 인물을 연기할 때도 고증과 해석 사이에서 충돌하기보다 기어이 조화의 순간을 찾아낸다. 풍성한 선율의 육감과 다채로운 음색의 농담 사이에서 길을 잃지 않는 천재 연주자라고나 할까. 장이모우 감독 〈영웅: 천하의 시작〉(2003)에서 완전히 달라 보이는 서법(書法)과 검법(劍法)이 근본적으로 통한다는 것을 일러준 파검(양조위)처럼, 배우로서 양조위를 설명할 수 있는 단어는 열정이 아니라 균형이다.

그래서 그가 만들어내는 인물은 말과 말 사이, 몸짓과 몸짓 사이에 숨 쉴 공간이 넓다. 좁은 골목을 통과하는 것처럼 서두르지 않고 언제나 햇살 가득한 정원을 산책하는 것처럼 여유롭다. 작품에서 발광하고 공명하는 순간에도, 그 우아한 여유를 잃지 않는다. 그것이 양조위가 감정을 보존하고 전달하는 방식이다. 감정이 날것으로 드러날수록 쉽게 증발한다는 걸 잘 알고 있기에, 그 감정을 자신의 절대적인 눈빛 속에 가둔다. 그로 인해 얻게 되는 가장 큰 미덕은, 연기에서 과잉의 그림자를 전혀 찾아볼 수 없다는 것이다. 자신이 맡은 작품 속 인물과 관객이 사랑에 빠지게 만드는 가장 좋은 방법은 큰 소리로 불러서 돌아보게 하는 게 아니라, 상대가 스스로 먼저 다가오게 하는 일이라는 것을 아는 사람처럼, 감정을 강요하지 않고 느긋하게 지켜보고 기다린다.

〈화양연화〉의 마지막 장면이 감동적인 것은, 감정을 말로 표현해야 한다는 강박관념을 깨트리고 양조위의 담담한 표정과 앙코르와트의 소소한 공기의 움직임만으로, 체념도 결심도 아닌 미래의 시간을 보여주기 때문이다. 할리우드로 건너가 빌런으로 출연한 〈샹치와 텐 링즈의 전설〉(2021)은 또 어떤가. 아버지 웬우(양조위)가 아들 샹치(시무 리우)에게 속죄하기 위해 텐 링즈를 물려주고 죽음으로 승천하는 장면에서, 웬우는 단 한마디 말도 없이 딱 한 번 촉촉히 젖은 눈만 깜박인다. 그런데 그 0.1초의 순간이 간절히 용서를 구하는 그 어떤 사과의 말보다 더 깊은 뉘우침의 회한을 전해준다. 마블시네마틱 유니버스의 수많은 슈퍼히어로물에서 한 번도 보지 못한 웅장한 침묵의 클라이맥스였다.

그래서일까, 양조위는 현실과 픽션의 경계를 넘어 언제나 친근하고 편하게 다가온다. 그리고 그것이 작품의 해석을 방해하는 게 아니라 오히려 기여하는 경지에 이른다. 우리는 이미 완성된 영화를 바라보기만 할 뿐인데, 마치 스크린 속 그와 실시간으로 대화를 나누는 것처럼 느껴진다. 어떻게 그런 기분이 들게 만드는 걸까. 그것이 양조위라는 배우가 부리는 놀라운 마법이다. 허우샤오시엔, 관금붕, 오우삼, 두기봉, 장이모우, 리안, 그리고 왕가위에 이르기까지 대만, 중국, 홍콩의 경계를 넘어 화어권의 대표 감독들이 그와 함께한 건 그 마법을 공유하기 위해서다. 그들에게 양조위는 모네의 수련이기도 하고, 세잔의 사과이기도 하며, 고흐의 해바라기이기도 하다. 그들이 예술가로서 세상의 본질에 다가가기 위한 매개체로서의 상징이자 우주가 바로 양조위다. 그렇게 그는 빛과 그림자 속에서 40년의 세월을 보냈다.

영국 영화잡지 〈사이트 앤 사운드〉는 10년마다 '최고의 영화 100편'을 선정한다. 그런데 지난 2022년 집계에서 큰 이변이 일어났다. 언제나 1위 자리를 두고 경쟁했던 알프레드 히치콕의 〈현기증〉(1958)과 오슨 웰즈의 〈시민 케인〉(1941)을 제치고(앞서 2012년 집계 1위는 〈현기증〉), 1위로 선정된 영화가 바로 샹탈 아케르만의 〈잔느 딜망〉(1975)이었다. 독창적인 미니멀

리즘으로 가정주부인 여성 잔느 딜망(델핀 세리그)의 일상과 우울, 파국을 다루는 영화이다. 여성 감독으로서는 최초로 1위에 선정된 것이었다. 그 작품 세계의 여러 단초를 읽어낼 수 있는, 자전적 이야기를 바탕으로 한 샹탈의 첫 소설 《브뤼셀의 한 가족》은 2024년 국내에도 출간됐다. 소설 말미에는 샹탈과의 긴 인터뷰가 실렸는데, 거기에는 자신이 좋아하는 영화들의 리스트도 있다. 로베르 브레송의 〈무셰뜨〉, 아녜스 바르다의 〈행복〉, 피에르 파올로 파솔리니의 〈맘마 로마〉 등에 이어 가장 마지막으로 언급한 '최신' 영화가 바로 왕가위의 〈해피 투게더〉(1997)다. "이처럼 감각이 예민한 영화를 보면, 꼭 집에 있는 것같이 느껴져요. 영화의 순수한 즐거움과 그토록 아름다운 청년들."

내가 세계 영화 전체를 통틀어 가장 사랑하는 영화가 바로 〈해피 투게더〉다. 샹탈 아케르만의 베스트 영화 리스트에 〈해피 투게더〉가 있어서 무척 놀라웠고 기뻤다. 그 또한 이 책을 쓰기로 결심한 중요한 계기가 됐다. 〈해피 투게더〉는 한 번 보기 시작하면 마지막까지 눈을 떼지 못한다. 샹탈의 얘기처럼 카메라와 연기의 감각이 예민하고, 모든 장면이 아름답고 슬프다. 그리고 그 '아름다운 청년들'에 대해 쓴 두 번째 책이 바로 《마지막 홍콩배우 양조위》다. 첫 번째 책인 《그 시절 우리가 사랑했던 장국영》을 내놓은 지가 어느덧 13년 전으로, 이제 〈해피 투게더〉의 두 아름다운 청년에 대해 모두 썼다. 안타깝게도 장국영은 너무 일찍 세상을 떠났고, 양조위는 환갑의 나이가 지나 여전히 홍콩영화계를 대표하는 배우로 매년 관객과 만나고 있다. 장국영은 만나보지 못했고 양조위는 만나본 적 있다. '아내를 모자로 착각한 남자'라는 제목을 살짝 바꿔, 어려서부터 '홍콩영화를 한국영화로 착각한 남자'로 살아온 나 자신의 지난 시간을, 가장 사랑하는 〈해피 투게더〉의 두 배우에 대해 쓰는 것으로 마무리하고 싶었다.

누군가 《마지막 홍콩배우 양조위》는 표지가 전부라고 얘기하면 기쁠 것이다. 나 또한 그렇게 느낀다. 거기에는 〈해피 투게더〉〈화양연화〉〈2046〉 등의 제작에 참여하고 국내 배급을 진행해온, 양조위와 왕가위 감독의 '절친' 모인그룹 정태진(TJ) 대표에게 가장 큰 고마움을 표해야 한다. 〈아비정전〉 촬영 당시 장국영의 소개로 왕가위와 인연을 맺은 그는, 왕가위 데뷔 30주년을 기념하여 홍콩 영화평론가 스티븐 테오가 쓴 《왕가위의 시간》을 국내 출간하기도 했다. 무엇보다 소중하게 보관 중이던 자료를 뒤져, 그동안 접하지 못했던 〈해피 투게더〉 촬영 현장 사진을 표지로 쓸 수 있게끔 허락해주었다. 긴 시간 원고를 기다려준 허유진 편집자에게도 고마움을 전한다. 마감이 늦어지는 가운데에도 이 책에 대한 애정으로 끝까지 당근과 채찍으로 길을 잃지 않게 해주었다.

한편, 막바지 마감에 한창이던 때, 안타깝게도 안성기 배우의 부고를 들었다. 가장 존경하는 우리의 국민배우를 그처럼 황망하게 떠나보내야 했다. 평소 그는 양조위 배우와 무척 가까웠다. 〈화장〉(2015) 개봉 당시, 양조위는 안성기를 응원하기 위해 방한해 VIP 시사회에 참석하기도 했다. 두 사람이 함께 서 있는 당시 취재 기사 대부분에서 '안성기와 양조위가 닮았다'는 내용이 빠지지 않는다. 실제로 두 사람은 오랜 시간 한국과 홍콩의 '국민배우'로 꾸준히 활동해왔고, 이미지와 성정이 닮은 배우였다. 그렇게 양조위를 쓰며 안성기를 추모하는 시간을 가졌다. 다시 한번 고인의 명복을 빈다.

문학, 미술, 음악 등 다른 예술과 달리 영화에는 관객과 함께 나이 들어가는 '배우'라는 존재가 있다. 창작자와 소비자 사이에서, 배우의 성장과 발전은 그 자체로 작품의 가치를 더욱 빛나게 만든다. 심지어 배우의 인품이 그 작품을 더 돋보이게 만들 수도 있다. 평론가로서 어떻게 그런 말을 할 수 있냐고 반문할 수도 있겠지만, 과학이 아닌 예술이란 원래 그런 착시효과를 불러일으킬 때도 있다. 그처럼 양조위는 주어진 연기를 넘어 온몸으로 작품에 이바지하며 살아왔고, 우리는 그것을 기꺼이 즐겼다. 돌이켜보니, 그가 지금까지 우리와 함께 정속 노화하며 살아주어 고맙다. 그러면서 주윤발과 장국영, 즉 '따거'와 '꺼거'의 시대를 지나 어느덧 양조위의 시대가 열렸다. '양조위의 시간'이 바로 '홍콩영화의 시간'이 된 것이다. 안타깝게도 이제 그가 출연한 영화 제목이기도 한 2046년이 되면, 그 찬란했던 홍콩영화의 기억은 역사의 뒤안길로 사라질지도 모른다.

〈일대종사〉에서 엽문(양조위)은 이렇게 말한다. "쿵푸는 두 단어로 말할 수 있다. 수평과 수직. 지는 자는 누워서 수평이 된다. 최후에 수직으로 서 있는 자가 승리하는 것이다. 끝까지 살아남아 서 있는 자만이 말할 자격이 있다." 그 자격은 단순히 대결의 승패를 넘어, 시간이 흐르고 세상이 변해도 자신의 신념을 지켜내는 인생의 도(道)를 뜻할 것이다. 홍콩영화의 일대종사 양조위는 충분히 차고 넘치게 그럴 만한 자격이 있다. 홍콩영화의 마지막 순간까지 꼿꼿이 수직으로 서 있을 사람이 바로 홍콩영화의 현대(現代)이자 현재(現在), 마지막 홍콩배우 양조위다.

1부. 청춘, 배우 안조위가 되다

1장

침묵하던 소년,
연기로 세상에 말을 걸다

어둠 속에서 피어난 꿈

양조위는 1962년 6월 27일 태어났다. 티 없이 맑고 곱게 자랐을 것 같지만, 양조위의 유년기는 어두웠다. 도박 중독자인 아버지는 그가 8살 때 어머니와 크게 다툰 뒤 가족을 버리고 떠나버렸고, 1살 어린 여동생과 어머니와 함께 살았다. 빠듯한 가정형편으로 인해 학업을 계속하기도 힘들었다.

양조위가 유년 시절을 보낸 곳은 홍콩 구룡반도의 대표적인 서민 주거단지, 메이푸였다. 그는 이곳에 위치한 델리아수녀기념학교(브로드웨이 캠퍼스)를 다녔다. 델리아수녀회가 운영하는 이 가톨릭 학교는 인종, 종교, 빈부의 격차 없이 다양한 이민자 자녀들을 수용해 영어로 수업을 진행하던 곳이었다. 그가 자란 메이푸 일대는 훗날 그가 출연한 영화 〈첩혈가두〉(1990) 속 삼수이포와 인접해 있고, 성룡이 지적 장애를 앓는 형(홍금보)을 돌보며 치열하게 살아가던 영화 〈용적심〉(1985)의 배경이기도 하다. 영화 속 거친 삶의 풍경은 소년 양조위에게 현실이었다.

결국 그는 빠듯한 가정형편 탓에 학업을 오래 이어가지 못했다. 15살에 학교를 조기 졸업한 양조위는 잡화점 점원, 가전제품 센터 판매원 등을 전전하며 생업 전선에 뛰어들었다. 아침부터 밤까지 쉼 없이 일하면서도 귀가 후엔 여동생의 끼니를 챙기고, 번 돈을 꼬박꼬박 어머니 손에 쥐여주던 속 깊은 아들. 양조위는 너무 일찍 어른이 되어야 했던 소년 가장이었다.

친구 주성치, 그리고 우연히 찾아온 '배우'라는 운명

배우의 꿈을 꿔본 적은 없었다. 매일 바쁘게 살아가는 그에게 영화란 감히 생각해보기 힘든 세계였다. 그런 그의 인생은 16살 무렵 만난 친구, 주성치를 통해 우연한 전환점을 맞는다. 주성치는 어려서부터 이소룡을 동경해 일찌감치 배우를 꿈꾸고 있었다.

1962년 6월 22일생으로 양조위보다 5일 먼저 태어난 주성치는 부모의 이혼과 힘든 가정형편 등 양조위와 공유하는 정서가 많았다. 어쩌면 각자의 상처를 한 명은 극단적인 코미디로 풀어내고, 다른 한 명은 침묵과 우수에 찬 눈빛으로 담아냈는지도 모른다.

당시 홍콩배우 지망생들의 목표는 단연 TVB 방송국의 '예원(연예인)훈련반'에 들어가는 것이었다. 주성치 역시 오디션을 준비하며 양조위와 함께 8밀리 단편영화를 찍기도 했다. 2023년, 데뷔 40주년을 맞은 양조위는 숏폼 플랫폼 더우인(抖音)에 '양조위의 인생 역정'이라는 영상 시리즈를 공개했다. 그중에는 '주성치는 나의 가장 나쁜 친구이자 가장 좋은 친구'라는 흥미로운 제목의 영상도 포함되어 있다.

그는 이 영상에서 어린 시절 두 사람이 이소룡 영화를 보러 가기 위해 신나게 자전거를 타고 달리다 사고가 났던 일화를 털어놓았다. 보통 때라면 다퉜을 상황이지만, 두 사람은 자신들의 우상인 이소룡을 보러 가는 길이었기에 싸움 대신 우정을 나눴다고 했다.

팬들 사이에서 전설처럼 회자되는 '양조위와 주성치의

최초 합작품'인 8밀리 액션 단편영화에 대한 이야기도 직접 풀었는데, 영화의 내용은 정의로운 고수 주성치가 악당 양조위를 제압하는 것이었다. 양조위는 "매번 주성치가 주인공을 맡았고, 나는 늘 대결에서 져서 죽는 역할이었다"고 회상하며, "언젠가 그 필름이 어디 있냐고 물어본 적이 있는데 모른다고 하더라. 아마도 이제 와서 세상의 빛을 보는 게 두려워 혼자 고이 간직하고 있을 것"이라며 웃었다.

이 영상이 남다른 의미를 갖는 것은 50년을 향해가는 두 사람의 오랜 우정과 역사적인 첫 합작의 기록이라는 점을 넘어, 양조위의 배우 인생이 흥미롭게도 '악역'에서 시작되었다는 사실을 보여주기 때문이다.

이런 과정들을 거치며 양조위가 비로소 배우의 꿈을 꾸게 되었다고 말하고 싶지만, 사실 그때까지도 양조위는 연예인이 되겠다는 생각조차 하지 못했다. 그저 친구를 돕기 위함이었다. 하지만 '친구 따라' 지원서를 낼 정도였으니, 연기에 대한 흥미가 아예 없지는 않았던 듯하다.

마침내 주성치의 권유로 함께 지원서를 내고 오디션을 본 양조위. 운명의 장난일까? 간절했던 주성치는 떨어지고, 따라간 양조위가 덜컥 합격하고 만다. 다행히 〈해피 투게더〉(1997)의 대사처럼 "우리 다시 시작하자"라고 서로 격려해준 덕분인지, 주성치도 곧바로 이어진 오디션에 합격했다. 당시 훈련반 선발 시기가 유동적이었던 덕분에, 두 사람은 나란히 TVB 11기 동기가 되는 행운을 누리게 되었다.

아이들의 친구에서 청춘스타로

홍콩연예계 진출의 관문이라 할 수 있는 TVB 예원훈련반이
배출한 인재들은 그야말로 막강했다. 두기봉 영화의 단골 배
우로 유명한, 안타깝게도 2025년에 세상을 떠난 배우 허소웅
을 배출한 1971년 1기를 시작으로 '전설의 3기'라 불리며 주
윤발, 임달화, 오맹달, 임영동 등이 함께 있었던 1973년 3기,
훗날 TVB '오호장'의 일원이 되는 황일화, 묘교위의 1980
년 9기, 유덕화, 양가휘, 오가려의 1981년 10기, '최강 11기'
라 불리며 양조위, 주성치, 오진우, 이자웅, 장조휘 등을 배출
한 1982년 11기, 유청운과 남결영을 비롯해 양조위의 옛 연인
증화천과 현재 부인 유가령이 함께 있었던 1983년 12기로 이
어진다. 흥미로운 것은 3기 임영동을 비롯해 4기 두기봉, 5기
관금붕 등 훗날 연출로 전향하게 되는 유명 감독들도 초창기
에는 연기자를 꿈꿨다는 사실이다.

　이 찬란한 시기를 상징하는 이름이 바로 '오호장(五虎
將)'이다. 당시 TVB 소속 배우 중 압도적인 인기를 누리던 유
덕화, 양조위, 황일화, 묘교위, 8기 탕진업까지 다섯 명을 묶어
부른 호칭이다. 이 이름은 적룡, 강대위 등이 출연한 장철 감
독의 영화 〈오호장〉(1973)에서 유래했다. 훗날 증지위 감독은
이들 다섯 명을 모두 캐스팅해 동명의 영화 〈오호장〉(1991)을
제작하며 그 시절의 영광을 스크린에 새기기도 했다.

»
〈430 우주선〉
시절의 양조위(아래
사진 맨 왼쪽)와
주성치(위 사진
오른쪽 위).

스타 등용문 〈430 우주선〉

주성치보다 먼저 오디션에 합격한 양조위는 1982년부터 아동 프로그램 〈430 우주선(430 Space Shuttle)〉 진행을 시작으로 본격적인 활동을 시작한다. 이 프로그램은 제목처럼 '우주 탐험'을 콘셉트로 과학 상식을 아이들의 눈높이에서 설명하는 교양 버라이어티였다. 한국으로 치면 〈뽀뽀뽀〉나 〈딩동댕 유치원〉 같은 위상으로, 당시 홍콩 어린이들에게 선풍적인 인기를 끌었다. 제목의 '430'은 하교한 아이들이 TV 앞에 앉는 시간, 오후 4시 30분을 뜻한다. 홍콩의 모든 어린이가 양조위가 이끄는 우주선에 탑승했던 셈이다.

1982년부터 1989년까지 이어진 이 방송은 TVB 훈련 반 출신 신인들이 거쳐 가는 필수 코스이기도 했다. MC 진행 능력은 물론, 코너 속 콩트 연기를 통해 실전 감각을 익히는 최고의 훈련장이었기 때문이다. 양조위뿐만 아니라 남결영, 증화천, 정이건 등 수많은 스타가 이곳을 거쳐 갔다.

양조위는 이 프로그램에서 '유퀴즈', 아니 '양퀴즈' 같은 의외의 재능을 발휘했다. 아이들의 눈높이에 맞춘 편안하고 능숙한 진행 실력을 선보인 것이다. 훗날 깊은 눈빛 연기의 대가가 되는 그가 예능 프로그램 진행자로, 그것도 아이들과 함께 커리어를 시작했다는 사실은 8밀리 단편영화 속 악역 연기만큼이나 흥미로운 반전이다.

1년 뒤인 1983년, 주성치 역시 〈430 우주선〉에 합류한다. 곧장 드라마로 차출되어 진행 기간이 짧았던 양조위와 달리, 주성치는 무려 5년 동안 이 프로그램의 고정 진행자로 활약했다. 이곳은 주성치 코미디의 산실이었다. 아이들과 주고받는 천재적인 말장난은 물론, 인기 코너 〈흑백강시(黑白殭屍)〉에서 보여준 연기는 독보적이었다.

그는 전통적인 강시 복장이 아니라 검은색 정장을 입은 '흑강시' 역을 맡아(동료 용병기는 흰색 옷의 백강시를 맡았다), 스튜디오와 야외를 오가며 종횡무진 활약했다. 우리가 아는 '주성치표 코미디'의 싹은 이때 이미 트고 있었다. 지금도 홍콩 언론은 주성치가 행사장에서 아이들과 장난치는 모습을 보면 '430 시절 버릇 나온다'는 헤드라인을 달곤 한다. 그가 배우

로 명성을 얻기 전부터 얼마나 대단한 인기를 누렸는지 짐작
할 수 있는 대목이다.

'웨이짜이'의 탄생과 연기가 구원이 된 순간

양조위의 '우주 비행'은 그리 길지 않았다. 〈430 우주선〉을
몇 달간 진행한 그는 곧장 TVB 드라마의 세계로 투입된다.
당시 TVB는 김용의 무협 소설 같은 인기 원작을 배우만 바꿔
가며 끊임없이 리메이크했기에, 보통 제목 앞에 제작 연도를
붙여 구분하곤 했다.

　　1982년, 〈82천룡팔부〉의 소림사 스님 단역으로 연기
를 시작한 그는 〈향성낭자〉, 〈소걸아〉, 〈재견19세〉, 〈북두쌍
웅〉 등을 거치며 빠르게 성장했다. 그리고 데뷔 1년여 만인
1984년, 마침내 그를 스타덤에 올려놓은 두 편의 운명적인 작
품을 만나게 된다. 바로 무협극 〈84녹정기〉와 현대극 〈84신
찰사형(新紮師兄)〉이다.

　　〈84녹정기〉는 김용 월드에서 가장 개구쟁이인 캐릭터
'위소보'(양조위)와 점잖은 황제 '강희제'(유덕화)의 이야기다. 이
작품은 TVB 훈련반 1년 선배인 유덕화와 양조위가 처음으로
공동 주연을 맡은 드라마로, 훗날 영화 〈무간도〉(2003)에 이
르기까지 이어질 전설적인 파트너십의 시발점이 되었다. 재미
있는 건 여기서도 양조위가 머리를 깎는다는 점이다. 극 중 강
희제의 어명으로 출가하게 된 위소보가 삭발한 채 승복을 입

느는데, 가발이 아니라 실제로 머리를 밀어 화제가 되었다. 어명을 어기지 못해 투덜대는 그의 모습은 귀엽기 그지없다. 이때부터 대중에게 '말 잘 듣는 순둥이 양조위'의 이미지가 각인되기 시작한다.

<84녹정기>의
유덕화와 양조위,
그리고 위소보(양조위)와
일곱 명의 아내.
유가령(오른쪽 맨 위),
모순균, 오군여의 모습도
볼 수 있다.

유덕화와의 호흡이 훗날의 <무간도>를 예고했다면, 장만옥과 함께한 <84신찰사형>은 <화양연화>(2000)의 전조였다. '신찰(新紮)'은 홍콩 경찰 내 신참을 뜻하는 은어다. 양조위는 가난 때문에 대학을 포기하고 경찰 학교에 들어간 청년 '장위걸'을, 장만옥은 그의 이웃집 첫사랑 '사영지'를 연기했다. 제복 입은 풋풋한 경찰 양조위의 모습은 10년 뒤 영화 <중경삼림>(1994) 속 경찰 663의 등장을 미리 보는 듯한 기시감을 준다.

같은 해, 능청스러운 무협 속 사기꾼(녹정기)과 고뇌하는 현대의 청춘(신찰사형)을 오가며 완벽히 다른 얼굴을 보여준 양조위. 그가 데뷔 초부터 "연기 천재"라는 찬사를 들었던 이유는 바로 이 폭넓은 스펙트럼에 있었다.

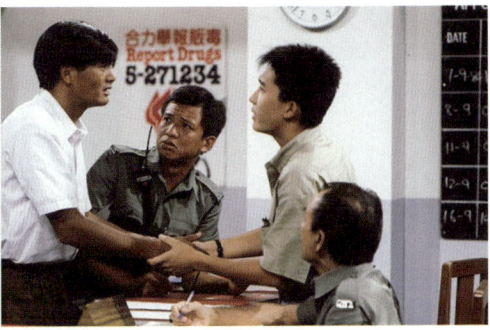

〈84신찰사형〉의 인기에 힘입어 만들어진 〈신찰사형속집〉의 장면들. 양조위와 임달화(왼쪽), 주윤발과 양조위(오른쪽).

TVB의 황금기, 진정한 '양조위 비긴즈'

〈84신찰사형〉은 양조위에게 출세작 이상의 의미를 갖는다. 힘든 현실 속에서도 꿈을 향해 달리는 청춘들의 이야기는 홍콩 전역을 강타했다. 실제로 〈84신찰사형〉이 신드롬급 인기를 끌면서, 이듬해 홍콩 경찰학교 지원자가 급증하는 현상까지 벌어졌다. 무엇보다 이 작품은 양조위 개인에게도 남다른 의미가 있었다. 어린 시절 집을 떠난 아버지에 대한 트라우마를, 연기를 통해 정면으로 마주하고 극복하는 계기가 되었기 때문이다. 극 중 장위걸(양조위)의 아버지 장복성(유조명)은 오래전 본처와 자식을 버리고 다른 여자와 새 가정을 꾸린 인물로 그려진다. 그는 부유하게 살면서도 남겨진 가족에게 경제적 지원을 하지 않아 장위걸 모자를 늘 궁핍하게 만들었다. 아버지에 대한 이 깊은 분노는 장위걸이 경찰학교에 들어가 홀로 서기를 결심하는 가장 강력한 동기가 된다. 여기서 흥미로운 사실은, 그 비정한 아버지가 재혼해 낳은 딸이 바로 유가령이었다는 점이다.

한편, 장국영이 〈천녀유혼〉(1987) 이후 '형님/오빠'라는 뜻의 '꺼거(哥哥)'로 불렸듯, 양조위 역시 장위걸의 인기에 힘입어 '웨이짜이(偉仔)'라는 평생의 별명을 얻게 된다. 이름의 '위(偉)' 자에 홍콩식 애칭 접미사 '자(仔)'를 붙인 것으로, "조위야" 혹은 "우리 조위" 정도로 해석할 수 있는 친근한 호칭이다. (유덕화는 '와짜이', 주윤발은 '파짜이'로 불린다. 물론 연륜이 쌓인 뒤에는 영어 이름 뒤에 존칭을 붙여 '토니 거(Tony 哥)'나 '팟 거(Fat 哥)'로 불리기도 했다.)

무엇보다 이 작품은 양조위에게 배우로서의 '자아'를 심어준 계기가 되었다. 〈430 우주선〉 시절이나 단역 때까지만 해도 직업의식이 희미했던 그는, 훗날 인터뷰에서 "당시 현실이 워낙 싫어서, 연기하는 것 자체를 즐기게 됐다"고 고백했다. 타인의 삶을 사는 순간만큼은 고단한 현실을 잊을 수 있었던 것이다. 2023년 베니스영화제에서 양조위가 평생공로상을 수상했을 때, 홍콩 TVB가 '광영리적양조위(빛과 그림자 속의 양조위)'라는 특집 편성으로 〈84신찰사형〉 40부작 전편을 재방영한 것은 결코 우연이 아니다. 이 드라마야말로 진정한 '양조위 비긴즈(Tony Leung Begins)'이기 때문이다.

사족을 하나 더하자면, 양조위가 "유가령과 가까워지게 된 계기"로 꼽은 작품도 바로 이것이다. 극 중 연인은 장만옥이었지만, 현실의 인연은 유가령과 이어지고 있었던 셈이다.

이후 양조위의 인기를 반석 위에 올려놓은 것은 김용 원작의 또 다른 걸작 〈86의천도룡기〉였다. 우유부단하지만 미

«
〈84신찰사형〉 당시
양조위, 장만옥.

위할 수 없는 영웅 '장무기'를 연기한 양조위는 수많은 리메이크 버전 중에서도 여전히 '레전드 장무기'로 회자된다. 새삼 놀라운 사실은 〈84녹정기〉와 〈86의천도룡기〉의 연출자가, 훗날 홍콩 누아르의 거장이 되는 두기봉 감독이었다는 점이다.

김용이 창조한 가장 매력적인 캐릭터 '장무기'

양조위의 무협 드라마 필모그래피를 대표하는 세 작품은 〈84녹정기〉, 〈86의천도룡기〉, 〈88절대쌍교〉다.

먼저 강희제 역의 유덕화와 함께 출연한 〈84녹정기〉에서 그는 기루에서 나고 자라 정통 무협지의 주인공과는 거리가 멀지만, 그 엉뚱함이 오히려 매력적인 말썽꾸러기 '위소보'를 연기했다. 이어 〈86의천도룡기〉에서는 절대무공인 구양진경을 연마해 강호 최고의 고수로 거듭나는 '장무기'였으며, 〈88절대쌍교〉에서는 '냉미남' 화무결(오대융)과 대조적으로 악인들만 모여 산다는 악인곡에서 자라 온갖 나쁜 짓을 배웠음에도, 본성은 착하고 영리한 장난꾸러기 '소어아'로 분했다.

세 작품에서 양조위가 맡은 역할들은 '무림의 악동' 혹은 '만인의 연인'으로 요약될 수 있는데, 흥미롭게도 이는 지금의 양조위가 가진 이미지와도 어느 정도 일맥상통한다. 특히 장무기가 그렇다. 마치 현재 홍콩의 모습처럼 원(元)과 명(明)이 교체되는 혼란기를 살아가는 장무기는, 앞서 말한 것처럼 구양진경이라는 절대무공을 수련해 끝내 강호 최고의 고수

»
〈86의천도룡기〉 당시
양조위와 여미한.

가 된다.

실제로 티베트 불교 신자인 양조위처럼, 장무기는 유가적이고 도가적인 협객이 주를 이루는 김용 유니버스에서 독보적인 '불가적 협객'이라 할 수 있다. 그는 타인의 단점보다는 장점을 기억하며, 심지어 부모를 죽인 원수에게조차 자비를 베푸는 만인의 좋은 친구다. 피비린내가 진동하는 무림에서 그의 존재는 사람의 마음을 편안하게 해준다.

아버지 장취산을 죽음으로 몰고 간 무림 고수들, 금모사왕 사손의 도룡도를 차지하기 위해 자신을 이용하려 했던 홍매산장의 주인 주장령, 도움을 줬음에도 배신해 등을 노린 곤륜파 장문인 철금선생 하태충 등 그에게는 복수할 대상이 한둘이 아니다. 하지만 장무기는 그 모든 이들을 끌어안는다. 말하자면 그는 아무도 죽이지 않는다.

'여복은 많지만 우유부단한', 그리고 '언제나 끌려다니는'이라는 수식어가 따라붙는 장무기는 작품 내내 안쓰러울 정도로 여러 사람에게 속임을 당하고 휘둘린다. 김용 작가는 작정하고 그렇게 설정한 대신, 그에게 최고의 '운빨(천운)'을 선물했다. 내면에 미움과 분노가 없지는 않았을 테지만, 장무기는 용서를 통해 진정한 복수를 완성한 최후의 승자가 된다. 어쩌면 그 장무기적인 '대운'이야말로 바로 지금의 양조위를 설명할 수 있는 가장 적절한 단어가 아닐까.

은인 '초원' 감독과 스크린 데뷔

양조위의 영화 데뷔는 드라마로 뜨기 이전, 초원 감독(1934-2022)의 〈광풍83〉(1983)을 통해 이뤄진다. 초원(楚原) 감독은 〈광풍83〉의 제작사이기도 한 홍콩을 대표하는 영화사 쇼브라더스를 중심으로 〈칠십이가방객〉(1973), 〈천애명월도〉(1976), 〈유성호접검〉(1976), 〈초류향〉(1977), 〈백옥노호〉(1977) 등의 수작 무협사극을 만들며 무려 1950년대부터 1990년대까지 50년 넘게 꾸준히 활동했다. 장국영, 왕조현, 매염방, 엽동이 출연한 〈우연〉(1989)을 감독했으며, 자신이 연출한 영화에도 출연하는 등 배우로도 활발하게 활동했다. 한 예로 성룡의 〈폴리스 스토리〉 시리즈에서 악당 '주도'를 연기한 바 있다.

영화 〈광풍83〉에서 양조위는 배역 이름조차 없는 단역에 불과했다. 하지만 그는 당시 드라마 단역과 조연을 전전하던 신인인 자신을 캐스팅해준 거장 초원 감독을 평생의 은인으로 여겼다. 양조위의 남다른 성품이 드러나는 대목은 바로 그다음의 행보다.

〈84녹정기〉와 〈84신찰사형〉이 일으킨 신드롬급 인기가 홍콩을 휩쓸고 지나간 뒤, 그가 선택한 스크린 복귀작은 다름 아닌 초원 감독의 〈화심홍행(花心紅杏)〉(1985)이었다. 당시 쇄도하던 러브콜 속에서도 은인과의 의리를 택한 것이다. 이 영화에서 그가 맡은 배역의 이름은 아예 '신찰사형'이었다. 드라마의 인기를 영화로 끌어오려는 노골적인 설정이었지만, 양조위는 이를 마다하지 않았다.

영화는 바람둥이 남편(초원)에게 상처받은 아내 몽메이(종초홍)가 사촌 동생(하문석)과 함께 복수극을 펼치는 내용이다. 양조위는 이 소동에 휘말린 신참 형사로 등장하는데, 착하고 다정하지만 어딘가 허술한 매력으로 두 여인의 사랑을 독차지한다. 당대 최고의 스타였던 종초홍과 하문석이 동시에 반해버리는 설정이었으니, 영화배우로서 꽤 성공적인 안착이었다.

'신찰사형'의 여파는 생각보다 길었다. 그는 당시 실제 연인이었던 증화천, 매염방과 함께 출연한 차기작 〈청춘차관〉(1985)에서도 어김없이 젊은 경찰 제복을 입었다. 드라마 속 이미지가 스크린까지 확장된 셈이다.

하지만 무엇보다 주목해야 할 것은 양조위의 선택이다. 두 드라마의 대성공으로 작품 선택의 폭이 훨씬 넓어졌음에도, 그는 주류에서 조금씩 멀어지고 있던 '한물간' 초원 감독의 손을 다시 잡았다. 훗날 오우삼, 왕가위 등 자신을 알아봐준 감독들에게 보여준 변함없는 신뢰와 의리가 이미 이때부터

«
1985년 개봉한
초원 감독의 영화
〈화심홍행〉의 포스터.

싹트고 있었던 것이다.

　　이 마음은 10여 년 뒤 진가신 감독의 〈신난형난제〉
(1993)에서도 이어진다. 양조위는 이 영화에서 자신의 배역 이
름을 아예 '초원'으로 지었다. 실제 초원 감독이 극 중 인물로
출연했기에 재미를 위한 설정이기도 했지만, 분명한 존경과 오
마주가 담겨 있었다. 의리를 지키며, 사람을 챙기며, 그렇게 양
조위는 천천히 홍콩영화계의 중심으로 걸어 들어오고 있었다.

2장

스크린의 미생(未生),
경계를 넘다

〈전로정전〉과 〈인민영웅〉, 1986년의 첫 트로피

양조위의 연기 인생에서 1986년은 TVB 스타에서 영화배우로 도약하는 결정적인 대전환기였다. TVB 드라마 〈84신찰사형〉에 이어 〈86의천도룡기〉로 최고의 인기를 구가하던 그는, 같은 해 이동승 감독의 장편 데뷔작 〈전로정전〉(6월)과 관금붕 감독의 두 번째 장편 〈지하정〉(8월)에 연달아 출연하며 스크린으로 활동 영역을 넓혔다. 홍콩영화 뉴웨이브를 이끌 차세대 거장들의 초창기를 함께한 셈이다.

당시 홍콩영화계는 TVB에서 성장한 인재들을 적극적으로 영입하고 있었다. 흥미로운 점은 1983년 TVB 드라마 〈북두쌍웅〉에서 사회복지사로 호흡을 맞췄던 양조위와 주윤발이, 영화 〈전로정전〉에서는 정반대로 사회 안전망 바깥의 정신질환 노숙자로 재회했다는 사실이다. 비록 당시 두 배우가 작품을 주도적으로 선택할 위치는 아니었지만, 드라마 속 '케어하던 자'에서 영화 속 '케어받는 자'로의 역할 반전은 묘한 기시감과 흥미를 자아냈다.

영화는 정신재활협회 복지사(풍쉬범)와 이들의 실태를 취재하는 기자(엽덕한)가 중심이었고, 양조위와 주윤발의 대사는 많지 않았다. 하지만 훗날 DVD가 출시될 때는 대스타가 된 두 배우의 인기에 힘입어, 실제 클라이맥스를 장식한 주연 진패(Paul Chun) 대신 두 사람이 표지를 장식하기도 했다. (참고로 이동승 감독과 배우 진패, 강대위는 이복 및 친형제 사이로, 홍콩영화

계의 유명한 배우 가문이다.)

비중은 작았으나 양조위의 존재감은 강렬했다. 그는 영화 초반, '강아지(狗仔, Gozai)'라는 별명으로 불리는 정신 지체 캐릭터로 등장해 시장 한복판에서 우비를 입은 채 식 칼을 들고 난동을 부린다. 〈84신찰사형〉의 반듯하고 귀여 운 신참 경찰 이미지를 기억하던 대중에게는 충격적인 변신 이었다.

티 없이 맑은 미소년의 얼굴로 아이처럼 웃다가, 순식 간에 돌변해 사람들을 위협하는 그의 모습은 영화 전반을 지배하는 불안한 정서를 대변했다. 무해해 보이는 얼굴 뒤 로 예고 없이 튀어나오는 공격성, 칼을 쥐고 있으면서도 사 시나무 떨듯 떠는 연약함은 관객에게 공포와 연민을 동시에 불러일으켰다. 짧은 분량 탓에 연기상 후보에는 오르지 못 했지만, 이동승 감독의 안목이 틀리지 않았음을 증명한 명 연기였다.

1983년 TVB 드라마 〈북두쌍웅〉 속 주윤발과 양조위(왼쪽), 〈북두쌍웅〉에서 주윤발, 양조위, 주성치가 함께한 역사적인 컷(오른쪽).

〈인민영웅〉, 첫 연기상 수상과 배우로서의 도약

〈전로정전〉에서 양조위의 재능을 확신한 이동승 감독은 이 듬해 차기작 〈인민영웅〉(1987, 국내 개봉명 〈은행풍운〉)에 그를 다시 캐스팅했다. 양조위는 좀도둑 '아세' 역을 맡아, 파트너 보니(황빈)와 함께 손님인 척 은행을 털려다 진짜 흉악범 향양(적룡)을 만나 졸지에 인질이 되는 기막힌 상황을 연기했다.

이 영화에서도 양조위 특유의 '미워할 수 없는 어수룩함'이 빛을 발했다. 경찰 협상가에게 순순히 본명을 털어놓는가 하면, 실수로 쏜 총에 맞은 경비원에게 어쩔 줄 몰라 하며 사과를 건네기도 한다. 탈출 기회가 있었음에도 발작을 일으킨 동료 보니 때문에 제 발로 인질로 남는 모습은 그가 구축해 온 순수한 캐릭터의 연장선이었다.

은행강도에서 인질로 뒤바뀌는 아이러니한 상황을 천연덕스럽게 소화해낸 양조위는 이 작품으로 생애 첫 홍콩금상장 남우조연상을 수상하는 기쁨을 누렸다. 〈지하정〉에 이어 다시 호흡을 맞춘, 적룡의 여자친구를 연기한 금연령 역시 여우조연상을 받으며, 〈인민영웅〉은 양조위에게 '영화배우'라는 타이틀을 확실히 심어준 기념비적인 작품이 되었다.

관금붕이 발견한 '가장 퀴어적인 얼굴'

〈지하정〉의 인물 구도를 보면 기묘하다. 세 명의 여자 사이에 놓인 양조위, 그리고 그들과 친구가 되는 형사 주윤발. 자 칫 작위적이거나 어색할 수 있는 이 복잡한 관계망 속에서, 양조위는 물 흐르듯 자연스럽게 녹아든다. 만약 그 자리에 다른 배우가 있었다면 이토록 자연스러운 케미스트리가 가 능했을까?

1996년 다큐멘터리 〈양과 음: 홍콩영화 속의 젠더〉를 통해 커밍아웃한 관금붕 감독은, 어쩌면 허우샤오시엔(《비정 성시》), 담가명(《살수호접몽》), 왕가위(《아비정전》)보다 앞서 양조 위의 잠재력을 가장 먼저 간파한 인물일 것이다. 〈지하정〉 속 양조위는 대중에게 익숙했던 TVB 드라마 〈84녹정기〉, 〈84 신찰사형〉, 〈86의천도룡기〉의 모습과는 완전히 달랐다. 말하 자면 관금붕은 최초의 '양조위 사용설명서'를 제안한 감독이 었다.

그는 왜 이런 모험적인 캐스팅을 감행했을까? 관금붕의 통찰은 명쾌했다. "양조위의 눈빛에는 늘 우울함이 가득하다. 심지어 〈84녹정기〉에서 7명의 아내를 둔, 그토록 능청스럽고 명랑한 위소보를 연기할 때조차 그의 눈빛에는 슬픔이 서려 있었다."

〈지하정〉 역시 세 여자와 관계를 맺는 설정 탓에 자칫 위소보 캐릭터와 비교될 위험이 있었지만, 관금붕은 당대 홍 콩 청춘의 공허를 표현하는 데 양조위의 그 '슬픈 눈빛'이 절 대적으로 필요하다고 판단했다. 그는 인터뷰에서 "당시 TVB 배우 중 가장 연기를 잘했다. 영화배우로서 반드시 성공할 것

》
〈지하정〉 속 장면들.
양조위, 온벽하, 주윤발,
채금(오른쪽 아래) 등의
모습이 보인다.

이라 믿었고, '사랑한다'고 말할 수 있을 만큼 그를 아꼈다"고 고백했는데, 이는 감독으로서 배우에게 보낼 수 있는 최고의 찬사였다.

촬영 당시 양조위가 겪은 부담감을 보여주는 일화도 있다. 극 중 캐릭터의 영어 이름이 실제와 같은 '토니'였을 정도로 배역에 몰입했던 그는, 어느 날 감독에게 역할에 대한 깊은 고충을 토로했다. 그리고 다음 날, 예고도 없이 촬영장에 나타나지 않았다. 스케줄 때문이 아니라 작품과 배역에 대한 중압감 때문이었다.

현장에는 대선배 주윤발을 비롯한 모든 배우와 스태프가 그를 기다리고 있었다. 한참 뒤에야 나타난 양조위를 향해, 관금붕 감독은 "아무 말도 하지 말자"며 스태프들을 진정시켰다. 주윤발을 포함한 동료들 역시 질책 대신 조용히 그의 어깨를 두드리며 촬영을 이어갔다. 이 사건은 양조위가 주윤발을 깊이 존경하게 된 계기이자, 관금붕 감독의 배려심이 빛난 순간으로 남았다.

경계를 허무는 얼굴

관금붕은 양조위를 일컬어 "가장 퀴어(Queer)적인 남성 스타"라고 평했다. 이는 성적 지향을 넘어선 미학적 관점의 평가다. 그는 양조위를 "성별, 욕망, 문화의 경계를 넘어 감정이 관객에게 가장 잘 스며들게 하는 얼굴"이자 "욕망의 방향이 고정되지 않은 얼굴"이라 정의했다.

*
〈아비정전〉 속 양조위.

이성애 멜로든, 삼각관계든, 혹은 금기시되는 불륜의 서사든, 양조위는 어느 한쪽으로 쏠리거나 규정되지 않는 감정의 주체로 존재한다. 이는 홍콩 엔터테인먼트 산업이 고수해온 전통적이고 마초적인 남성 스타상을 완전히 깨부수는 것이었다. 관금붕은 양조위가 가진 이 '규정할 수 없는 유동성'을 꿰뚫어본 최초의 감독이었다.

이러한 관점에서 보면, 왕가위의 〈아비정전〉(1990)에서 양조위의 분량이 통편집되고 마지막 장면에만 짧게 등장한 이유도 짐작해볼 수 있다. 당초 양조위는 장국영에 이은 '두 번째 아비'인 주모운(周慕雲) 역으로 촬영까지 마친 상태였다.

하지만 본래 설정대로라면 구룡성채에 숨어들어 도박을 하고, 담배를 문 채 기어 나오는 거친 아비의 모습은 양조위가 가진 고유의 결, 그 섬세하고 정적인 아우라와는 맞지 않았을지 모른다. 우리가 흔히 '주 선생'이라 부르는 양조위의

주모운이 등장해야 할 진짜 타이밍은 1990년의 〈아비정전〉
이 아니라, 10년 뒤의 〈화양연화〉(2000)였다.

결국, 우리가 〈아비정전〉에서 양조위의 주모운을 길게
만나지 못한 것은 더 완벽한 '화양연화'를 만나기 위한 양조위
의 운명이자 우리 모두의 운명이었던 셈이다.

쌀가게의 미생(未生)과 지하의 연인들

다시 시계를 1년 전인 1986년으로 되돌려보자. 양조위에게
있어 〈전로정전〉이 몸풀기였다면, 주윤발과 재회한 관금붕 감
독의 〈지하정〉은 〈비정성시〉(1989)와 더불어 오늘날 우리가
아는 '배우 양조위'의 원형을 발견할 수 있는 진정한 '양조위
비긴즈'라 할 수 있다.

이 작품은 낭트3대륙영화제 경쟁부문에 초청되며 양조
위의 첫 번째 단독 주연작이자 첫 해외 영화제 진출작이 되었
다(공교롭게도 4년 뒤 연인 유가령은 〈아비정전〉으로 같은 영화제에서 여
우주연상을 받는다). 영화는 쌀가게 아들 장수해(양조위)와 그를
둘러싼 세 여자—모델 빌리(온벽하), 단역 배우 옥병(금연령), 밤
무대 가수 숙령(채금)—의 관계를 다룬다. 불투명한 홍콩의 미
래를 걱정하며 서로 의지하던 이들 사이에 숙령이 살해당하는
사건이 발생하고, 사건을 수사하는 형사 란(주윤발)이 개입하며
이야기는 새로운 국면을 맞는다. 하지만 영화는 범인 찾기보
다는, 기묘하게 얽힌 청춘들과 이를 관조하는 형사의 시선을

통해 이들의 내면에 자리한 깊은 공허를 파고든다.

〈지하정〉의 양조위는 철저한 '미생'이다. 아직 삶이 여물지 않았다는 의미의 미생(未生)이자, 말 그대로 쌀가게 아들인 미생(米生)이기도 하다. 극 중 아버지가 "네 이름을 장미생으로 지으려 했다"고 말하는 것은 농담이 아니다. 실제로 부모가 쌀가게에서 그를 잉태했기 때문이다.

창밖으로 빅토리아 항구가 내려다보이는 쌀가게 풍경은 1980년대 개발 광풍이 한창이던 홍콩을 상징적으로 보여준다. "홍콩은 계속 건물을 짓네요, 아직 살 만한가 봐요"라는 25살 아들의 말에 아버지는 "중요한 건 여기 사는 사람들의 마음"이라며, 자신이 파는 쌀로 홍콩의 발전을 일궜다는 자부심을 내비친다. 하지만 아들 장수해는 아버지의 자부심과는 거리가 멀다. 낮에는 건성으로 일을 돕고 밤에는 술과 여자에 탐닉할 뿐이다.

그의 공허함은 부모의 역사를 반복하는 장면에서 극에 달한다. 장수해는 쌀가마니를 찢어 만든 '쌀 침대' 위에서 정사를 벌인다. 키스할 때 입안 가득 쌀알이 씹히는 이 기묘하고도 적나라한 정사 신은, 쾌락을 좇지만, 마음은 어디에도 안착하지 못하는 그의 불안한 내면을 시각적으로 탁월하게 형상화한다.

그와 관계 맺는 여성들의 삶 역시 지쳐 있기는 마찬가지다. 대만 출신 단역 배우 역을 맡은 금연령은 "임청하는 17살에 주연을 했는데 난 귀신 역이나 하고 있다"며 한탄한다.

이는 실제 대만 출신이자 임청하와 1954년생 동갑내기인 금연령의 현실이 반영된 대사라 더욱 뼈아프게 들린다. 훗날 에드워드 양의 〈하나 그리고 둘〉(2000)에서 삶의 무력감을 호소하던 엄마 '민민'으로 기억되는 금연령은, 이 영화에서 뛰어난 연기를 선보이며 홍콩금상장 여우조연상을 거머쥐었다.

타인을 사랑하는 법을 모르는 '지하'의 연인들

친구 숙령의 죽음 이후, 남겨진 이들은 "숙령이 죽지 않았다면 우린 어떻게 됐을까?"라고 자문한다. 결론적으로 그들은 서로를 사랑한 것이 아니라, 각자 자기 자신만을 끔찍이 연민했을 뿐이다. 드러내는 순간 무너지는 관계 속에서 그들은 영원히 '지하'에 머물러야 했다.

영화의 결말은 냉혹하리만치 희망이 없다. 금연령은 〈아비정전〉의 루루(유가령)처럼 가수가 되겠다며 싱가포르로 떠나려 하고, 사건을 수사하던 주윤발은 암 판정을 받고 죽음을 기다리는 처지가 된다. 주윤발은 "당신들이 감정을 낭비하는 모습에서 나와 닮은 점을 발견해 위안을 얻었다"고 고백하고, 연인의 낙태를 겪으며 방황하던 양조위는 "세 여자에게 상처를 입히고 작은 생명을 죽인 게 내 25년 인생의 전부"라며 자조한다. 청춘의 방황과 죽음을 앞둔 중년의 허무가 맞닿는 순간이다.

영화는 가수 채금이 부른 동명의 주제가 '지하정'으로 마무리된다. '지하정'이란 '세상에 드러내는 순간 끝나버리기 때문에, 평생을 어둠 속에서만 이어가야 하는 사랑'을 뜻한다. "빛을 보면 사라질 운명이기에 밤에만 진짜 마음으로 돌아온다"는 가사는 영화의 주제를 관통한다. 그래서 "우리는 계속 숨어 있어야 해요"라는 반복적인 후렴구가 당시 홍콩 청춘들의 공허한 내면을 절묘하게 드러낸다. 흥미로운 점은 비록 영화 속 채금은 일찍 퇴장하지만, 그녀의 목소리는 16년 뒤 〈무간도〉(2002)에서 양조위와 다시 만난다는 사실이다.

〈무간도〉 시리즈를 관통하는 핵심 곡 '피유망적시광(被遺忘的時光, 잊힌 시간들)'이 바로 채금의 노래다. 1편에서 양조위와 유덕화가 오디오숍에 나란히 앉아 이 노래를 듣는 장면은 영화사의 명장면으로 꼽힌다. "누가 나의 창을 두드리는가"라는 첫 소절과 함께 흘러나오는 이 노래는, 〈지하정〉 속 인물들이 지우고 싶어 했던 기억과 〈무간도〉 속 양조위가 잃어버린 자신의 정체성을 묘하게 중첩시킨다.

경찰인지 범죄자인지 모를 혼란 속에서 아득해진 과거를 그리워하는 양조위, 그리고 그 노래를 가장 잘 들을 수 있는 앰프 케이블을 추천해주는 위장 경찰 유덕화. 1986년 〈지하정〉의 공허한 청춘은 그렇게 세월을 건너 2002년 〈무간도〉의 고독한 언더커버와 조우하며, 홍콩영화사의 기막힌 아이러니를 완성한다.

3장

주윤발과
유덕화 사이에서

언제나 든든한 '큰 형님' 주윤발

1989년, MBC의 간판 예능 프로그램 〈토요일 토요일은 즐
거워〉(이하 '토토즐')에 〈영웅본색3〉(1989)의 주윤발과 〈땡큐
마담2〉(1989)의 호혜중이 함께 출연해 노래를 부른 적이 있
다. 정확히 말하자면 호혜중이 등려군의 명곡 '야래향(夜來
香)'을 열창할 때 주윤발은 그 옆에서 다소 어색한 몸짓으로
춤만 췄다(이 장면은 지금도 유튜브에서 찾아볼 수 있다). 당시에는
주윤발의 노래를 들어본 적도 없었고, 장국영이나 유덕화 같
은 다른 홍콩 스타들과 달리 그가 가수 활동을 병행하지 않
았기에, 단순히 '노래 실력이 부족해서'라고만 짐작했다. 얼
마나 노래를 못하면 단 한 소절도 부르지 않을까 하는 의구
심마저 들었다. 한편으로는 국내 인지도가 상대적으로 낮은
호혜중을 배려해, 시청자들이 채널이 돌리지 않도록 기꺼이
병풍을 자처한 주윤발 '따거(큰 형님)'의 의리가 대단하다고
생각하기도 했다.

　　　양조위보다 7살 많은 1955년생 주윤발은 TVB 연기자
훈련반 선배이기도 하다. 그는 TVB 드라마 〈상해탄〉(1980)을
통해 일약 스타덤에 올랐고, 영화 〈영웅본색〉(1986) 이후에는
명실상부한 홍콩영화계의 원톱 배우로 자리매김했다. 1970
년대 한국 극장가는 할리우드 영화 못지않게 홍콩영화의 인기
가 뜨거웠다. 주윤발 이전에는 '외팔이' 왕우와 '쌍절곤'의 이
소룡이 있었고, '가화삼보'라 불리던 성룡, 홍금보, 원표의 황

금 트리오가 존재했다. 그 인기의 정점은 한국 개봉 당시 국내외 영화를 통틀어 흥행 1위를 기록한 성룡의 〈취권〉(1978)이었다. 비장미 넘치는 이소룡의 카리스마가 성룡의 코믹 쿵푸에 왕좌를 내어주던 순간이었다.

그로부터 10여 년 뒤, 그 자리를 꿰찬 것은 오우삼 감독의 〈영웅본색〉 속 주윤발이었다. 상반신을 탈의하고 무술을 하던 이소룡이나 성룡과 달리, 말끔한 수트 차림의 주윤발은 선글라스를 낀 채 위조지폐를 태워 담뱃불을 붙이며 등장했다. 그는 이제껏 홍콩영화에서 본 적 없는 '신사'였다.

오우삼 감독은 사라져 가는 의리와 도덕, 전통적 가치의 복원을 믿는 이상주의자였으며, 이는 주윤발이라는 페르소나를 통해 형상화되었다. 주윤발이 〈영웅본색〉 이후 언제나 든든한 '큰 형님'으로 각인된 데는 그런 영향이 컸다. 오우삼의 또 다른 걸작 〈첩혈쌍웅〉(1989)에서 자신의 실수로 눈이 먼 여자를 위해 헌신하거나 총격전 도중 상처 입은 소녀를 안고 기어이 병원으로 향하는 모습, 그리고 다시 오우삼과 만난 〈첩혈속집〉(1992)에서 갓난아기를 가슴에 품고 총격전을 벌이는 모습도 같은 맥락이다. 무엇보다 정장 차림으로 쌍권총을 든 그의 '폼'은 타의 추종을 불허했다. 누구나 주윤발을 흉내 냈지만, 아무도 주윤발을 넘어서지는 못했다.

이후 그는 〈영웅본색〉의 영향 아래 있는 액션 영화들에 주로 출연했지만, 임영동 감독의 초기 3대 걸작인 〈미스터 갱〉(1986), 〈감옥풍운〉(1987), 〈타이거 맨〉(1989) 등에서는 오우삼 영화와는 사뭇 다른 재능을 뽐냈다. 동시에 정통 멜로와 로맨틱 코미디를 숨 가쁘게 오갔다는 점도 빼놓을 수 없다. 장만옥과 함께한 〈로즈〉(1987), 종초홍과 호흡을 맞춘 〈귀신랑〉(1988)과 〈가을날의 동화〉(1987)가 정통 멜로라면, 왕조현과 함께한 〈공처2인방〉(1986)과 〈장단각지연〉(1988), 바람둥이 생활을 즐기다 왕조현, 엽천문, 오가려 세 여성에게 통쾌하게 응징당하는 〈대장부일기〉(1988)는 그의 코믹 연기가 빛을 발한 작품들이다. 이처럼 그는 홍콩영화의 전성기 안에서 한계 없는 스펙트럼을 증명해 보였다.

스크린에 집중한 주윤발과 양조위

당시 홍콩영화계는 주윤발 없이 유지하는 것이 불가능할 정도였다. 〈영웅본색〉을 찍은 1986년 한 해에만 총 11편의 영화에 출연했고, 1987년에도 11편, 1988년에는 무려 16편의 영화에서 그의 모습을 볼 수 있었다. 〈가을날의 동화〉 촬영차 몇 개월간 미국에 머물렀던 것을 감안하면, 홍콩에 있을 때는 아침, 오후, 저녁으로 각기 다른 3편의 영화를 동시에 촬영하는 살인적인 스케줄을 소화한 셈이다. 영화 〈최후승리〉(1987)에 주윤발을 캐스팅하려 했던 담가명 감독의 말에 따르면, 당시 홍콩영화계는 시나리오가 나오기도 전에 주윤발의 출연부터 결정짓던 시기였다. 어떤 역할이든 소화 가능한 배우이기에, 감독도 제작자도 장르조차 정하지 못한 상태에서 일단 주윤발 캐스팅에 혈안이 되어 있었던 것이다.

한국에서의 인기 역시 두말할 필요가 없었다. 놀랍게도 그는 한국 광고 역사상 최초의 외국 연예인 TV CF 모델이었다. 당시만 해도 해외 연예인의 국내 CF 출연은 규제 대상이었으나, 그 금기를 깬 첫 번째 스타가 바로 자신의 출연작 〈우견아랑〉(1989)의 한 장면처럼 오토바이를 타고 등장한 '밀키스'의 주윤발이었다. 당시 '우유 탄산음료'라는 새로운 컨셉으로 오연수의 '암바사', 왕조현의 '크리미'와 경쟁했지만, 지금까지 옛 디자인을 거의 그대로 유지하며 살아남은 건 주윤발의 '밀키스'가 유일하다. 그렇게 한국 관객들은 꽤 오랫동안 '주윤발의 시대'를 함께 살았다.

이토록 길게 주윤발의 이야기를 늘어놓은 이유는 명확

하다. 양조위가 배우로서 가장 존경하고 닮고 싶어 했던 선배가 바로 그였기 때문이다. 다시 '토토즐' 이야기로 돌아가자면, 주윤발은 노래를 못하는 게 아니라 배우 활동에 집중하기 위해 가수로서의 삶을 욕심내지 않은 것이었다. 물론 그 역시 앨범을 낸 적은 있지만 1990년이 마지막이었다. '오호장'과 '사대천왕'을 넘나든 유덕화처럼 당시 홍콩 스타들은 배우와 가수를 겸업하는 것이 관행이었으나, 주윤발과 양조위는 이를 거부한 대표적인 배우들이다. 양조위 역시 〈화양연화〉(2000)나 〈무간도〉(2002) OST에 참여하고 1986년 《몽롱야우리》를 시작으로 드문드문 앨범을 냈지만, 1995년 《종전…이후》 앨범을 끝으로 사실상 가수 활동을 접었다.

당대 최고의 남자 배우 '빅4'를 장국영, 유덕화, 주윤발, 양조위라 한다면, 전자의 둘은 가수 활동의 비중이 컸던 반면 후자의 둘은 영화에만 천착하는 느낌이었다. 배우로서 더 넓은 길을 가고자 했던 두 사람이 비슷한 시기, 이른바 상업영화의 범주에 넣기 힘든 두 편의 영화에 함께 출연한 것은 우연이라기엔 의미심장하다. 1986년 6월 개봉한 이동승 감독의 〈전로정전〉과 8월 개봉한 관금붕 감독의 〈지하정〉이 그것이다. 주윤발의 스케줄이 맞았다면 허우샤오시엔 감독의 〈비정성시〉(1989)에도 함께 출연할 뻔했으나, 앞서 언급한 살인적인 스케줄 탓에 제작이 지연되면서 성사되지 못했다.

TVB가 맺어준 찬란한 인연

양조위와 주윤발, 두 사람의 인연이 시작된 TVB 드라마 시절로 다시 거슬러 올라가 보자. 처음 호흡을 맞춘 작품은 1983년 방영된 〈천강재신(天降財神)〉이다. 지구에 불시착한 외계인(주윤발)이 순박한 청년(양조위)을 만나 벌어지는 일을 그린 코믹 SF 물이었다. 이후 두 사람의 앙상블이 빛난 작품은 같은 해 방영된 〈북두쌍웅(北斗雙雄)〉이다. 사회복지사 우범(주윤발)과 사진작가 강호문(양조위)이 함께 일하는 설정으로, 주윤발은 여자친구에게 실연당하면서도 특유의 유쾌함과 허세를 잃지 않는 캐릭터를 연기했다. 훗날 그는 인터뷰에서 〈북두쌍웅〉의 우범 캐릭터를 〈상해탄〉의 허문강 못지않게 아낀다고 밝히기도 했다. 재미있는 사실은 이 드라마에 주성치도 출연했다는 점인데, 그는 주윤발이 관리하는 반항적인 비행 청소년 역을 맡았다.

〈북두쌍웅〉은 TVB를 떠나기 직전의 최고 스타 주윤발과, TVB가 차세대 스타로 키우려던 데뷔 1년 차 양조위를 패키지처럼 묶은 기획이었다. 1980년대 중반은 TVB 드라마 역사의 중요한 세대교체기였다. 드디어 〈84신찰사형〉으로 양조위가 폭발적인 인기를 얻고, 주윤발이 양보지 감독의 〈등대여명〉(1984)으로 대만금마장과 아태영화제 남우주연상을 거머쥐면서(같은 해 홍콩금상장 남우주연상은 〈공복〉의 이수현이 수상했다) 두 사람은 각자 새로운 길을 걷게 된다.

물론 두 사람의 만남은 1985년에도 이어졌다. 〈84신찰

«
〈첩혈속집〉 촬영 당시에
《로드쇼》 1991년
9월호에 실린 사진들.

사형〉의 성공에 힘입어 주윤발과 양조위의 케미스트리를 확신
한 TVB가, 장만옥이 빠진 빈자리에 주윤발을 전격 투입해 〈신
찰사형속집〉(1985)을 제작한 것이다. 극 중 장위걸(양조위)은 전
작의 연인 사영지(장만옥)가 다른 남자와 결혼해 캐나다로 떠난

후에도 그녀를 잊지 못하는데, 분위기는 다르지만 묘하게 훗날의 〈화양연화〉를 연상시킨다. 주윤발은 중국 본토 의사 출신인 양조위의 친척으로 등장해, 홍콩에서 의사생활을 하기 힘들어지자 위조지폐 사건 등 범죄 세계와 엮이는 인물로 등장한다.

　　〈신찰사형속집〉에서 위조지폐로 인생이 망가졌던 주윤발이, 이듬해 영화 〈영웅본색〉에서는 선글라스를 끼고 위조지폐로 담뱃불을 붙이는 명장면을 탄생시켜, 많은 이들이 〈영웅본색〉을 보며 이 드라마를 떠올렸다고 한다.

　　1985년 양조위를 비롯해 탕진업, 묘교위, 황일화, 유덕화 등 오호장이 총출동한 〈양가장〉에 특별출연한 것을 끝으로 주윤발은 TVB와 작별한다. 그리고 그는 〈영웅본색〉과 〈용호풍운〉(1987)으로 2년 연속 홍콩금상장 남우주연상을 수상하며 본격적인 '주윤발의 시대'를 열게 된다.

가난했던 두 청춘의 평행이론

양조위는 주윤발의 영향을 많이 받았다. 여러 매체에서는 두 사람이 찢어지게 가난한 가정에서 자라 배우로 성공했다는 것을 비교하며 '중학교 중퇴 배우'라는 표현을 즐겨 쓰기도 했다. 실제로 어려운 가정 형편으로 인해 중학교 과정을 온전히 마칠 수 없었던 주윤발은 여러 일을 전전하며 성장했다. 양조위의 경우도 그와 별반 다르지 않으나 중학교를 중퇴한 것은 아니고 몇 학년을 건너뛰며 15세에 조기졸업한 뒤 직업전선에 뛰어들었다. (그가 다닌 델리아수녀기념학교는 월반을 통한 조기졸업이

가능했다.) 여하튼 TVB 탤런트 데뷔 이후 주목받는 스타가 된 것과 별개로, 두 사람 모두 진정 멋진 연기자가 되고 싶다는 열망을 공유했다.

주윤발도 1974년 TVB 탤런트 데뷔 이후, 1970년대에 수많은 드라마와 영화에 출연하던 중 드라마 〈상해탄〉(1980)을 통해 일약 최고의 스타로 떠올랐다. 그러나 이런저런 복잡한 계약 관계로 인해 이른바 (그 스스로 얘기하길) 꽤 많은 '삼류 영화'에 출연해야 했다. 그가 진정한 데뷔작이라 여기는 작품인 허안화 감독 〈호월적고사〉(1981) 이전에 출연한 영화만 무려 14편이었고, 그 이후에도 상황은 별반 달라지지 않았다. 허안화와 다시 만난 작품인 〈경성지련〉(1984)과 일제강점기를 배경으로 한 역사물인 양보지 감독의 〈등대여명〉(1984)에 출연하고, 당시 주목받는 신예 감독인 이동승 감독의 〈전로정전〉(1986)과 관금붕 감독의 〈지하정〉(1986)에 출연한 것도 스스로 만족할 수 있는 연기와 작품을 향한 간절한 바람 때문이었다.

〈지하정〉에 출연하기 전 이미 4편에 출연한 양조위도 그와 같은 꿈을 꾸는 사람이었다. 그처럼 주윤발과 양조위 두 사람은 당시 앞서 표현한 것처럼 '영화에만 몰두한' 흔치 않은 스타였다. 예술가로서 그들의 가장 탁월한 면모는 바로 거기 있다.

주윤발이 열어젖힌 '비디오 전성시대'

주윤발의 시대는 필연적으로 '비디오의 시대'를 열어젖혔다.

그는 당시의 OTT라 할 수 있는 VHS 비디오 시장에서 가장 많이 등장한 배우였다. 한국 광고 최초의 외국 연예인 TV CF 모델이라는 사실과 더불어, 이는 그의 인기가 어느 정도였는지 가늠하게 한다.

〈영웅본색〉(1986) 개봉 이후 전국 비디오 대여점에서 '홍콩영화 코너'는 가장 붐비는 구역이 되었고, 홍콩영화로 비디오 출시 시장의 판도까지 완전히 바뀌었다. 〈영웅본색〉의 폭발적인 인기는, 그보다 먼저 제작되었으나 국내에 소개되지 못했던 미개봉 영화들까지 비디오로 소환해내는 결과를 낳았다.

물론 앞으로 나올 주윤발의 신작들도 출시 계획에 포함되었겠지만, 그보다 과거의 주윤발 영화들을 샅샅이 뒤져보는 것이 우선이었다. 가령 '심령 코미디' 혹은 '강시 코미디'의 달인 황백명과 함께 출연한 〈영기박인〉(1984)의 재킷에는 총을 든 주윤발이 "〈영웅본색〉 주윤발"이라는 문구와 함께 등장했고, 감독 겸 배우 정칙사에게 홍콩금상장 남우주연상과 심사위원대상을 안겨준 사회복지 드라마 〈하필유아〉(1985) 재킷에는 "〈영웅본색〉의 주윤발이 눈물을 줄줄 흘리고 있다"는 카피가 실렸다. 두 편 모두 〈영웅본색〉 같은 액션 영화가 아니었기에, 오직 '〈영웅본색〉의 주윤발'이라는 점만 강조한 안타까운 전략이었다.

가장 난감한 영화는 이동승 감독의 〈전로정전〉(1986)이었다. 홍콩 사회에서 소외된 정신질환자들의 이야기를 그린,

주윤발과 양조위 주연의 이 영화는 "눈물 없이 바라볼 수 없는 '정박아'들의 슬픈 얘기! 그들이 쫓기고 있다. 왜 그들은 미쳐야 했나!"라는 나름 정직한 카피를 내걸었다. 하지만 두 배우 모두 극 중 '거지꼴'에 가까운 모습으로 출연했기에, 비디오 재킷에는 영화와 무관한 전혀 다른 사진을 쓰는 촌극이 벌어졌다. 주윤발 사진으로는 드라마 〈상해탄〉 시절의 것을, 양조위 사진으로는 잡지 화보 속 말끔한 사진을 사용하는 바람에, 영화 속 그들의 적나라한 모습을 알려면 본편을 봐야만 했다. 〈전로정전〉은 당시 홍콩영화계에서 보기 드문 사실주의 사회파 영화이자 〈영웅본색〉 이전부터 드라마로 큰 인기를 끌었던 두 배우의 과감한 연기 변신이 돋보이는 작품이었기에 더욱 아쉬움이 남는 재킷이었다.

미개봉작뿐만 아니라, 〈영웅본색〉의 인기에 힘입어 재개봉한 영화도 있었다. 1987년 5월과 12월에 각각 개봉한 〈영웅본색〉과 〈천녀유혼〉 이전에 주윤발과 왕조현을 스크린으로 처음 만나게 해준 작품은, 바로 전 해인 1986년 12월 개봉한 나문 감독의 〈의개운천〉이었다. 여성 주인공의 '탈출(Escape)'을 그린다는 이유로 수입사가 〈에스케이프 걸〉이라는 제목으로 바꿔 개봉했는데(심지어 홍콩 개봉 당시 영어 제목은 〈A Hearty Response〉였다), 이는 〈영웅본색〉과 〈천녀유혼〉이 세상을 뒤집어놓기 전이었기에 가능한 일이었다. 당시 포스터에서 두 배우의 모습은 제대로 보이지도 않았다.

하지만 〈영웅본색〉의 대히트 이후 상황은 급변했다.

1989년 7월, 이 영화는 주윤발과 왕조현의 얼굴을 큼지막하게 내걸고 '영웅'과 '의리'라는 단어를 포스터에 박아 〈의개운천〉이라는 원제로 재개봉했다. 마치 3년 전의 〈에스케이프 걸〉과는 다른 영화인 척 시치미를 떼면서 말이다. 심지어 두 사람이 대결하는 내용도 아닌데 "주윤발 VS 왕조현"이라는 문구를 제목보다 더 크게 넣었고, "살아서 의리, 죽어서 영웅"이라는 뜬금없는 카피와 "이 영화는 홍콩영화의 새로운 '고전'으로 기록될 것이다!"라는 근거 없는 설명까지 덧붙였다.

이 뻔뻔함은 비디오 출시 때도 이어졌다. "살아서 의리, 죽어서 영웅"이라는 개봉 당시 카피를 그대로 가져온 것은 물론, "의리지상주의, 그것이 영웅의 마지막 철학!"이라며 '의리지상주의'라는 전무후무한 신조어까지 만들어냈다. 주윤발과 왕조현의 외모지상주의라면 모를까, 의리지상주의라니.

정작 〈영웅본색〉은 비디오 출시사들의 과당 경쟁으로 인해 무려 개봉 2년 뒤에나 출시되는 '셀프 홀드백'을 겪었다. 심지어 〈영웅본색2〉(1987) 개봉일보다도 늦은 1989년이 되어서야 비디오 대여점에 입성했다. 더 황당한 것은 〈영웅본색〉 비디오 재킷이다. 주윤발이 실제 주인공인 적룡과 장국영을 제치고 "나를 더 이상 화나게 하지 마라!"라는 문구와 함께 전면을 장식하고 있는데, 놀랍게도 그 사진은 1편이 아닌 〈영웅본색2〉의 스틸 컷이었다. 1편에서는 재킷에 쓸 만한 '폼 나는' 단독 샷이 없었기에 이미 개봉한 2편의 사진을 슬쩍 가져다 쓴 것이다. 지금 생각하면 어처구니없는 해프닝이다. 다행

히도 당시 서진통상에서 출시한 〈영웅본색2〉 비디오 재킷은
본래의 제 사진들로 제작되었다.

　　〈영웅본색〉 비디오 재킷이 그 모양이 된 건 '회사' 탓이
컸다. 앞서 다른 영화 사진을 썼던 〈전로정전〉과 마찬가지로
〈영웅본색〉 또한 D&S비디오(구 동양비디오)에서 출시되었는
데, 이 회사는 예전부터 본편 내용과 재킷 이미지가 일치하지
않기로 악명 높았다. 물론 서진통상도 왕가위 감독의 〈아비정
전〉(1990)을 출시할 때 영화 스틸 대신 장국영, 유덕화의 잡지
화보나 제작발표회 사진을 쓰기도 했다. 안타깝게도 그것이
당시 '홍콩 비디오 시대'의 풍경이었다.

　　〈영웅본색〉을 억지로 끼워맞춘 기이한 카피들
어쨌거나 〈영웅본색〉 이후 이른바 '주윤발 비디오'는 강박적
으로 '영웅'과 '의리'라는 단어를 포함해야만 했다. 마치 그 두

단어를 시제(詩題) 삼아 끝없는 백일장이 열린 듯했다. 액션 영화와는 거리가 먼 로맨틱 코미디 〈대장부일기〉(1988)조차 그 영향권에서 벗어날 수 없었다. "주윤발이 드디어 두 집 살림을 시작했다!"라는 자극적인 문구 옆에 "英雄(영웅)은 本(본)래 色(색)을 좋아하나?"라는 카피를 배치해, 장르의 경계를 넘어 기어이 〈영웅본색〉을 소환하는 신공을 발휘했다.

도박 액션 영화 〈정전자〉(1989)는 그나마 점잖은 편이었다. "우정은 약속이다!"라는 〈아비정전〉 카피에 비견될 만한 "인생은 도박이다!"라는 문구와 함께, "너의 죽음으로 내가 살아있나니, 친구여! 여기 마지막 승부가 남아 있다"라는 시적인 표현을 선보였다. 물론 영화에서는 아무도 죽지 않지만, 홍콩 누아르의 클라이맥스에는 으레 주인공의 죽음이 따른다는 장르적 관습 때문인지, 마치 주윤발과 유덕화 중 한 명이 죽을 것 같은 비장미를 억지로 주입했다.

진짜 놀라운 카피는 따로 있었다. 〈대장부일기〉가 '영웅'과 '본색'을 썼다면, 여기서 한 발 더 나아가 '본적(本籍)'이라는 단어를 사용해 신선한 충격을 안겨준 경우가 있다. "도박의 신과 내통한 주윤발, 그의 본적(本籍)은 분노의 쌍권총! 그러나 지금 그의 현주소(現住所)는 '도박의 황제'이다". '본색' 대신 '본질'이나 '본령'도 아닌, 주민등록등본에서나 볼 법한 '본적'을 쓴 이유는 바로 뒤에 이어지는 '현주소'와 대구(對句)를 맞춰야 했기 때문이리라. 매달 수십 편이 쏟아지는 비디오 시장에서 어떻게든 살아남아야 한다는 집념이 거의 '아트'의 경지에 이른 순간이었다.

　　홍콩영화의 인기가 하늘을 찌르다 보니 웃지 못할 상술도 등장했다. 무협 비디오 명가 서진통상의 〈소오강호〉(1990)처럼 영화 한 편을 비디오테이프 두 개로 나누어 출시하는 경우(일명 '상·하' 출시)가 종종 있었는데, 두 배의 대여료를 내야 했기에 가난한 학생들의 원성이 자자했다. 정우씨네마에서 출시한 〈첩혈쌍웅〉(1989) 역시 두 개의 비디오로 나왔는데, 더 큰 원성을 산 것은 도무지 이해할 수 없는 카피 문구였다.

　　"개같이 살기보단 영웅처럼 죽고 싶다!"라는 대사를 인용한 것은 좋았으나, "좀 위험하지만 '사진 한 장'과 '총 한 자루'로 '밥'을 먹습니다!"라는 카피는 팬들을 아연실색하게 했다. 살인 청부 대상의 사진을 보고 총으로 일을 처리하는 킬러의 직업을 묘사한 것이겠지만, 영화 속 주윤발의 낭만적인 고독을 '밥'이라는 단어로 지나치게 생계형 범죄처럼 격하시킨 것이 내내 마음에 걸렸다.

　　반면, 마음에 드는 카피도 있었다. 주윤발 최고의 멜로 영화 〈가을날의 동화〉(1987)는 "오랜 세월 기억될 사랑의 이야기! 주윤발, 종초홍의 황금 커플이 그려내는 감동의 순애보!"라는 담백한 표현으로 영화의 본질을 지켰다. 임영동 감독과의 콤비작 〈협도고비〉(1992) 또한 '영웅'이나 '의리'를 배제하고 "단독행동!"이라는 강렬한 헤드카피와 함께 "목숨이 두려웠다면 이 일에 손대지도 않았다! 담배 한 개비, 총 한 자루면 누구의 도움도 필요 없다!"라는 문구로 주윤발의 강인함을 잘

〈전로정전〉 속 주윤발, 양조위.

표현했다. 특히 할리우드 영화 〈의적 로빈후드〉(1991)의 화살 시점 샷에 비견될 만한 '총알 시점 쇼트'를 강조하며 "SF느와르, 날으는 총알을 눈으로 본다!"라고 쓴 카피는 정보 전달 면에서 탁월했다.

주윤발의 시대를 살며 비디오 시장에 고마운 점은, 홍콩 개봉 당시 흥행 참패로 국내 개봉이 불발되었던, 즉 '홍콩 누아르'가 아니어서 주윤발이 총을 들지 않았던 영화들까지 챙겨볼 수 있었다는 것이다. 대표적인 작품이 앞서 언급한 이동승 감독의 〈전로정전〉과 홍콩 뉴웨이브의 기수 관금붕 감독의 청춘 영화 〈지하정〉이었다. 물론 유명세를 이용해야 했기에 〈지하정〉 역시 "〈영웅본색〉의 '소마' 주윤발과 〈의천도룡기〉의 '장무기' 양조위"라는 문구로 소개되었고, "밤마다 화려한 여인들 품에 고독한 두 영웅이 빠져들었다!"라는 황당한 카피로 기어이 '영웅'을 끼워 넣었지만 말이다. 양조위가 부자로 나오긴 해도 영웅은 아니었는데, 액션이라곤 찾아볼 수 없는 청춘 멜로 영화조차 〈영웅본색〉의 자장에서 벗어날 수 없었던 것이다. 제목이 '지하본색'이나 '지하영웅'이 아닌 걸 다행으

로 여겨야 할까.

    한국에서 개봉했으나 주목받지 못했던 영화가 비디오
시장에서 재발굴되기도 했다. 허안화 감독의 〈호월적고사〉
(1981)는 주윤발이 베트남 화교 난민으로 분한 사회파 리얼리
즘 수작이었으나, 1989년 국내 개봉 당시 〈첩혈쌍웅〉의 인기
에 편승하고자 〈청부업자〉라는 엉뚱한 제목을 달고 나왔다.
목적은 단 하나, 〈첩혈쌍웅〉 비디오보다 먼저 출시해 대목을
노리는 것이었다. 재킷에는 "주윤발=살인청부업자!"라는 산
수 공식 같은 카피가 박혔고, 많은 이들이 이를 〈첩혈쌍웅〉류
의 액션 영화로 오인해 대여하곤 했다.

    개봉 당시 제목이 바뀐 영화가 비디오 출시 때 원제를
되찾는 경우는 드물었다. 임영동 감독의 초기 걸작들이 최대
피해자였는데, 원제 〈용호풍운〉(1986)은 〈미스터 갱〉으로, 〈반
아틈천애〉(1989)는 〈타이거 맨〉이라는 정체불명의 제목으로
둔갑했다. 오우삼 영화와는 결이 다른 주윤발의 연기를 볼 수
있는 수작들이었음에도, '창작 제목'들은 영화의 성격을 전혀
반영하지 못했다.

〈첩혈쌍웅〉과
〈가을날의 동화〉 속
주윤발.

코미디와 멜로를 넘나드는 스펙트럼

이처럼 그는 액션뿐만 아니라 멜로와 코미디를 넘나들며 한계 없는 스펙트럼을 과시했다. 장만옥(《로즈》), 종초홍(《귀신랑》, 〈가을날의 동화〉)과 함께한 정통 멜로, 왕조현(《공처2인방》, 〈장단각지연〉)과 호흡을 맞춘 로맨틱 코미디, 세 명의 여인에게 응징당하는 〈대장부일기〉까지, 그의 필모그래피는 다채로움 그 자체였다.

세월이 흐르고 할리우드에 진출한 주윤발의 영화 〈리플레이스먼트 킬러〉(1998) 비디오 재킷에 적힌 "영웅의 신화는 계속된다!"라는 카피는 묘한 감동을 주었다. 지겹도록 봐왔던 '영웅'과 '의리'였지만, 할리우드 영화 위에서 다시 만난 그 단어는 왠지 모를 자부심, 일명 '국뽕'을 차오르게 했다(나는 홍콩 사람이 아니라 한국 사람인데도 말이다). 이후 그는 〈애나 앤드 킹〉(1999), 〈와호장룡〉(2000), 〈캐리비안의 해적: 세상의 끝에서〉(2007) 등에 출연하며 세계적인 배우로 발돋움했다.

특히 〈와호장룡〉에서의 변신은 놀라웠다. 생애 처음으로 삭발을 감행했고, 이연걸이 거절한 역할을 맡아 늘 수트 차림이던 이미지를 벗고 무당파의 마지막 고수로 거듭났다. 〈매트릭스〉의 원화평 무술감독이 지도한 액션 속에서, 그가 능공허도로 물과 대나무 위를 사뿐히 걸을 때 영화가 말하고자 했던 진정한 '자유'가 실체를 드러냈다. 비디오 재킷 또한 '〈영웅본색〉의 주윤발' 같은 수식어 대신 "광활한 대륙의 스펙터클 무협 환타지!"라는 카피만으로 승부했다. 중력을 거스르며 유유자적하는 인물들 사이에서 주윤발은 굳건히 서사의 중심을 잡고 있었다. 굳이 따지자면 '조연'이었을지라도, 그는 언제나 세상의 중심에, 그리고 우리 마음의 가장 앞줄에 서 있었다.

양조위의 영원한 우상

주윤발에 대해 언제나 궁금했던 점은, 그가 본격적인 해외 활동을 시작한 후에도 별도의 영어 이름을 쓰지 않았다는 사실이다. '브루스(Bruce)' 이소룡, '재키(Jackie)' 성룡, '레슬리(Leslie)' 장국영, '아니타(Anita)' 매염방, '미셸(Michelle)' 양자경, '앤디(Andy)' 유덕화, '메기(Maggie)' 장만옥, '카리나(Carina)' 유가령, '스티븐(Stephen)' 주성치, 그리고 '토니(Tony)' 양조위까지. 홍콩 스타들은 거의 예외 없이 영어 이름을 사용한다. 장국영은 영국 유학 시절 '레슬리'라는 이름을 얻었고, 양조위는 영어 학교를 다니며 자연스레 '토니'가 되었다.

그런데 희한하게도 주윤발만은 영어 이름이 없다. 그는 여전히 'Chow Yun Fat'으로 불리고 표기된다. 이름의 '발(發)' 자에 '형(兄)'을 붙여 '팟거(Fat-gor)', 즉 '윤발이 형'이라 불리는 식이다. 주윤발은 TVB 데뷔 시절부터 워낙 일찍, 그리고 확고하게 스타의 반열에 올랐기에 영어 이름을 따로 지을 겨를이 없었다고 보는 편이 맞을 것이다. 게다가 국영, 덕화, 조위, 만옥, 가령과 달리 '윤발(Yun-fat)'은 외국인이 발음하기에도 비교적 수월했다. 물론 그 역시 아주 잠깐 '도날드 초우

(Donald Chow)'라는 영어 이름을 쓴 적이 있지만, '초우 윤 팟'이라는 이름 자체가 손쓸 새도 없이 하나의 완전한 브랜드로 굳어지는 바람에 흐지부지되고 말았다.

이후 〈리플레이스먼트 킬러〉(1998)를 시작으로 할리우드에 진출해 활발히 활동할 때조차 그는 영어 이름을 만들지 않았다. 이는 어딘가 '홍콩 국민배우'로서의 이미지에 운명성을 부여하는 대목처럼 느껴진다. 생각해보면 배우 김윤진 역시 미드 〈로스트〉로 미국 활동을 시작할 때, 별도의 영어 이름 대신 '윤진 킴'이라는 한국 이름으로 기억되길 원했다고 하니 아마 비슷한 맥락일 것이다. 홍콩 사람 주윤발에게 이름은 그토록 중요한 것이었다.

그의 확고한 신념은 〈캐리비안의 해적: 세상의 끝에서〉(2007) 출연 당시의 일화에서도 드러난다. 애초 그에게 주어진 배역명은 홍콩의 전설적인 해적 '장보자'였다. 하지만 주윤발은 자신이 맡은 캐릭터가 불한당 같은 해적이 아니라 '의적'이어야 한다며 이름을 바꿔 달라고 요구했고, 결국 '샤오펭'이라는 새로운 이름을 얻게 되었다. 이후 마치 자기반영적인 느낌을 주는 영화 〈공자: 춘추전국시대〉(2010)로 중화권 영화에 복귀한 행보 또한 의미심장했다. 대중에게 주윤발은 오랜 세월 신의 있고 덕망 있는 '따거' 그 자체였기 때문이다.

이후 두기봉 감독의 〈화려상반족: 오피스〉(2015), 장문강 감독의 〈무쌍〉(2018) 등에 출연하며 건재함을 과시하던 그는, 과거 자신의 '도신' 이미지를 유쾌하게 비튼 〈원 모어 찬스〉

«
양조위가 주윤발을
우상이라고 언급한 장면.

(2023)를 통해 5년 만에 스크린에 복귀했다. 그리고 무려 14년 만에 한국을 찾아 2023년 부산국제영화제에서 '아시아 영화인상'을 수상했다. 필자에게는 이때 그와의 마스터클래스를 진행하며 함께 사진을 남긴 것이 가문의 영광으로 남아있다. 평소 "주윤발과 장국영을 제외한 모든 영화인을 인터뷰해봤다"는 것이 자랑거리였는데, 이제는 영원히 만날 수 없는 장국영을 제외하고 꿈만 같았던 그와의 만남이 성사되었으니 말이다.

　　양조위와 주윤발을 비교하는 것으로 시작한 이 글이, 주윤발을 향한 일방적인 찬사로 마무리되는 점에 대해 양해를 구한다. 하지만 어쩌면 양조위 본인도 이런 방식을 원했을지 모른다. 왜냐하면 양조위에게 주윤발은 단순한 선배가 아닌, 그저 '우상(偶像)'이기 때문이다.

　　오래전부터 가장 존경하는 배우로 주윤발을 꼽아온 것은 익숙한 사실이지만, 가장 최근에도 그를 향한 존경심은 변함이 없었다. 〈골드핑거〉(2023) 홍보차 싱가포르를 찾았을 때, 현지 매체 '연합조보'와의 영상 인터뷰에서 양조위가 팬들의

말보다 깊은 눈빛,
마지막 홍콩배우 양조위

梁朝偉

짧은 인스타그램 질문에 스피드 퀴즈처럼 답하는 장면이 있었다. "당신의 우상은 누구입니까?"라는 질문이 나오자마자, 그는 평소의 신중함과는 달리 한 치의 망설임이나 표정 변화도 없이 0.1초 만에 답했다.

　　　"我的偶像是周潤發." (내 우상은 주윤발입니다.)

　　굳이 비교하자면 "가장 좋아하는 감독은 누구입니까?"라는 질문에 "왕가위"라고 대답할 때 아주 살짝 답변 속도가 늦었다는 점을 감안하면, 이는 엄청난 차이다. 왕가위 외에도 오우삼, 허우샤오시엔, 리안 등 수많은 거장이 머릿속을 스쳐 갔을 테니 당연한 반응이겠지만, 평소 신중하고 조심스러운 성격 탓에 즉답을 피하는 그가 유독 주윤발이라는 이름 앞에서는 거침이 없었다.

　　단순히 누군가를 좋아하고 배우고 싶다는 차원을 넘어 '우상'이라고 표현할 때는, 그 대상을 숭배한다고 보아야 한다. 이는 '배우 주윤발'을 넘어 '인간 주윤발'의 가치관과 삶의 태도까지 닮고 싶다는 의미일 것이다.

1990년대의 쌍웅, 유덕화와 양조위

유덕화는 단숨에 넘고 양조위는 천천히 넘는다. 무슨 얘기냐면, 유덕화와 양조위가 친한 동료 경찰로 출연한 영화 〈오호장〉(1991) 때 이야기다. 달아나는 용의자를 쫓던 두 사람이 복잡한 골목을 빠져나와 쇠로 된 높은 울타리를 넘어야 하는 상황이었다. 별다른 디렉팅 없이 배우의 재량에 맡긴 추격 신이었을 텐데, 유덕화가 능숙하고 날렵하게 단번에 울타리를 넘는반면, 양조위는 조심스럽게 접근하다 가랑이가 걸려 멈칫한 뒤에야 힘겹게 넘어간다. 찰나의 순간이지만 배우로서 두 사람이가진 서로 다른 '체질'을 보여주는 상징적인 장면이었다.

캐릭터 해석 또한 판이했다. 두 사람 모두 거금을 횡령한 비리 경찰 역을 맡았으나, 양조위는 캐나다에 있는 동생에게 돈을 부쳐야만 하는 사정 때문에 어쩔 수 없이 가담한, 이른바 '착한(?)' 비리 경찰을 연기했다. 반면 유덕화는 돈이 생기자마자 스포츠카부터 지르고는 나중에 문제가 생기자 "내가 다책임지면 될 거 아냐!"라며 무턱대고 큰소리부터 치는 인물이었다. 그처럼 유덕화는 소리가 컸고, 양조위는 소리가 작았다.

한편 형제처럼 뭉친 다섯 형사의 이야기를 그린 〈오호장〉은, 실제로 당시 홍콩 연예계를 주름잡던 '오호장' 멤버들이 총출동한 영화다. TVB 방송국은 '예원훈련반'이라는 연기자 양성소를 통해 수많은 스타를 배출했는데, 그중에서도 인기가 하늘을 찌르던 8기 탕진업, 9기 황일화와 묘교위, 10기 유덕화, 11기 양조위를 한데 묶어 상품화했다. 원래 《수호지》의 오호대장군에서 유래한 이 명칭은 이들 이전 장철 감독의 영화 〈오호장〉(1973)에 출연한 적룡, 강대위, 진관태, 왕종, 이수현에게 먼저 쓰인 바 있다.

　　거칠게 비교하자면 장철의 영화에서 말보다 행동이 앞서던 선 굵은 적룡이 유덕화라면, 그보다 신중하고 앳된 외모의 강대위는 양조위와 닮아있다. 1970년대 홍콩영화계의 쌍웅(雙雄)이 적룡과 강대위였다면, 1990년대의 쌍웅은 유덕화와 양조위였던 셈이다. 공교롭게도 적룡(1946년생)과 강대위(1947년생), 유덕화(1961년생)와 양조위(1962년생) 모두 각각 한 살 차이라는 점도 묘한 대구를 이룬다.

　　드라마 〈양가장〉(1985)을 제외하면, 영화로서는 〈오호장〉이 다섯 배우가 함께한 처음이자 마지막 작품이었다. 탕진업은 같은 훈련반 출신이자 연인이었던 '국민 여동생' 옹미령이 1985년 자살로 생을 마감하면서 긴 침체기를 겪어야 했다. 복잡한 여자 문제로 그녀를 힘들게 했다는 비난을 받으며 비극의 원인 제공자로 낙인찍혔기 때문이다. 묘교위는 일찌감치 연기보다는 사업에 몰두하며 자연스레 대열에서 이탈했다. '대호' 탕진업과 '이호' 묘교위가 빠지면서 오호장은 사실상 '삼호' 황일화, '사호' 유덕화, '소호' 양조위가 이끄는 '삼호장' 시대로 재편되었다.

　　이후 세 사람의 행보도 갈렸다. 황일화는 영화보다는 드라마에 집중하며 'TVB의 황제'로 남았고, 유덕화는 장학우, 여명, 곽부성과 함께 '사대천왕'으로 불리며 가요계까지 평정한 톱스타가 되었다. 반면 양조위는 담가명, 관금붕, 대만의 허우샤오시엔 감독 등과 작업하며 오직 연기의 깊이를 더하는 길을 택했다. 훗날 2007년, 영화 〈형제〉를 통해 유덕화, 탕진

업, 묘교위, 황일화가 다시 뭉치며 '오호장 재결합'을 대대적으로 홍보했으나 양조위의 모습은 볼 수 없었다. 언론은 불화설을 제기했지만, 당시 양조위는 〈색, 계〉(2007)를 촬영하느라 스케줄을 뺄 수가 없었다(양조위의 영화가 데뷔 이래 1년에 딱 한 편만 개봉한 흔치 않은 경우가 바로 〈색, 계〉다). 결국 양조위가 맡았을 법한 역할을 진혁신이 대신했다.

별들의 시대

한 살 터울이자 한 기수 차이인 유덕화와 양조위는 언제나 라이벌이었다. TVB 시절에는 유덕화가 한발 앞서 나갔다. 그는 드라마 〈엽응〉(1982)에서 원톱 주인공 경찰 역을 맡아 스타덤에 올랐다. 흥미로운 점은 그가 맡은 역할이 경찰이자 조직에 잠입한 언더커버였다는 사실이다. 20여 년 뒤 〈무간도〉에서의 배역과 비교하면 정반대 설정이어서 무척 의미심장하다. 한편 〈엽응〉은 같은 해 데뷔한 양조위가 처음으로 비중 있는 조연(유덕화 여자친구의 남동생)을 맡아 긴 대사를 소화한 작품이기도 했다. 극 중 양조위가 '누나의 남자친구'인 유덕화와 대화를 나누는 장면은 훗날의 두 거물을 떠올리게 한다.

이후 라이벌 구도가 확고해진 것은 유덕화의 또 다른 히트작 〈83신조협려〉를 거쳐, 1984년 방영된 〈84녹정기〉 때부터다. 유덕화가 강희제를, 양조위가 위소보를 연기하며 완벽한 투톱 체제를 구축했는데, "유덕화는 때리고 양조위는 맞는다"라는 말이 나올 정도로 두 사람의 연기 체질과 캐릭터

대비가 본격화된 시점이다.

이 라이벌 구도는 1986년에 이르러 더욱 확장된다. 유덕화에게 〈83신조협려〉의 양과가 있었다면, 3년 뒤 양조위에게는 대박을 터트린 〈86의천도룡기〉의 장무기가 있었다. 그렇다면 이 시기 장국영은 무얼 하고 있었을까? 1983년 '풍계속취'로 스타덤에 오른 그는, '마침내 행운이 찾아올 거야'라는 뜻을 담은 〈84녹정기〉의 오프닝 곡 '시종회행운(始終會行運)'을 불렀다. 그리고 1984년은 장국영이 'MONICA'로 홍콩 연예계를 그야말로 집어삼킨 해이기도 했다. 바야흐로 별들의 시대가 열리고 있었다.

양조위와 유덕화는 40년 전부터 〈무간도〉였다

1980년대 이후 유덕화, 양조위는 홍콩영화 남성 캐릭터의 서로 다른 두 유형으로 존재해왔다. 앞서 언급한 체질 비교를 이어가 보자면, 유덕화는 단숨에 넘고 양조위는 천천히 넘는다. 유덕화는 소리가 크고 양조위는 소리가 작다. 유덕화는 때리고 양조위는 맞는다. 유덕화가 뛰어다닐 때 양조위는 걸어 다닌다. 유덕화는 겁이 없고 양조위는 겁이 많다. 유덕화는 비밀이 없고 양조위는 비밀이 많다. 유덕화는 기회를 만들고 양조위는 기회를 놓친다. 유덕화에게는 뜨거운 의리가 어울리고 양조위에게는 쓰라린 실연이 어울린다. 유덕화는 운명을 선택하고 양조위는 운명으로부터 선택당한다. 그리하여 유덕화는

죽어야 멋있고, 양조위는 살아야 멋있다.

이렇게 두 사람을 나란히 놓는 것만으로도 홍콩영화의 화려했던 전성기가 주마등처럼 스쳐 지나간다. 그들은 드라마 〈84녹정기〉를 시작으로 〈무간도〉(2003)를 지나 〈골드핑거〉(2023)에 이르기까지, 40년 넘게 홍콩영화가 보여준 '과잉'과 '절제'라는 두 얼굴 그 자체였다.

〈86의천도룡기〉 이후 스크린에서도 이러한 구도는 이어졌다. 두 사람이 처음으로 함께한 영화인 황태래 감독의 〈중환영웅〉(1991)에서는 이미 서로의 인생을 뒤바꿔 사는, 마치 '〈무간도〉스러운' 설정이 등장해 흥미를 자극한다. 양조위는 불치병에 걸려 시한부 선고를 받은 보험회사 직원 '장호걸'이었고, 유덕화는 뒷골목 건달 '화영웅'이었다. 옛 동창이었던 두 사람은 우연한 기회로 재회하는데, 화영웅은 장호걸의 소개로 보험회사에 들어가 새 삶을 시작하려 하고, 반대로 장호걸은 회사에서 해고된 후 뜻하지 않게 삼합회와 엮이게 된다.

당시 한국에서 유덕화의 인기는 〈지존무상〉(1989)과 〈천장지구〉(1990)에 힘입어 하늘을 찌르는 것도 모자라 태양까지 뚫을 기세였다. 그 탓에 국내 출시된 〈중환영웅〉 VHS 비디오 재킷은 앞뒤 전면이 온통 유덕화 사진으로 도배되었고, 명색이 투톱 주인공인 양조위는 코빼기도 찾아볼 수 없었다. 다만 소개 문구에 그가 언급되긴 했는데, 역시나 두 배우를 비교하는 내용이라 이채롭다.

"야성에 젖은 푸른 네온빛 마스크 유덕화, 감성 위에 쓰러진 다크 브라운 눈동자 양조위, 그 황금빛 사랑과 우정의 순간들!"

양조위의 눈동자가 정말 '다크 브라운'인지는 금시초문이지만, 어쨌든 마케터들의 눈에도 양조위는 일찌감치 '감성'과 '눈동자'로 승부하는 배우였던 모양이다.

국내에 〈쌍웅출사표〉라는 제목으로 개봉한 그들의 두 번째 영화 〈반두마류〉(1991)에서도 두 사람은 투톱으로 나섰다. 여기서도 흥미로운 대조를 볼 수 있는데, 공군 출신의 주준걸(유덕화)과 육군 출신의 유가륜(양조위)이 합동으로 특수임무를 수행한다는 설정이다. 더 재미있는 점은 당시 공개 연애 중이던 양조위와 유가령의 현실 관계를 유머 코드로 가져왔다는 것이다. 극 중 양조위의 배역 이름 '유가륜'이 계속해서 '유가령'이라는 별명으로 불린다.

　　이후 세 번째 영화인 〈오호장〉(1991)에서도 그들은 동료 형사로 등장했다. 하지만 그 이후로는 '아류가 아류를 낳던' 당시 홍콩영화계의 다작 관행과 겹치기 출연 속에서도 두 사람은 좀처럼 만나지 못했다. 같은 영화에 출연했음에도 엇갈리기 일쑤였다. 〈아비정전〉(1990)에서는 양조위가 마지막 장면에만 잠깐 등장해 유덕화와 마주치지 못했고, 반대로 〈호문야연〉(1992)에서는 유덕화가 초반에만 잠깐 나오는 바람에 두 사람의 만남은 성사되지 못했다.

죽어야 사는 남자 유덕화, 홍콩영화의 비극적 자화상

홍콩영화의 황금기 속에서 유덕화와 양조위를 가르는 결정적인 차이는, 유덕화라는 이름 그 자체가 하나의 '장르'가 되었다는 점이다. 반면 양조위는 특정 장르에 귀속되지 않는 배우다.

　　홍콩배우들 중 스크린에서 오토바이를 가장 많이 탔을 법한 유덕화는, 왕정 감독의 〈용재강호〉(1998)에서 자신의 고정된 이미지를 스스로 반추하는 듯한 장면을 보여준다. 일명 '〈천장지구〉의 아저씨 버전'이라 할 수 있는 이 영화에서, 그는 오토바이를 바라보며 "예전엔 오토바이 참 잘 탔는데…"라고 낮게 읊조린다. 그는 청재킷을 입은 삼합회의 잘생긴 똘마니, 혹은 죽음을 향해 질주하는 반항적인 터프가이의 전형을 만들어냈고, 이는 일련의 홍콩 누아르 속에서 이른바 '고혹자(古惑仔, 건달)' 스타일의 원형이 되었다. 유덕화는 그 자체로 홍콩영화 산업 안에서 대체 불가능한, 굳건한 장르였다.

여기서 유덕화가 당대 다른 남성 스타들과 구별되는 지점은, 언제나 '죽음'을 통해 자신의 아우라를 완성한다는 것이다. 그는 〈투분노해〉(1982)에서도 죽고, 〈열혈남아〉(1988)에서도 죽고, 〈천장지구〉(1990)에서도 죽고, 〈지존무상〉(1989)에서도 죽고, 〈복수의 만가〉(1990)에서도 죽고, 〈천여지〉(1994)에서도 죽고, 〈용재강호〉(1998)에서도 죽고, 〈풀타임 킬러〉(2001)에서도 죽고, 〈결전〉(2000)에서도 죽고, 〈파이터 블루〉(2000)에서도 죽고, 〈삼국지: 용의 부활〉(2008)에서도 죽고, 심지어 〈무간도〉(2002)에서도 죽는다. 설령 죽지 않더라도 〈강호정〉(1987)에서는 죽을 '뻔'하고, 〈암전〉(1999)에서는 죽은 '척'하며, 〈연인〉(2004)에서는 죽은 '듯'하게 나온다.

죽지 않았어도 두 눈을 잃어버리는 비극을 맞이한 〈지존무상2〉(1991)에서, 그가 직접 부른 주제곡 '일기주과적일자(一起走過的日子)'의 가사는 의미심장하다. (보통화 버전 제목은 '내생연(來生緣)'이다).

"그냥 잠든 채로 죽고 싶네. 살아있어도 영혼이 없으니 생사의 차이를 이제 알겠네."

이처럼 '죽어야 사는 남자' 유덕화에게는 언제나 암울한 죽음의 그림자가 드리워져 있었고, 그것은 그를 홍콩영화계의 독보적인 안티히어로로 만들었다. 그는 생사의 경계를 넘나드는 육체의 훼손을 통해 서사를 완성해왔는데, 어쩌면 이는 반환을 앞두고 있던 당시 홍콩의 운명, 그 절망적인 그림자 혹은 죽음의 대리자를 원했던 대중의 집단적 무의식이 유덕화의 몸을 빌려 재현된 것인지도 모른다.

그 정점은 단연 〈천장지구〉의 마지막 장면이다. 머리에 심한 충격을 입고 코피를 줄줄 흘리는 유덕화가 우체통으로 웨딩숍 유리를 박살 낸 뒤, 오천련과 함께 각각 턱시도와 웨딩드레스를 맞춰 입고 오토바이에 올라 성 마가렛 성당으로 향한다. 그리고 이어지는 그들만의 결혼식. 하지만 달콤한 순간도 잠시, 유덕화는 오천련을 기도하는 자리에 남겨두고 복수를 위해 홀로 오토바이를 타고 센트럴의 가스등 계단으로 떠난다.

지갑도 챙기지 못하고 허둥지둥 그를 따라 나왔을 그녀를, 심야에 택시도 잘 잡히지 않는 곳에 홀로 남겨두고 떠났다는 현실적인 걱정이 잠시 스치기도 하지만, 어쨌거나 원봉영의 '천약유정(天若有情)'이 애절하게 흐르는 그 장면은 홍콩영화를 추억하는 이들에게 잊을 수 없는 명장면이다. 훗날 대만영화 〈나의 소녀시대〉(2015)에서 왕대륙이 오토바이를 탄 모습으로 패러디할 만큼 그 영향력은 대단했다.

"철없는 시절 꿈을 좇는 걸 사랑했고, 단지 앞을 향해 날아가고 싶어 했지."

유덕화의 또 다른 히트곡 '망정수(忘情水)'의 가사다. 〈영웅본색〉에서 주윤발이 적룡의 복수를 위해 떠났던 곳, 〈용의 가족〉(1988)에서 유덕화의 형제 알란 탐이 잠시 숨어 살던 곳, 〈용등사해〉(1992)에서 유덕화의 매형이 될 뻔한 등광영이 세력 다툼에 밀려 떠나야만 했던 곳. 바로 그 '대만'에서 유덕화의 인기는 하늘을 찔렀다. '망정수'는 바로 유덕화 주연 영화 〈천여지〉의 보통화 주제곡이기도 했다.

그런 점에서 〈나의 소녀시대〉는 또 다른 이유로 눈물 나도록 가슴 뭉클한 영화였다. 유덕화는 영화의 마지막이면 으레 죽어 없어지는 존재였는데, 〈나의 소녀시대〉에서는 마지막에 가서야 등장했기 때문이다. '설마' 했는데 '진짜'였다. 지난 시간 수많은 영화 속 죽음을 딛고 성장하여 기어이 살아남은 화어권 최고의 배우가, 여전히 우리 곁에 건재함을 증명하듯 그곳에 서 있었다.

'배신자' 오명을 견뎌낸 양조위의 진심

'오호장' 시절의 양조위는 언제나 귀여운 막내동생 이미지였다. 실제로도 멤버들 중 가장 어린 막내이기도 했다. 다섯 명이 모두 출연한 TVB 드라마이자 중국 송나라의 충신 양업 가문의 충절을 그린 대작 〈양가장〉(1985)에서도, 그는 양업의 일곱째 아들인 '칠랑' 양연사 역을 맡아 여섯째 '육랑' 양연소 역의 유덕화와 형제 케미를 보여주었다. 영화 〈오호장〉에서도 그 막내 이미지는 그대로 이어졌다.

이 시기 장국영 역시 참 치열하게 살았다. 그가 주제곡 '용자무적(勇者無敵)'을 부른 드라마 〈양가장〉과 영화 〈오호장〉 사이에는 중요한 공통점이 있다. 바로 양조위가 형제들 중 가장 먼저 죽음을 맞이한다는 점이다. 이야기의 중간에 가장

»
TVB '오호장' 시절
출연했던 드라마
〈양가장〉(1985)의
한 장면을 그대로
표지로 쓴 잡지.

귀엽고 착한 막내를 비극적으로 퇴장시킴으로써 극의 슬픔을
극대화하는 방식이었다.

　　두 작품에서 그의 죽음은 남은 형제들의 결속을 단단하
게 만들며 비장한 결말로 나아가는 결정적인 전환점이 된다.
당시 '우리들의 불쌍한 막내' 양조위의 활용법은 늘 그러했다.
〈양가장〉에서 그는 포위된 형제들을 위해 구원병을 청하러 달
려가다 무려 72발의 화살을 맞고 처참하게 죽는다. 비록 다른
형제들에 비해 비중은 적었으나, 이 처연한 장면 하나로 폭발
적인 인기를 얻었고 한 연예 잡지에서는 그의 사진을 단독 표
지로 싣기도 했다.

　　영화 〈오호장〉에서도 마찬가지였다. 그냥 도망쳐도 되

는 상황에서 군이 유덕화를 구하기 위해 차를 몰고 되돌아왔
다가 탕진업이 쏜 총에 머리를 맞고 쓰러진다. 피를 줄줄 흘리
는 양조위를 부둥켜안고 오열하다가, 급기야 자기 옷을 찢어
상처를 막으려 애쓰는 유덕화의 모습은 관객을 울컥하게 만든
다. 귀여운 막내 형사의 이미지를 위해 영화 내내 빨간 모자를
삐딱하게 쓰고 다소 불편해 보이는 스키니진을 입고 다녔던
양조위가 가장 장렬하게 퇴장하는 순간이었다.

　　하지만 현실 속 양조위는 영화 이미지와 달리 가장 속
깊고 믿음직한 막내였다. 앞서 언급한 유덕화 제작, 조승기 감
독의 영화 〈형제〉(2007)에 양조위가 불참하면서 '양조위와 다
른 오호장 멤버들 사이에 불화가 있다'는 식의 기사가 쏟아진
적이 있다. 물론 사실무근에 가까운 루머였지만, 그런 소문이
돌 만한 이유가 전혀 없지는 않았다.

　　1985년 무렵, TVB는 오호장이 가져온 제2의 전성기
를 이어가기 위해 멤버들에게 5년짜리 장기 전속 재계약을 요
구했다. 영화나 가수 활동 등 외부 활동을 엄격히 제한하는,
사실상 노예 계약에 가까운 조건이었다. 이에 유덕화를 중심
으로 멤버들이 공개적으로 반기를 들었는데, 당시 다른 멤버
들은 유덕화 편에 선 반면 양조위만이 배신하고 방송국 쪽에
붙었다는 루머가 파다했다. 영화 쪽에 더 비중을 두고 싶었던
유덕화가 계약을 거부한 사이, 그의 뒤를 이어 TVB 간판스타
로 떠오른 양조위가 회사와 손을 잡았다는 시나리오였다.

　　오호장 다섯 명은 'TVB가 납득할 만한 조건을 제시하

지 않으면 재계약하지 않겠다'는 이른바 '불서명 동맹'을 맺었
다. 그런데 TVB가 몰래 양조위에게 접근해 개별 계약을 체결
하면서 동맹이 와해되었다는 소문이 돌기 시작했다. 이후 오
랜 시간 '양조위가 형들을 배신했다'는 가십은 정설처럼 굳어
졌고, 조용하고 내성적인 그가 평소 형들과 잘 어울리지 않았
다는 점이 이를 뒷받침하는 근거가 되었다. "촬영 끝나면 다
같이 놀러 가는데 양조위만 혼자 집에 간다"는 인터뷰 내용들
이 악의적으로 해석된 것이다.

결국 TVB의 각개격파 전략에 멤버들은 울며 겨자 먹기
로 하나둘 재계약에 응할 수밖에 없었고, 끝까지 버티던 유덕
화는 '괘씸죄'에 걸려 무려 1년 가까이 드라마 출연이 봉쇄되
는 블랙리스트에 올랐다. 이 과정에서 누구보다 억울했을 양
조위는 이상하리만치 아무런 해명도 하지 않았다.

'배신자 양조위'라는 오명은 한참이 지난 2009년이 되
어서야 벗겨졌다. 황일화가 여러 토크쇼와 인터뷰를 통해 "사
실 당시 내가 가장 먼저 TVB와 재계약했는데, 양조위가 첫
번째 배신자로 비난받아 늘 미안했다. 그가 나 대신 20년 넘
게 욕을 먹었다"고 고백한 것이다. 알고 보니 양조위는 유덕화
를 제외한 다른 형들이 재계약을 한다고 하니까 어쩔 수 없이
대세를 따랐던 것뿐이었다.

황일화로서는 영화 〈형제〉로 멤버들이 다시 뭉쳤음에
도 여전히 과거의 프레임으로 양조위를 공격하는 기사들이 나
오자 심적 부담을 느껴 뒤늦게 진실을 밝힌 듯하다. 사실 TVB

가 멤버들에게 개별 접촉을 시도했을 때 각자의 판단에 따라 결정한 것이므로 애초에 '배신'이라 부를 일도 아니었다. 모두 가 계약 조건에 불만이 있었지만, 실제로 TVB와 정면으로 충돌하며 총대를 멘 것은 유덕화 혼자였다고 해도 과언이 아니다. 물론 유덕화 입장에서는 형제들에게 섭섭함을 느꼈을 법도 하지만, 결국 그 역시 마지막에는 도장을 찍었다.

어쨌거나 양조위는 그 일에 대해 침묵하는 편이 옳다고 판단했던 것 같다. 20년 넘는 세월 동안 "난 배신자가 아니다"라고 항변할 수도 있었겠지만, 그럴 경우 누군지는 모르겠지만 실제 '첫 번째 계약자'인 형이 곤란해질 테니 입을 다물었던 것은 아닐까. 당시 사건에 대한 양조위의 유일한 코멘트는 "다 같이 모여서 내린 결정이 아니다. 나 혼자만의 결정이었다"라는 말뿐이었다. 형들이 나에게 강요한 적 없으며, 나 또한 스스로 책임질 수 있는 사람이라는 뜻을 담은 이 말은, 아이러니하게도 '혼자 살겠다고 배신한 증거'로 왜곡되어 그를 괴롭혔다. 속으로는 얼마나 억울했을까.

이 사건은 '침묵의 배우' 양조위의 본질을 다시금 생각하게 한다. 영화 〈중경삼림〉(1994)에서 자신의 경찰 번호 663이 633으로 잘못 불려도 무심하게 넘기던 모습, 〈화양연화〉(2000)에서 가슴 속 비밀을 앙코르와트 사원의 돌구멍에 봉인하던 모습이 현실의 그와 겹쳐 보이는 순간이다.

반란을 주도했다가 홀로 고초를 겪은 유덕화의 모습 또한 그가 줄곧 연기해온, 앞만 보고 달리는 의리파 터프가이의 캐릭터와 일맥상통한다. 1980년대 1년에 4~5편의 드라마를 찍으며 최고의 인기를 누리던 그는, 1987년 소미기와 함께한 〈천랑겁(天狼劫)〉을 끝으로 TVB를 떠난다. 반면 양조위와 황일화가 주연한 대작 드라마 〈대운하(大運河)〉는 엄청난 성공을 거두었다.

그렇게 오호장은 각자도생의 길로 접어들었다. 양조위 역시 영화에 더 집중하기 위해 〈협객행(俠客行)〉(1989)을 끝으로 TVB와 작별을 고했다. 하지만 그 일을 계기로 멤버들의 사이가 틀어진 것은 결코 아니다. 탕진업과 묘교위의 이탈은 지극히 개인적인 사정 때문이었으며, 앞서 언급했듯이 1991년 그들이 다시 모여 영화 〈오호장〉을 찍었다는 사실이 이를 증명한다. 물론 영화의 원제 〈오호장의 결렬(五虎將之決裂)〉처럼 이후 다섯 명이 다시는 한 작품에 모이지 못했기에 여러모로 상징적인 제목으로 남았지만 말이다.

게다가 유덕화와 양조위에게는 영원한 걸작 〈무간도〉(2003)가 있지 않은가. 2007년 양조위가 빠진 채 영화 〈형제〉가 개봉했을 때, 유덕화가 남긴 말은 모든 의문을 종식시키기에 충분했다.

"비록 〈형제〉를 함께 하지 못했지만, 양조위와 나는 영원한 '형제'다."

2부. 양조위 신화의 서막

4장

시대의 비극을
연기하다

대만과 홍콩의 아픈 역사를 담은
〈비정성시〉와 〈첩혈가두〉

〈비정성시〉 이전에 양조위가 처음 대만 땅을 밟은 것은 영화
〈지하정〉(1986)을 통해서였다. 극 중 장수해(양조위)는 세상을
떠난 숙령(채금)의 유골함을 전해주기 위해, 그녀가 남긴 녹음
테이프를 들고 대만으로 향한다. 재미있는 점은 장수해가 대
만 사람들이 쓰는 보통화를 알아듣지 못한다는 설정이다. 그
래서 함께 간 옥병(금연령)이 가족과 나누는 대화를 광동어로
통역해 다시 장수해에게 들려주는 장면이 나온다. 관금붕 감
독은 후반부의 공간적 배경을 아예 대만으로 옮기며, 평소 깊
은 영향을 받았던 대만 뉴웨이브 영화의 정서를 곳곳에 심어
놓았다.

대만으로 간 친구들은 시골의 풍경을 즐기는 가운데 숙
령의 옛 남자친구까지 만난다. 하지만 문제는 해결되지 않는
다. 헛구역질하던 옥병이 장수해의 아이를 임신한 사실이 드
러나고, 대만에서 숙령의 가족을 만나면 무언가 해소될 것이
라던 기대는 빗나가게 된다. 채금의 노래 '지하정' 가사처럼,
그들은 장소가 바뀌어도 영원히 '지하'에 숨어있어야 하는 운
명이었던 것이다.

주윤발과 양려화의 불발, 〈비정성시〉 탄생
한편, 대만 뉴웨이브의 기수 허우샤오시엔 감독에게도 큰 변

화가 찾아오고 있었다. 〈펑꾸이에서 온 소년〉(1983)과 〈동동의 여름방학〉(1984)으로 낭트3대륙영화제 그랑프리를 2연패 한 그에게 제목 미정의 '대작' 제의가 들어온 것이다.

최초 버전의 〈비정성시〉는 일제강점기를 배경으로 한 일종의 첩보 드라마였다. 캐스팅 계획은 파격적이었다. 오페라 무대와 TV를 오가며 남성역 전문 배우로 명성을 떨치던 대만의 국민배우 양려화가 여성 보스를 연기하고, TVB 드라마 〈상해탄〉 이후 영화 〈등대여명〉(1984)으로 금마장 남우주연상을 받으며 주가를 올리던 주윤발이 비밀 임무를 띠고 홍콩에서 대만으로 건너온 인물을 연기할 예정이었다. 언론에 보도될 만큼 중화권 최고의 프로젝트였고, 우녠전이 각본을 쓰고 홍콩 골든하베스트가 투자를 준비했다.

하지만 허우샤오시엔이 원래 계획했던 〈연연풍진〉(1986)과 〈나일의 딸〉(1987) 촬영으로 시간을 보내는 사이 상황은 급변했다. 우녠전의 각본은 금광으로 전성기를 누리던 지우펀을 중심으로 확장되었지만, 결정적으로 주윤발이 〈영웅본색〉(1986)으로 더 이상 스케줄을 잡을 수 없는 '우주 대스타'가 되어버렸다. 결국 양려화와 주윤발을 염두에 둔 1945년 이전의 이야기는 사라지고, 광복 이후인 1945년부터 국민당 정부가 이주한 1949년 사이를 다루는 지금의 〈비정성시〉가 탄생하게 되었다.

영화는 1945년 일본의 항복을 알리는 라디오 뉴스와 함께 임아록 가문의 장손이 태어나는 것으로 시작한다. 51년

»
〈비정성시〉 주점
촬영지 내부(왼쪽),
〈비정성시〉에서 양조위가
꼬치를 굽던 승평극장
앞마당(오른쪽). ⓒ주성철

간의 일제강점기가 끝나는 날 새로운 생명이 태어난 것이다.
임아록에게는 네 아들이 있었는데, 첫째 문웅(진송룡)과 셋째
문량(고첩)은 상하이 조직의 권유로 쌀과 설탕 밀수에 손을 대
고, 의사인 둘째 문상은 일본군에 끌려가 소식이 끊겼다. 넷째
문청(양조위)은 청각장애인으로 사진관에서 일한다.

　　　문청은 지식인 친구 관영(오의방)의 반정부 활동을 지원
하며 조용히 힘을 보탠다. 그러나 1947년, 외성인(대륙 출신)과
본성인(대만 토박이)이 충돌하는 '2·28 사건'이 터지며 비극이
시작된다. 관영은 투쟁을 위해 타이베이로 떠나고, 대만 사회
는 국민당 정권의 부패와 살인적인 물가 폭등으로 혼란에 빠
진다. 일제 협력 전력으로 형들이 체포되는 등 가족의 비극을
겪은 문청은 투쟁에 동참하려 하지만, 관영은 그에게 "살아서
생업에 충실하라"고 조언한다. 결국 문청은 관영의 동생 관미
(신수분)와 결혼해 역사의 증인이 되기로 한다.

40분 이상 잘려나간 걸작

〈비정성시〉는 1989년 베니스영화제 황금사자상을 수상하며 세계적인 걸작으로 인정받았다. 하지만 1990년 1월 한국 개봉 당시의 성적은 참패였다. 158분의 상영시간이 길다는 이유로 무려 40분 이상이 잘려나갔기 때문이다.

이는 당시 한국의 '예술영화' 붐과 비교하면 더욱 대조적이었다. 1988년 베를린 황금곰상 수상작인 장이모우의 〈붉은 수수밭〉은 1989년 개봉해 서울 관객 18만 명을 동원하며 큰 화제가 되었다. 당시 성룡의 〈폴리스 스토리〉(19만 명)나 이연걸의 〈태극권〉(17만 명)과 맞먹는 수치였다. 이는 1987년 강수연이 〈씨받이〉로 베니스 여우주연상을 받으며 '세계 3대 영화제' 수상작에 대한 대중의 관심이 높아진 덕분이기도 했다. 수입사 역시 이런 흐름을 기대했겠지만, 〈붉은 수수밭〉이 '중국 5세대 영화'를 알린 것과 달리, 난도질당한 〈비정성시〉는 '대만 뉴웨이브'를 알리는 데 실패했다. 30년이 훌쩍 지나 최근에서야 에드워드 양의 〈해탄적일천〉, 〈독립시대〉, 〈하나 그리고 둘〉 등이 정식 개봉하며 '대만 뉴웨이브'가 익숙해진 현실을 생각하면 격세지감을 느끼게 한다.

돌이켜보면 1990년은 한국에서 양조위에게 '불운의 해'였다. 〈비정성시〉의 충격이 가시기도 전인 9월, 오우삼 감독의 〈첩혈가두〉(1990)가 개봉했지만 이 역시 처참했다. 오우삼의 3시간짜리 디렉터스 컷은 홍콩에서 145분으로 개봉되었는데, 한국에서는 거기서 다시 25분을 더 잘라냈다. '2

▲
〈비정성시〉 촬영지
'지우편'. ⓒ주성철

시간 넘는 영화는 안 된다'는 당시 한국 극장가의 관행이 양조위의 걸작들을 훼손한 것이다. 홍콩 개봉(8월 17일) 후 불과 한 달 만인 9월 29일에 한국에 걸렸을 정도로 유례없이 빠른 'LTE급 개봉'이었지만, 정작 관객은 영화의 온전한 모습을 볼 수 없었다.

가장 안타까운 점은, 이 무자비한 가위질로 인해 우리가 두 나라 현대사의 가장 중요한 비극을 영화로 마주할 기회를 놓쳤다는 것이다. 〈비정성시〉는 대만의 '1947년 2·28 사건'을, 〈첩혈가두〉는 홍콩의 '1967년 67폭동'을 다루고 있었다. 대만과 홍콩의 두 거장이 양조위라는 배우를 통해 시도한 '아픈 역사의 기록'은 그렇게 한국 관객에게 닿지 못하고 한참 뒤로 미루어졌다. 우리는 양조위라는 배우의 진면목을, 늦어도 너무 늦게 만나게 된 것이다.

역사의 소용돌이 속에서 '무(無)'를 연기하다

1947년생 동갑내기인 대만의 두 거장, 허우샤오시엔과 에드워드 양은 당시 홍콩영화계에도 지대한 영향을 미쳤다. 이를 증명하는 대표적인 인물이 바로 훗날 왕가위 감독의 영혼의 단짝이 되는 촬영감독 크리스토퍼 도일이다.

에드워드 양의 〈해탄적일천〉(1983)으로 촬영감독에 데뷔한 크리스토퍼 도일은 이후 홍콩으로 건너와 활동을 시작한다. 그가 홍콩의 평론가 겸 감독인 서기의 〈노랑구소〉(1985) 촬영을 맡았을 때, 이 작품에는 엽덕한과 금연령이 출연했을 뿐 아니라 허우샤오시엔 감독이 우정출연하기도 했다. 이후 도일은 왕가위가 각본을 쓰고, 훗날 〈아비정전〉을 제작하게 되는 등광영이 제작 및 주연을 맡은 〈재전강호〉(1990)의 촬영을 맡게 된다. 그리고 이 인연이 이어져 〈아비정전〉(1990)을 시작으로 왕가위의 절대적인 예술적 동반자가 된다.

허우샤오시엔의 '전속 촬영감독'이라 불러도 좋을 리핑빈(마크 리 핑빙)은 또 어떤가. 〈동년왕사〉(1986)와 〈연연풍진〉(1986)을 시작으로 〈남국재견〉(1996), 〈자객 섭은낭〉(2015) 등을 함께한 그는, 〈타락천사〉(1995)에 일부 참여한 것을 시작으로 〈화양연화〉(2000)의 촬영을 맡으며 '왕가위 유니버스'로 들어왔다. 크리스토퍼 도일에서 리핑빈에 이르기까지, 왕가위 특유의 '룩(Look)'과 '스타일'은 대만 뉴웨이브로부터 왔다고 해도 과언이 아니다. 이처럼 홍콩과 대만 영화인들은 활발하게 교류했고, 특히 허우샤오시엔은 배우로 출연까지 마다하지 않을 정도로 그 중심에 있었다.

〈지하정〉이 맺어준 인연과 언어의 장벽

허우샤오시엔이 〈비정성시〉에 양조위를 캐스팅하게 된 결정적인 계기는 역시 〈지하정〉 덕분이었다. 당시 관금붕 감독은 여윤항의 〈사부〉(1980), 허안화의 〈호월적고사〉(1981), 담가명의 〈열화청춘〉(1982) 등 홍콩 뉴웨이브 감독들의 조감독을 거치며 홍콩과 대만 영화인들 모두의 기대를 받고 있었다. 주윤발, 종초홍 주연의 데뷔작 〈여인심〉(1985)에 이어 그의 재능이 만개한 두 번째 작품이 바로 〈지하정〉이었고, 여기서 허우샤오시엔은 양조위를 눈여겨보게 된다.

그는 양조위를 캐스팅하기 위해 직접 찾아갔고, 배우로서 다양한 작업을 갈망하던 양조위는 흔쾌히 출연을 결정했다. 허우샤오시엔은 〈지하정〉에서 양조위가 보여준 그 표정과 눈빛을 그대로 가져와, 〈비정성시〉에서 형들의 비극을 지켜보고 감내하는 막내아들 문청 역을 맡길 생각이었다.

그런데 심각한 문제가 있었다. 양조위가 영화 속 주요 인물들의 일상 언어인 민남어(대만어)는 물론, 남방 한족의 방언이나 표준 중국어(만다린)를 잘하지 못한다는 점이었다. 〈비정성시〉에서 본성인(대만 토박이)과 외성인(대륙 이주민) 간의 언어 차이, 그리고 민남어와 만다린의 구분은 시대상을 보여주는 매우 중요한 영화적 장치였기에 이는 큰 걸림돌이었다.

애초에 허우샤오시엔이 양조위를 고집한 가장 큰 이유는 그가 가진 이미지도 있었지만, 결국 '전문 연기자'가 필요했기 때문이었다. 당시 허우샤오시엔과 에드워드 양은 〈광음적고사〉(1982)나 〈해탄적일천〉의 장애가 정도를 제외하고는 주로 비전문 연기자와 작업해왔다. 그것이 대만 뉴웨이브의 리얼리즘을 구축한 중요한 토대였지만, 〈비정성시〉는 출연진 규모나 일제강점기라는 거대 서사의 명확한 전달을 위해 전문 배우가 반드시 필요했다. 친구나 지역 주민은 비전문 배우로 채우더라도, 극을 이끌어갈 4형제만큼은 전문 배우로 채우고 싶었던 것이다.

실제로 첫째 아들 문웅 역에 진송룡을 확정하기 전, 〈강호정〉, 〈의본무언〉, 〈미라클〉, 〈용의가족〉, 〈이역〉 등에 출연하며 홍콩과 대만을 오가고 〈황포군혼〉(1979)으로 대만금마장 남우주연상을 받은 바 있는 배우 가준웅을 1순위로 고려했던 이유도 바로 그 때문이었다. 이처럼 시대극이라는 무게감은 허우샤오시엔과 두 각본가 주톈원, 우녠전을 긴장하게 만들었다.

"넷째를 농아로 만들자" 위기를 기회로 바꾼 한마디

2024년 국내 출간된 〈비정성시〉 각본집에 실린 주톈원과 우녠전의 인터뷰를 보면 당시의 급박했던 상황을 알 수 있다. 가준웅 대신 진송룡을 캐스팅하고 양조위까지 데려왔지만, 양조위의 언어 문제로 각본 작업은 교착 상태에 빠졌다.

이때 허우샤오시엔이 어느 날 갑자기 툭 던졌다. "넷째를 농아로 만들자." 주톈원의 회고에 따르면, 이 농담 같은 한마디가 혼란에 빠진 제작진을 일깨웠고, 파죽지세로 국면을 타개하게 만들었다고 한다. 이 설정 덕분에 당초 첫째 문웅에게 쏠려 있던 플롯의 무게중심이 양조위의 눈빛과 균형을 맞추게 되었다.

또한 문청의 소통 수단을 수어가 아닌 '필담'으로 설정했는데, 여기에는 실제 모델이 있었다. 바로 대만의 청각장애화가인 천팅시다. 8살 때 나무에서 떨어져 청력을 잃은 그는 수어 대신 글로 사람들과 소통했다. 허우샤오시엔은 그의 삶을 문청에게 이식했고, 양조위 역시 감독과 함께 천팅시 선생을 직접 만나 조언을 구하며 캐릭터를 완성해나갔다.

양조위를 듣지도 말하지도 못하는 인물로 설정한 것은 감독이 말하고자 했던 '침묵'의 정서와 완벽하게 맞물렸다. 영화의 배경인 2·28 사건(1947년 2월 28일)은 대만 현대사의 가장 큰 비극이다. 일제강점기가 끝나고 중국 본토에서 건너온 국민당 정부의 통치하에서, 기존 본성인과 외성인 간의 차별, 관료 부패, 경제적 불평등이 폭발한 사건이다.

비극의 시작은 1947년 2월 27일, 타이베이에서 밀수 담배를 팔던 본성인 노인이 단속반에게 폭행당한 사건이었다. 이에 격분한 시민들의 항의 시위는 삽시간에 전국으로 번져 나갔다. 국민당 정부가 이를 무력으로 진압하며 약 3만 명의 사상자가 발생했다. 이 사건을 계기로 대만에는 1949년 5월 20일부터 1987년 7월 15일까지, 무려 38년이라는 세계 최 장기간의 계엄령이 선포되었다.

허우샤오시엔은 설명할 수 없을 정도로 순식간에 벌어 진 그 시기를 '설명이 불가능한 시대'로 보았다. 그래서 문청 은 형제나 친구들처럼 정치 조직에 가담하거나 폭력을 쓰지 않는다. 대신 그는 항상 사진을 찍는다. 말없이 관영의 조직에 자금을 대고, 침묵 속에서 사진으로 역사를 기록한다. 필담 역 시 마찬가지다. 뱉으면 사라지는 말이 아니라, 글로서 영원히 남기에 그의 모든 소통은 기록이 된다.

이러한 문청의 침묵은 "자연의 섭리 아래 사람들의 삶 을 진실하게 담아내고 싶었다"는 허우샤오시엔의 주제의식이 자 역사를 대하는 태도였다. 더구나 양조위는 홍콩에서 온 배 우였기에 형제들 사이에서도 묘하게 이방인 같은 느낌을 주었 다. 대만인도 중국인도 아닌 홍콩인 양조위를 통해, 감독은 사 건을 한 발자국 떨어져 바라보고 싶었던 것이다.

〈비정성시〉의 문청, 〈화양연화〉의 모운,
그리고 무(無)의 경지

놀랍게도 10년 뒤, 〈화양연화〉(2000)에서 앙코르와트 사원의 돌벽 구멍에 오랜 비밀을 묻는 주모운의 얼굴에서 〈비정성시〉의 임문청이 겹쳐 보였다. 조심스레 카메라 뷰파인더를 들여다보던 1947년 대만의 문청과, 사원 구석에 대고 속삭이던 1966년 홍콩의 모운은 결국 한 사람이었다.

　말보다는 눈빛과 공기로, 표현하기보다는 침묵을 통해 역사와 시간을 봉인하는 두 인물에게서, 얼핏 전혀 다른 세계처럼 보이는 허우샤오시엔과 왕가위 사이의 거대하고 아름다운 접점을 목격한다. 양조위는 그 불가능할 것 같은 만남을 가능하게 했다. 영화는 다른 예술과 달리 침묵을 미학으로 만들고, 아무 행위도 하지 않는 것마저 이야기로 만든다.

　허우샤오시엔과 왕가위 모두가 존경해 마지않는 오즈 야스지로 감독의 묘비명에 새겨진 단 하나의 글자, '무(無)'. 세상의 시간을 정지시키고 우주의 운동을 잠시나마 멈추게 하는 그 경지를, 우리는 양조위의 얼굴에서 보았다.

불운의 걸작 〈첩혈가두〉, 그리고 아직은 낯선 배우

양조위는 장국영의 대체재로 시작했다. 냉정하게 말해, 〈중경삼림〉(1994) 이전까지 한국에서 양조위의 위치는 애매했다. 홍콩에서는 TVB 무협 드라마 〈86의천도룡기〉로 일찌감치 스타덤에 올랐지만, 적어도 한국 관객에게 그는 '무비 스타'가 아니었다. 그저 홍콩영화를 많이 본 팬들에게나 '얼굴 정도 아는 배우'였을 뿐이다.

물론 연기력은 진즉 증명되었다. 주윤발과 함께한 관금붕 감독의 〈지하정〉, 적룡과 호흡을 맞춘 〈인민영웅〉, 대만 뉴웨이브의 기수 허우샤오시엔의 〈비정성시〉 등 필모그래피는 탄탄했다. 수상 경력도 화려했다. 국내에 〈은행풍운〉으로 소개된 〈인민영웅〉으로 1988년 홍콩금상장 영화제에서 최연소 남우조연상을 거머쥐었고, 2년 뒤인 1990년에는 담가명 감독의 〈살수호접몽〉(1989)으로 또다시 트로피를 들어 올렸다. 하지만 당시 한국 시장은 성룡, 주윤발, 장국영, 유덕화라는 거대한 산들이 버티고 있었다. 양조위는 그 틈바구니에서 '장국영의 대체재' 혹은 '가능성 있는 신예' 정도의 인상에 머물러 있었다.

그 한계를 넘어서기 위한 야심작이 바로 '오우삼 유니버스'의 신작, 〈첩혈가두〉(1990)였다. 오우삼 감독은 〈영웅본색〉(1986)의 신화인 주윤발, 적룡, 장국영이 떠난 자리에 양조위, 장학우, 이자웅, 임달화라는 새로운 피를 수혈했다.

당시 오우삼은 〈영웅본색〉의 성공 이후 원치 않던 속편 〈영웅본색2〉(1987)까지 만들며 지쳐 있었다. 그는 3편에 이르러 베트남전을 배경으로 홍콩의 운명을 빗대려는 거대한 포부를 품었으나, 제작자 서극과의 이견으로 결국 자신만의 프로젝트 〈첩혈가두〉를 따로 만들게 된다. 그는 이 영화에서 주윤발처럼 초인적인 영웅이 아닌, 시대의 파도에 휩쓸리는 '평범한 청춘'을 그리고자 했다. 그래서 선택한 얼굴이 양조위였다. 극 중 양조위의 방에 당대 최고의 스타 엘비스 프레슬리의 사진이 붙어 있지만, "나랑 닮지 않았냐"는 물음에 어머니가 본체만체하는 장면은, 당시 그의 '스타성'에 대한 냉정한 현실을 보여주는 은유였을지도 모른다.

　　　작품의 무게감은 상당했지만, 흥행 성적표는 처참했다. 홍콩에서는 양조위, 장학우 조합에 대한 냉담한 반응 속에서 실패를 맛봤고, 한국 개봉 상황은 더 심각했다. 상영 횟수를 늘리기 위해 가위질을 당한 것이다. 본래 3시간이 넘는 대작이었으나 홍콩 개봉 시 145분으로 줄었고, 한국에서는 거기서 또 25분을 덜어냈다. 서극이 따로 만든 〈영웅본색3〉(1989)와 오우삼의 〈첩혈가두〉가 나란히 흥행에서 고배를 마신 이 시기는, 한국 내 홍콩영화 전성기의 종말을 알리는 거대한 전조와도 같았다.

불운의 아이콘에서 흥행 1위로, 하지만 여전히 낯선 성공

여기에 '〈아비정전〉의 비극'까지 더하면 양조위의 1990년은 그야말로 불운의 연속이었다. 〈첩혈가두〉가 1990년 9월 개봉해 쓴맛을 보고 두 달여 뒤, 당대 스타들이 총출동한 왕가위 감독의 〈아비정전〉이 개봉했다. 하지만 이 영화 역시 저주받은 걸작으로 남으며 흥행에 참패했다.

특히 양조위에게는 더 큰 아픔이었다. 영화의 마지막, 좁은 방 천장에 머리가 닿을 듯한 낮은 앵글 속에서 2분 남짓 등장해 외출 준비를 하는 그의 모습은 강렬했지만, 관객들은 당혹스러워했다. 훗날 비디오(VHS)의 작은 화면으로 영화를 본 사람들은 그를 장학우로 착각하기도 했다. 연기파 배우로서 도약을 꿈꿨던 그에게는 뼈아픈 시기였다.

하지만 아이러니하게도 한국 팬들의 '의리'가 그를 살렸다. 비록 한국의 〈첩혈가두〉는 난도질당한 버전이었지만, '오우삼'이라는 브랜드 파워는 여전했다. 1990년 추석 극장가에서 〈첩혈가두〉는 유덕화·왕조현의 〈무림지존〉, 왕정 감독의 〈도전자〉, 허관걸·장만옥의 〈루안살성〉 등 쟁쟁한 경쟁작들을 제치고 서울 관객 8만 명을 동원하며 흥행 1위를 차지했다. 성룡과 주윤발이 잠시 숨을 고르고, 장국영이 은퇴를 선언한 공백기에 거둔 값진 승리였다.

이 흥행에는 양조위의 첫 내한도 한몫했다. 그는 이자웅, 원결형과 함께 한국을 찾았다. 당시 다른 내한 홍콩 스타들처럼 KBS 〈연예가중계〉를 비롯해 수많은 매체들과 인터뷰를 가졌는데, 핵심적인 내용은 '그동안 TV 드라마에서 보여준 귀엽고 장난스러운 이미지에서 벗어나, 강렬하고 진지한 연기를 보여주고 싶다. 〈첩혈가두〉가 내 연기 인생에서 중요한 전환점'이라는 것이다. 또한 유가령 납치사건이 있었던 시점으로부터 그리 멀지 않았기에, 거의 모든 매체가 그에 대해 질문했는데 대답은 언제나 같았다. "지금은 내 인생에서 가장 소중

»
〈아비정전〉 제작 발표회.

한 사람을 지켜주는 것이 연기보다 중요하다." 스마트폰이 없던 시절, 그는 인터뷰 일정 사이사이 쉬는 시간이 생길 때마다 홍콩의 유가령에게 '국제전화'를 걸었고, 인사동에 들러 유가령의 선물을 샀다.

재미있는 건, 성룡이나 주윤발, 유덕화 등이 마치 옆 동네 드나들듯 한국을 찾았던 것과 달리 양조위의 방한은 이것이 처음이자 꽤 오랫동안 이뤄지지 않았다는 점이다. 두 번째 방한은 무려 7년 뒤인 1997년, 영화 〈해피 투게더〉로 부산국제영화제를 찾았을 때였다. 한 달에 여러 번씩 김포공항 입국장을 밟던 다른 스타들과 비교하면, 당시 한국에서 양조위의 입지가 어떠했는지를 단적으로 보여준다. 그는 분명 톱(Top)이었지만, 아직 한국 관객의 마음속 '가장 높은 곳'에는 닿지 못하고 있었다.

엘비스를 꿈꾸던 소년의 비극적 독백

〈첩혈가두〉속 삼수이포에는 당시 미래에 대해 고민하고 방황하던 청년 오우삼의 모든 것이 담겨 있다. 실제 살았던 곳에서 촬영한 만큼 오우삼의 자전적 영화라 봐도 좋은데, 양조위가 연기한 주인공 '벤'이 바로 감독 자신을 투영한 캐릭터나 다름 없다. 흥미롭게도 오우삼 감독 필모그래피 전체를 통틀어봐도 자기반영적 페르소나라 부를 만한 거의 유일한 캐릭터다. 대표적인 설정이 바로 엘비스 프레슬리를 흉내 내는 양조위의 모습이다. 도입부에서부터 양조위와 그 친구들이 패싸움하는 장면으로 시작하는데, 그렇게 외출하기 전에 양조위가 머리에 물을 묻혀 빗질을 시작한다. 그런데 어쩌면 계모인 걸까, 대뜸 엄마(포기정)가 "넌 매일 엘비스 따라 하는데 진짜 안 닮았어"라고 '팩트 폭격'을 날려버린다. 그러자 진심으로 상처받은 얼굴을 한 아들 양조위가 "그래요? 그냥 노는 거예요"라고 말한 뒤 패싸움하러 간다. 그 '팩폭'이 양조위의 전투력을 급상승시켜 칼까지 휘두르며 상대 패거리를 완전히 박살 내버린다. 양조위 필모그래피를 통틀어 가장 '긁힌' 장면이라 해도 과언이 아니다. 심지어 긁은 장본인이 다른 사람도 아니고 함께 사는 엄마라니, 그래서 홍콩의 슬픈 운명을 그린 〈첩혈가두〉는 양조위로 인해 오프닝부터 슬펐다. 아무튼 엘비스 프레슬리를 무척이나 따라 했지만 닮지 않았다는 얘기만 들었던 그 인물이 바로 1960년대의 오우삼이었다.

오우삼은 실제로 할리우드 진출 당시 '미국 대중문화로부터 어떤 영향을 받았는가'에 대해 많은 질문을 받았다. 'LA 타임스'와의 인터뷰에서 "1960년대 홍콩 청년 문화에 미국 영화와 음악이 엄청난 영향을 미쳤다. 특히 반항아 제임스 딘과 엘비스 프레슬리에 미쳐 있었다"며 "엘비스 프레슬리의 모든 것을 따라 했다"고까지 말했다. 〈페이스 오프〉(1997)와 〈윈드토커〉(2002) 두 편을 함께 한 니콜라스 케이지에 대해서는 "총잡이를 록스타처럼 찍고 싶었다"고 했는데, 꼭 그런 이유로 캐스팅한 것은 아니지만 니콜라스 케이지가 엘비스의 광팬이라는 사실도 마음에 들어 했다. 엘비스 프레슬리에 깊이 빠져 외모나 말투, 제스처 등을 의도적으로 따라 하는 '엘비스 모방자(Elvis impersonators)'라는 표현은 일반명사처럼 사용되는, 전 세계적으로 통용되고 있는 광범위한 팬덤 문화인데, 같은 엔터테인먼트 산업 종사자 중에서 니콜라스 케이지는 최고의 엘비스 모방자라 할 수 있다. 데이빗 린치의 〈광란의 사랑〉(1990)과 앤드류 버그먼의 〈허니문 인 베가스〉(1992)에서 엘비스를 그대로 따라 한 것은 물론 직접 그의 노래를 부르기도 했다. 오죽하면 엘비스의 딸인 리사 마리 프레슬리와 결혼했겠는가.

흥미롭게도 아주 잠깐 목격한 것일 뿐이지만, 〈첩혈가두〉와 같은 해 개봉한 〈아비정전〉의 마지막에 등장하는 또 다른 '아비' 양조위의 스타일링도 전형적인 엘비스 모방자의 그것이다. 앞서 등장한 첫 번째 '아비' 장국영도 그러했음을 떠올려보면, 〈아비정전〉은 1960년대 홍콩의 두 엘비스 모방자들이 이야기를 이어나가는 영화다. 이후 양조위가 트란 안 홍의 〈씨클로〉(1995)에서 갱스터이자 시인으로 등장했을 때도 그 엘비스의 영향을 읽을 수 있다. 엘비스 모방자를 넘어 거기에 담긴 핵심은, 주인공의 비극성이다. 〈첩혈가두〉에서 엘비스 프레슬리는 벤(양조위)이 갈망하지만 끝내 가닿을 수 없는 삶의 상징이다. 동시에 엘비스는 약물 과다 복용으로 불과 42세에 요절한 비극적 인물이기도 하다. 자유의 아이콘으로 불렸으나 정작 그 자신은 철저히 고립되어 있었던 삶. 이는 훗날 벤이 마주하게 될 가혹한 운명에 대한 예고편과도 같다.

돌이켜보면, 어머니가 "너는 그를 조금도 닮지 않았다"며 냉정하게 타박했던 건 단순한 핀잔이 아니었을지 모른다. 엘비스 프레슬리보다 더 오래 살아야 한다는 무의식적 바람이랄까, 파멸을 향해 달려가는 아들의 슬픈 미래를 본능적으로 감지한 어머니의 깊은 근심이었을 것이다.

영웅이 떠난 거리, 그곳에 양조위가 있었다

〈첩혈가두〉는 당시 삼수이포 주변, 그러니까 구룡반도 내륙의 정경을 굉장히 잘 담아내고 있는 기록영화로서도 큰 의미가 있다. 삼수이포 공공저택의 이곳저곳을 면밀하게 담아낸 것은 물론, 당시 하나둘 철거되기 시작하던 주변 제조업 공장들의 모습도 인상적으로 담겼다. 삼수이포 일대는 1970년대까지 섬유산업으로 융성한 공업단지였는데, 영화에서 양조위의 여자친구가 일하던 공장이자 파업이 벌어지던 공장이 바로 그런 섬유공장일 것이다. 영화 속 시위 장면은 홍콩 역사에서 이른바 '67 폭동'이라 불리는 1967년 홍콩의 반영 시위다. 홍콩 작가 찬호께이의 소설 《13.67》에 등장하는 바로 그 1967년이다. 사태의 시작은 영화에서 묘사된 것처럼 구룡반도 공장의 노동쟁의였다. 그러나 이는 만연한 빈부 격차와 관료 부패에 대한 분노가 기폭제가 되어, 영국 식민 정부의 억압과 독재에 항거하는 대규모 시위로 걷잡을 수 없이 번져 나갔다. 오우삼도 당시 사회운동에 열렬히 참여했던 청년이었다. 영국군과 경찰의 과잉 진압이 계속되는 가운데 사제 폭탄까지 만든 시위대는 결사항전의 자세로 맞섰다. 쉽게 치유되기 힘든 막대한 재산상의 피해와 인명피해를 낳았지만, 1960년대 들어 급격하게 성장하던 분위기 속에서 영국이나 중국 모두와 차별화되는 홍콩만의 정체성이 성립되는 계기가 됐다. 그로부터 50여 년 뒤 일어난 반중 시위와 우산혁명을 그와 연결 짓는 것은 꽤 자연스러운 일이다.

그 혈기왕성한 홍콩 젊은이들이 살던 공공저택 장면은 당시에도 한국 아파트와는 사뭇 다른, 마치 미로와도 같은 구조여서 인상적인 기억으로 남아 있다. 비 오는 날 이곳에서 동네 사람들이 모두 모인 양조위의 결혼식이 벌어지는 정겨운 풍경, 그 속에서 세 친구가 어깨동무를 한 채로 정지된 화면은 홍콩영화에서 가장 좋아하는 장면 중 하나다. 그런데 세 친구

의 삶은 그야말로 팍팍하다. 이자웅은 "평생 청소부의 아들로
살 순 없어, 여길 떠나고 싶어"라고 말하고, 구체적으로 드러
나진 않지만 가정 문제가 심각해 보이는 장학우는 "홍콩에서
우리는 고아나 다름없어"라고 말한다. 그런 그들을 걱정스런
눈길로 바라보는 양조위는 여자친구가 일하는 공장에서 연일
시위가 계속되어 미래가 불안하긴 마찬가지다. 세 친구는 그
런 고민을 이곳 공공주택의 1층 곳곳에 있는 '가맥집'에서 수
북히 쌓인 땅콩을 안주 삼아 맥주를 마시며 나눈다.

　　앞서 결혼하는 친구 양조위에게 목돈이라도 주고 싶었
던 장학우는 조직의 검은 돈을 만질 수밖에 없었고, 그 때문에
큰 부상을 당하고 만다. 바로 자기 때문에 집에서 구박받고 부
상까지 입은 친구를 모른 척할 수 없는 양조위는 복수에 나섰
고, 우발적으로 살인을 저지른 뒤 "우리 나중에 성공해서 벤츠
타고 다시 돌아오자"는 이자웅과 함께 베트남으로 향한다. 그
처럼 오우삼은 자신이 청년기에 겪었던 홍콩 사회의 혼란과
비슷한 시기 베트남전을 통해, 앞으로 닥칠 1997년 홍콩의 본
토 반환에 대해 질문하고 있다. 난민이 된 베트남 사람들처럼
미래의 홍콩 사람들도 그렇게 될지 모른다는 근심으로, 액션
일변도의 홍콩 누아르의 의리가 구체적인 역사의 시간 속에
놓이게 된 것이다.

　'구세주는 없다', 주윤발의 부재
무엇보다 〈첩혈가두〉에는 이 시기 오우삼 영화 중 거의 유일

하게 주윤발이 등장하지 않는다. 〈영웅본색〉(1986), 〈영웅본색2〉(1987), 〈첩혈쌍웅〉(1989), 〈종횡사해〉(1991), 〈첩혈속집〉(1992)에 이르는 5년의 시간 동안 오우삼의 페르소나라 할 수 있는 주윤발이 출연하지 않은 유일한 영화가 바로 〈첩혈가두〉다. 1990년대 이후를 내다보는 홍콩영화계의 자연스러운 세대교체라는 의미도 있고, 너무나 도식화된 영웅과 신사의 이미지를 벗어던지면서 과거로 돌아가 이상과 희망이 사라진 홍콩의 맨얼굴을 직시하고 싶었던 오우삼의 의지이기도 하다. 그로 인해 오히려 〈첩혈가두〉는 오우삼의 야심이 짙게 드러나는 프로젝트다. 어쩌면 주윤발의 스타성으로 인해 자신이 다루고자 하는 본질이 흐려질 수도 있을 거라 생각했을지도 모른다. 여기서 1960년대 홍콩이라는 시대 배경이 중요하다. 〈첩혈가두〉와 〈화양연화〉는 홍콩이 경제적으로 급속도로 성장해나가던 시기를 다룬 서로 다른 두 얼굴의 영화라 할 수 있다.

실제 1997년을 기준으로 앞서 만든 〈첩혈가두〉(1990)와 그 직후에 만든 〈화양연화〉(2000)는 홍콩 반환에 대한 불안감을, 가장 역동적이고 화려했던 과거로 거슬러 올라가 투영시켰다. 〈화양연화〉는 1962년에서 시작해 1966년에 마무리되는 이야기인데, 1966년은 바로 중국 본토에서 문화대혁명이 일어난 해이기도 하다. 홍콩의 미래에 대한 근본적인 불안감이 잉태된 때가 바로 그때다. 그래서 〈화양연화〉에서 화양연화의 의미는 화양연화의 시작이 아니라 '화양연화의 끝'

으로 이해하는 게 맞을 것이다. 그처럼 〈첩혈가두〉는 언젠가 국적을 상실하게 될지도 모를 홍콩 사람들의 상실감과 허무주의를 1967년 베트남전으로 역류시켰고, 〈화양연화〉는 캄보디아를 경유해 '홍콩이 중국에 완전히 귀속되는 해'인 〈2046〉으로 나아갔다.

하지만 당시 관객은 '주윤발 없는 오우삼 영화'가 당혹스러웠다. 양조위, 장학우, 이자웅이라는 모험적인 캐스팅에 대해 냉담했던 것이다. 당시 홍콩 상업영화로서는 드물게 2시간이 넘는 상영시간도 그런 반응에 한몫했다. 그럼에도 오우삼은 이런 결과를 담담하게 받아들였다. "〈영웅본색〉은 1997년 홍콩 반환을 앞둔 홍콩 사람들의 불안심리에 잘 부합했다. '정'과 '의리'로 가득한 영웅 주윤발의 존재가 그런 불안감을 일소시켜줄 구세주적 영웅의 형상으로 나타났다. 하지만 〈첩혈가두〉는 그 불안감을 진정시켜줄 영웅이 등장하지 않는다. 의리는 돈과 황금으로 묵살됐다. 그것이 가장 잘 드러나는 지점은, 마치 〈영웅본색〉의 주윤발처럼 등장한 〈첩혈가두〉의 임달화가 사실 CIA의 끄나풀이라는 점이다. 그는 결코 사건을 해결해주지 못한다. 그저 관망할 뿐이다."

〈첩혈가두〉의 한없이 무기력한 '벤'을 통해 배우 양조위의 독특한 스타성을 언급할 수 있다. 영화의 주인공, 특히 남성 주인공의 스타성이란 언어와 육체를 이용해 이른바 '멱살 잡고 끌어가는' 능력으로 서사를 추동하는 힘이다. 그런데 주윤발, 유덕화 등 당대 다른 남성 배우들과 달리 양조위는 '영웅'을 연기한 적 없다. 영웅이 되고자 한 적도 없어, 어쩌면 반 (反)영웅보다 탈(脫)영웅에 가깝다. 〈첩혈가두〉의 양조위는 그 저 시대의 흐름에 따라 이리저리 끌려다니는 초라하고 힘없는 인물이다. 언어로서의 '말발'도 없고, 육체로서의 '액션'도 부 족하다. 영화의 마지막에 가서 내린 결정(친구의 머리에 총을 겨눈 것)도, 자신의 굳은 의지이기보다는 친구의 부탁을 들어준 것 에 가깝다. 양조위는 저 멀리 우러러보는 원시화된 스타가 아 니라 언제나 곁에 머물러 있는 근시화된 스타다. 그처럼 침묵 의 배우 양조위는 언제나 영화에서 말하기보다 듣는 존재다. 배우를 향한 근원적인 거리감을 지워버린, 아니 아예 숨어버 리길 원하는 스타라고나 할까.

화마(火魔)가 휩쓸고 간 자리, 누아르의 무대가 되다

잠시 홍콩의 주거 역사를 바꾼 하나의 중요한 사건을 이야기 하고자 한다. 1953년 12월 25일, 크리스마스 밤 9시경 발생 한 '섹킵메이(石硤尾) 주거 지구 대화재'다.

1949년 마오쩌둥이 이끄는 중국공산당이 중화인민공 화국 수립을 선포하면서, 1950년대 홍콩으로 수많은 이주민 이 밀려들었다. 구룡반도의 삼수이포와 그 인근 섹킵메이 지 역에는 광범위한 판자촌이 형성되었는데, 바로 이곳에서 시 작된 불길이 걷잡을 수 없이 번져나간 것이다. 사망자는 2명 에 불과했지만, 하룻밤 새 53,000명 이상의 이재민이 발생 했다.

＾
〈첩혈가두〉의 세
친구 양조위, 장학우,
이자웅이 살던 아파트로
등장하는 '메이호 하우스
유스호스텔'. 과거
모습(왼쪽)과 현재의
모습(오른쪽). ⓒ주성철

이 사건은 홍콩 정부가 본격적으로 소방 시스템을 정비하고 공공주택 정책을 도입하는 결정적 계기가 되었다. 정부는 대규모 재정착 정책을 시행하며 화재가 발생한 지역에 빠른 속도로 블록 형태의 재정착 주택을 짓기 시작했다. 이 역사적인 화재와 그 결과물은 오우삼 감독, 양조위 주연의 영화 〈첩혈가두〉(1990)와 직접적인 관계가 있다.

홍콩 정부는 1954년 섹킵메이 화재 이재민 수용과 주거 환경 개선을 위해 공공주택을 건설했다. 위에서 내려다보면 'H' 자 모양을 한 모더니즘 건축 양식의 아파트들이 들어선 것이다. 최소한의 공간에 최대 인원을 수용할 수 있도록 설계된 이 구조 덕분에 빠른 시간 내에 거주 공간을 제공할 수 있었다. 좁은 발코니마다 빽빽하게 빨래가 내걸린 풍경, 바로 〈첩혈가두〉의 세 친구 양조위, 장학우, 이자웅이 살던 아파트가 이곳이다. 실제로 1946년 광저우에서 태어나 홍콩으로 건너온 오우삼 감독이 유년기를 보낸 곳도 바로 이 아파트였다.

2000년대 들어 철거 작업이 진행되는 가운데, 홍콩 정

부는 도시 재생 프로젝트의 일환으로 삼수이포에 남아 있던 H형 아파트 한 개 동을 '역사 건축물'로 지정했다. 그리고 이를 보존 및 리모델링해 유스호스텔로 재탄생시켰다. 바로 '메이호 하우스 유스호스텔'이다.

이곳은 홍콩 내 최고의 가성비를 자랑하는 숙소임은 물론, 모든 객실이 과거 4인 이상 가족이 거주하던 공간을 개조한 것이라 널찍한 크기를 자랑한다. "아, 〈첩혈가두〉에서 양조위가 살던 집이 이렇게 생겼었구나" 하며 영화적 감흥을 느끼고 싶거나, 최근 홍콩에서 가장 '힙'한 지역으로 떠오른 삼수이포의 정취를 체험하고 싶다면 이곳에 짐을 푸는 것을 추천한다. 건물 내에는 과거 공공주택의 생활상을 엿볼 수 있는 전시 공간도 충실하게 꾸며져 있어, 숙박 이상의 볼거리를 제공한다.

5장

틈새에서
중심으로

주윤발 그다음, 1990년이 지목한 '뉴 히어로'

이런 표현까지 쓰긴 좀 그렇지만, 당시 양조위가 '듣보잡'은 아니었다. 당시의 미묘한 기류는 영화잡지 〈로드쇼〉 1990년 11월호에 선명하게 박제되어 있다. 기사는 "이제 '영웅' 주윤발의 시대는 진정 가버린 것일까?"라는 도발적인 질문을 던지며 시작한다. 이어 "관객은 그가 채 잊히기도 전에 예상을 뒤엎고 속출하는 무서운 신예들의 잠재력에 아찔한 함성을 보내고 있다"며 새로운 흐름을 예고했다.

잡지는 '홍콩영화는 지금'이라는 특집 기사를 통해 당시 홍콩 언론이 주목하던 "지칠 줄 모르는 패기와 끊이지 않는 열정으로 무섭게 달려오는 뉴 히어로"들을 한자리에 모아 소개했다. 그 면면은 실로 화려하다. 〈첩혈가두〉와 〈재전강호〉의 임달화, 〈도성〉과 〈벽력선봉〉으로 코미디 제왕을 노리는 주성치, 〈아비정전〉과 〈A계획 속집〉의 유가령, 그리고 〈도성〉과 〈소오강호〉의 히로인 장민 등이 그 주인공이었다. 하지만 잡지가 이 쟁쟁한 신예들 중 가장 먼저 호명하며 기사의 맨 앞자리에 세운 인물은 바로 〈첩혈가두〉와 〈비정성시〉의 양조위였다.

당시 홍콩 현지 기사를 그대로 옮겨온 듯한 소개글은, 놀랍게도 양조위의 정체성을 꽤 정확하게 꿰뚫고 있다. 기사는 먼저 "19살 때 우연히 연예계에 입문, 관금붕 감독의 〈지하정〉 출연이 계기가 되어 허우샤오시엔 감독의 〈비정성시〉에

홍콩영화는 지금
香·港·電·影·版

양조위
TONY LEUNG

《
〈로드쇼〉 1990년
11월호에 실린 양조위.

캐스팅됐다"고 서술한다. 이는 그가 일찌감치 대만과 홍콩 뉴
웨이브 거장들의 심미안에 포착되었음을 시사한다. 다른 아시
아 배우들과 비교해 양조위가 가진 가장 흥미로운 지점이 바
로 여기에 있다. 그는 시작부터 홍콩 누아르의 거친 세계와 대
만 뉴웨이브의 예술적 세계를 동시에 오갈 수 있는 놀라운 확
장성을 지니고 있었다.

　이어지는 연기 평가는 더 구체적이다. "자칭 샌님 같은
성격과 달리 그의 연기 분석은 적극적이고 도전적이다. 실물
보다는 스크린에서의 마스크가 훨씬 매력적이며, 풍부한 감
성을 지닌 홍콩에서 드문 전천후 연기파다." '실물보다 화면

이 낮다'는 표현이 팬으로서 내심 섭섭하긴 하지만, 행간을 읽어야 한다. 같은 기사에서 소개된 다른 신예들이 주로 외모나 스타성에 초점이 맞춰진 반면, 양조위에 대해서는 오직 '연기 그 자체'를 논하고 있다. 그는 스타이기 전에 이미 연기력으로 인정받은, 홍콩영화계가 믿고 내세운 '전천후 연기파'였다.

꽃미남 장국영을 대체한 민머리 스님의 양조위

다시 1990년으로 돌아가 보자. 당시 한국에서만큼은 영화배우로서 이렇다 할 히트작이 없었던 양조위. 그에게 회심의 반격이 될 기회는 이듬해인 1991년 8월 3일 개봉한 〈천녀유혼3: 도도도〉(이하 〈천녀유혼3〉)였다.

전작 〈천녀유혼〉(1987)의 위상은 실로 대단했다. 〈영웅본색〉, 〈천장지구〉와 더불어 당시 홍콩영화 전성기를 상징하는 '빅3'로 꼽히는 작품이다. 순진하고 귀여운 세금 수금원 '영채신' 역의 장국영과, 선녀의 탈을 쓴 아름다운 귀신 '섭소천' 역의 왕조현을 일약 대스타로 만들며 시대극 붐을 일으켰다. 장국영의 영원한 애칭인 '꺼거(哥哥: 오빠/형)'가 유래한 곳도 바로 이 현장이었다. 당시 촬영장에서 왕조현이 자신보다 11살 많은 장국영을 친근하게 '꺼거'라고 부르기 시작한 것이 전설의 시작이었다.

왕조현은 양조위와 앞서 〈살수호접몽〉(1989)에서 호흡

을 맞춘 바 있었다. 1967년 대만에서 태어난 그녀는 당대 '청
순미'의 대명사이자 대중이 막연히 상상하던 '선녀'의 실사
판이었다. 〈천녀유혼〉 이후 시공을 초월한 '몽중인(꿈속의 여
인)'으로 각인됐는데, 그 파급력은 엄청나서 〈천녀유혼〉의 인
기에 편승해 만들어진 영화들―'그림 속의 선녀'라는 뜻의
〈화중선〉(1988), 저승 마왕의 아들에게 강제로 시집가던 〈마
화정〉(1990), 동굴에 봉인된 원나라 공주로 나온 〈무림지존〉
(1990), 구미호로 분한 〈천녀영호〉(1991), 천년 묵은 백사를
연기한 〈청사〉(1994) 등―은 관객들이 오직 왕조현이라는 이
름 하나만 믿고 볼 정도였다. 심지어 〈화중선〉은 국내 개봉
당시 포스터에 버젓이 '〈천녀유혼〉 시리즈 2'라고 소개되기
도 했다.

　　왕조현의 존재는 홍콩영화사적으로도 각별하다. 당시
〈최가박당〉 이후의 현대물이나 성룡과 골든 하베스트로 대표
되는 쿵후 영화의 흐름 속에서, 사극은 잊힌 장르였다. 출연
여배우들의 의상 역시 단발이나 간소한 생활복이 대부분이었
다. 하지만 서극의 〈촉산〉(1983)을 기점으로, 〈천녀유혼〉이 촉
발한 의상의 변화는 가히 혁명적이었다. 길게 늘어뜨린 도포
자락과 생머리, 화려한 색감으로 대표되는 왕조현의 스타일은
과거 쇼 브러더스의 이한상 감독 시절, 그 우아한 실내극의 무
드를 부활시킨 상징과도 같았다.

　　상대역인 장국영(영채신) 또한 당대 홍콩영화계의 우락
부락하고 거친 남성 액션 스타들 사이에서 독보적인 아름다움

을 뽑냈다. 즉, 〈천녀유혼〉의 핵심은 남녀 주인공이 '절대적으로 아름다워야 한다'는 것이었다.

그러다 2편까지 출연한 장국영이 하차하고, 왕조현만 남은 채 양조위와 장학우가 투입된 영화가 바로 〈천녀유혼3〉였다. 문제는 마케팅이었다. 1편 개봉 당시 "왕조현+장국영+우마+서극=진품!"을 외쳤던 홍보 문구에서, 장국영을 대신해 주연을 맡은 양조위의 이름은 쏙 빠져 있었다. 대신 그 자리를 "또다시 타오르는 끝없는 환희의 카타르시스"라는 모호한 문구가 채웠다. 도대체 왕조현이 누구와 환희를 나누는지 알 수 없는 홍보였다. 안타깝게도 극 중 민머리 스님으로 등장한 양조위에 대한 예우는 찾아볼 수 없었다. 물론 역할이 스님이었기에 비주얼을 감춘 것일 수도 있겠지만 말이다.

시리즈를 이끌어온 왕조현(섭소천)의 운명도 기구했다. 귀신 섭소천과 인간 영채신의 이룰 수 없는 사랑이 대히트를 쳤으니 속편 제작은 당연한 수순. 하지만 섭소천이 환생한다는 설정을 따르면 영채신과 나이가 맞지 않았다. 그래서 나온 〈천녀유혼2: 인간도〉는 나이 든 영채신(장국영이 수염만 붙이고 나왔다)이 1편의 소천과 똑같이 생긴 여자 '청풍'(왕조현)을 만나 마음이 흔들린다는 설정이었다. 마치 〈영웅본색〉의 인기로 마지못해 속편을 만들며 1편의 주윤발에게 미국에 사는 쌍둥이 동생이 있었다는 설정을 도입한 〈영웅본색2〉와 비슷한 맥락이었다. 제작진에게는 왕조현만 건재하다면 이 시리즈를 10

년, 20년도 더 만들 수 있다는 자신감이 있었다. 그래서 3편은 2편의 뒷이야기가 아닌, 완벽한 '리부트' 개념으로 제작되었다.

왕조현은 또다시 '소탁'(영화에서 성은 불리지 않았다)이라는 이름의 새로운 캐릭터로 등장했다. 이로써 왕조현은 영화 역사상 유례없이, 사실상 똑같은 외모로 시리즈를 이어가면서도 서로 다른 세 인물(소천, 청풍, 소탁)을 연기하는 진기록을 남겼다.

'도도도(道道道)', 길을 찾는 자의 노래

〈천녀유혼3〉의 오프닝은 다소 황당하게 시작한다. 명색이 리부트라면서, 시작과 동시에 지난 시리즈 속 장국영의 활약상을 하이라이트처럼 보여주는 것이다. 장국영이 우정 출연을 한 것도 아닌데, 오직 흥행을 위해 이미 떠난 배우의 잔상을 '굳이' 끌어왔다.

그렇게 장국영의 시간이 지나고 "100년 후"라는 자막이 뜨고 나서야, 비로소 양조위가 등장한다. 전작의 장국영이 '영채신'이라는 세금 수금원이었다면, 그 자리를 대신한 양조위는 '십방'이라는 이름의 귀여운 스님이다. 제작진은 양조위 홀로는 역부족이라 판단했는지, 고령의 주지 스님(유순)을 동행시켜 두 사람이 먼 길을 떠나는 버디 무비 형식을 취했다.

등장 씬은 1편의 철저한 오마주, 혹은 반복이다. 갑작스러운 비를 피해 허름한 곳으로 숨어들고, 그곳에서 허겁지겁

끼니를 때우는 설정이 판박이다. 1편의 장국영이 다 쓰러져 가는 초가에서 자기 얼굴보다 큰 딱딱한 찐빵을 베어 물었다면, 3편의 양조위는 빗속에서 다 뭉개져 버린 주먹밥을 먹는다. 우왕좌왕하며 어설프게 등장하는 모습마저 영채신을 꼭 닮았다.

　　하지만 결정적으로 다른 것이 있었으니, 바로 배경음악이다. 1편의 장국영이 직접 부른 서정적인 곡 '노수인망망(路隨人茫茫)'과 함께 등장했다면, 양조위의 등장은 장학우가 부른 힘찬 곡 '도도도(道道道)'와 함께였다. 흥미로운 건 이 노래의 가사가 마치 당시 양조위가 처한 현실을 대변하는 듯하다는 점이다.

　　1편의 '노수인망망'이 "인생길의 바람과 서리는 얼굴에 남고, 어지러운 세상 속 아름다운 꿈은 어디에 있는가"라며 아련한 '꿈'과 '사랑'을 노래했다면, '도도도'의 정서는 사뭇 비장하다.

　　"세상은 안개 속같이 불확실하고 길은 멀고도 멀구나. (…) 모래는 칼날같이 내 몸에 부딪히고, 바람은 거칠게 휘몰아쳐 고개를 숙이게 하네. 그렇지만 내 의지는 강하고 힘차게 길을 나서네. 앞을 향해 크게 내딛고 내가 가야 할 길을 찾네. (…) 칼같이 끔찍한 바람도, 흙먼지가 길을 막는다 해도 겁나지 않아. 젊은이여 고개를 치켜들고 우리 함께 길을 나서보세."

　　"바람 부는 길은 내 가야 할 미래"라거나 "반드시 나의

» 〈천녀유혼3〉 포스터(위)와 왕조현과 양조위(아래).

길을 찾을 것이라 자신한다"는 가사는, 머리를 삭발하고 장국영의 대타로 시리즈에 뛰어든 양조위의 굳은 의지, 혹은 이 상황을 기어코 초월하겠다는 다짐처럼 들린다.

실제로 이 영화를 위해 머리를 삭발한 것은 엄청난 결단이었다. 스타 배우에게 삭발이란, 머리가 다시 자랄 때까지의 시간과 이미지 제약을 감안해 최소 반년 이상을 이 작품에만 걸겠다는 선언과도 같다. 당시 홍콩영화계는 배우들의 겹치기 출연이 관행처럼 여겨지던 시절이었다. 양조위 역시 1991년 한 해에만 〈천녀유혼3〉를 비롯해 〈중환영웅〉, 〈오호장〉, 〈천왕〉, 〈호문야연〉 등 무려 8편의 영화를 개봉시킬 만큼 살인적인 스케줄을 소화하고 있었다.

그럼에도 그는 주저 없이 머리를 밀었다. 빡빡한 일정 속에서도 삭발을 감행했다는 것은, 장국영이 빠진 이 거대한 프랜차이즈에 합류하는 것이 그만큼 절실하고도 놓칠 수 없는 '하늘이 내린 기회'였음을 방증한다.

장국영의 그늘을 걷어내고 '자신'을 증명하다

〈천녀유혼3〉 촬영이 한창이던 1991년 4월, 제10회 홍콩금상장 시상식이 열렸다. 이날은 양조위에게 씁쓸한 기억으로 남은 날이었다. 그가 아주 짧게 모습을 비춘 〈아비정전〉은 최우수작품상, 감독상(왕가위), 남우주연상(장국영), 촬영상(크리스토퍼 도일), 미술상(장숙평) 등 5개 부문을 휩쓸며 화려한 스포트라이트를 받았다.

반면, 그가 배우로서 사활을 걸었던 야심작들은 철저히 외면당했다. 우여곡절 끝에 '반쪽 개봉'을 했던 〈첩혈가두〉는 편집상을 받는 데 그쳤고, 양조위는 연기상 후보조차 오르지 못했다. 아이러니하게도 사실상 조연에 가까웠던 장학우가 남우주연상 후보에 오르는 상황이 벌어지기도 했다.

이처럼 배우 활동에 전념하고자 했던 그의 노력이 담긴 〈아비정전〉과 〈첩혈가두〉 모두 그에게 어떤 영광도 안겨주지 못했다. 결국 양조위는 빈손으로, 전년도 수상자(〈살수호접몽〉)

자격으로서 시상대에 올라 〈천장지구〉의 오맹달에게 트로피를 건네야 했다. 당시 〈천녀유혼3〉 촬영을 위해 삭발한 머리를 가리려 두건을 쓴 채 시상하던 그의 모습은 더없이 쓸쓸해 보였다. 그나마 연인 유가령이 〈아비정전〉으로 여우주연상 후보에 올라 함께 기념사진을 찍을 때만큼은 환한 미소를 보였는데, 이 시기 그가 〈천녀유혼3〉의 성공을 얼마나 간절히 바랐을지 짐작게 하는 대목이다.

당시 영화잡지 〈로드쇼〉는 1991년 6월부터 8월까지 석 달에 걸쳐 〈천녀유혼3〉 기획 기사를 연재했다. 홍콩영화계의 다른 인기 시리즈들이 막을 내린 시점에서 〈천녀유혼〉만이 명맥을 이어가고 있었기에 대중의 관심은 뜨거웠다. 취재진은 홍콩 촬영 현장을 찾아 시리즈 3편을 모두 연출한 정소동 감독을 인터뷰했다. 그는 장국영의 빈자리를 채울 배우로 양조위를 지목한 이유를 분명히 밝혔다.

"1, 2편을 이끌던 장국영이 은퇴한 후 그 자리를 채울 인물을 찾느라 고생했습니다. 다행히 양조위의 잠재력이 눈에 띄었고, 3편에서는 기존의 얌전한 서생 이미지를 과감히 버리고 '스님'이라는 새로운 캐릭터를 창출했습니다. 스님과 귀신의 이루어질 수 없는, 그러나 너무도 아름다운 사랑을 그린다면 색다른 작품이 나오리라 생각했죠."

정소동 감독에게는 장국영을 대신할 신선한 얼굴도 필요했지만, '남자 스님과 여자 귀신의 사랑'이라는 다소 파격적인 설정을 설득력 있게 전달할 연기력이 필수적이었다. 그리고 양조위는 그 적임자였다.

　　사실 장국영의 은퇴는 양조위에게 백 년에 한 번 올까 말까 한 기회를 제공했다. 장국영은 애정을 가졌던 〈천녀유혼3〉에 출연할 의사가 있었으나, 〈아비정전〉을 끝으로 연예계를 떠나 캐나다 이민을 계획하고 있었다. 라이벌 알란 탐과의 팬덤 충돌로 인한 사망 사건에 충격을 받은 그는 1989년 고별 콘서트를 끝으로 활동 중단을 선언한 상태였다(물론 1992년 〈가유희사〉로 복귀하며 은퇴는 번복되었다).

　　〈천녀유혼3〉가 홍콩 사이쿵의 첩첩산중 세트장에서 촬영되던 시기, 장국영은 홍콩에 없었다. 앞서 언급한 홍콩금상장 시상식에도 불참해 남우주연상 트로피를 나중에야 전달받았을 정도다. 홍콩영화계가 장국영의 부재로 일시적 진공 상태에 빠졌을 때, 운명처럼 양조위에게 기회가 찾아온 것이다. 하지만 상대역인 왕조현은 그대로였기에, 전작의 주인공 장국영과 끊임없이 비교당할 수밖에 없는, 잃을 것이 많은 싸움이기도 했다.

　　눈부신 열연, 황금빛 아우라로 완성한 클라이맥스

우려 속에서 양조위는 혼신의 힘을 다했다. 왕조현이 연기한 3편의 '소탁'은 1편의 '섭소천'과는 결이 달랐다. 귀신이지만 주인공 십방(양조위)을 자유자재로 가지고 노는 느낌이 강했다. 스님이라는 신분 때문에 어쩔 줄 몰라 하는 십방을 소탁이 진정으로 '못살게 구는' 묘한 관계가 형성되었다. '스님이 사랑에 빠진다'는 파격적인 설정을 무리 없이 끌고 갈 수 있었던 건, 눈빛 연기의 일인자이면서도 상대의 눈조차 제대로 쳐다보지 못하는 순수한 연기를 탁월하게 소화해낸 양조위의 공이 컸다.

시리즈의 대미를 장식하는 3편답게 클라이맥스는 압권이었다. 제작사 전영공작실은 특수효과 기술 유출을 막기 위해 촬영 현장을 철저히 봉쇄하기도 했다.

극 후반, 눈먼 노스님(유순)과 연적하(장학우)는 귀신들에게 잡혀간 십방을 구하려 난약사로 향한다. 귀신들이 십방을 죽이기 위한 의식을 치르는 도중, 소탁 역시 그를 구하기 위해 날아온다. 유일한 방법은 소탁이 자신을 희생해 십방이 금불상의 천기를 받게 하는 것뿐이었다. 소탁이 천상으로 가면 영원히 구천을 떠도는 비참한 혼이 되지만, 그녀는 사랑의 힘으로 희생을 택한다.

이야기 전개가 다소 산만하게 뻗어 나가는 감은 있었으나, 결말부의 임팩트는 확실했다. 마침내 금불의 천기를 얻은 십방이 황금빛으로 공중 부양해 합장하는 모습은 양조위만의 독보적인 아우라를 뿜어내며 악에서 세상을 구하는 구도자의 모습을 완벽하게 각인시켰다.

주성치 천하를 견뎌야 했던 시간들

그럼에도 장국영이 빠진 〈천녀유혼3〉의 흥행에 대한 우려는 현실로 나타났다. 전편들이 워낙 흥행이 잘 되어서 비교되는 것일 뿐이지만, 어쨌건 표면적으로는 〈천녀유혼3〉가 시리즈 중 가장 저조한 흥행 성적을 기록했다. 약 1,500만 홍콩달러를 벌었으니 흥행 실패는 아니었어도 '〈천녀유혼〉 시리즈의 귀환!'이라는 기대와 달리 1991년 홍콩 박스오피스 10위에도 들지 못했다(정확하게는 21위를 기록했다. 장국영의 〈천녀유혼〉 1편과 2편 모두 개봉한 해 홍콩 박스오피스 15위였으니, 지나치게 양조위를 비난하지 말지어다). 사실 〈천녀유혼3〉가 아쉬운 것은 절친 주성치의 영화가 같은 해 박스오피스 10위 안에 무려 3편이나 들었기 때문이다. 무려 4,300만 달러를 벌어들이며 흥행 1위를 기록한 〈도학위룡〉을 비롯해 〈정고전가〉와 〈도협2〉까지 엄청난 성공을 거두었다. 〈첩혈가두〉 이후 오우삼 감독이 다시 주윤발, 장국영과 함께 한 〈종횡사해〉도 3,300만 달러로 흥행 4위에 자리했으니 더 가슴이 쓰렸을 것이다. 〈정고전가〉를 비롯해 7위 〈여락〉, 10위 〈여룡공무〉까지 유덕화 출연작 3편도 10위권 안에 포함됐다. '오호장' 출신으로서 언제나 라이벌처럼 언급되는 유덕화에게 배우로서도 가수로서도 비빌 형편이 못됐다.

사실 그보다 주성치와의 비교가 가장 뼈아팠을 것이다. TVB 탤런트로서 합격도 먼저 하고, 인기도 먼저 얻은 양조위에게 주성치는 다소 뒤처진 느낌이었지만, 1990년 〈도성〉으로 당시 홍콩영화 역대 박스오피스를 완전히 경신하며 일약 우주대스타가 되었다. 〈도성〉은 무려 4,130만 달러 흥행을 거두며 홍콩영화 최초로 4,000만 달러 흥행을 기록한 영화였다. 심지어 같은 해 박스오피스에서 그 뒤를 이은 2위 영화도 주성치 주연 〈도협〉일 정도였다. '주성치의 해'라 할 수 있는 1992년 박스오피스까지 언급하면 입에 거품을 물지도 모른다. 〈심사관〉, 〈가유희사〉, 〈녹정기〉, 〈무장원소걸아〉, 〈녹정기2〉, 그렇게 1년에 영화를 5편 찍는 것도 힘들 터인데 놀랍게도 1위부터 5위까지 모두 주성치 영화였다.

　　반면 양조위가 오우삼 감독, 주윤발과 함께 한 〈첩혈속집〉은 같은 해 10위 안에도 들지 못했다. 이 또한 정확하게는 박스오피스 17위였다. 1992년은 이연걸, 임청하의 〈동방불패〉도 8위, 성룡의 〈폴리스 스토리3〉도 10위였던 해였으니 정말 말 다했다. 1993년과 1994년 또한 〈당백호점추향〉, 〈서유기〉 시리즈의 주성치, 〈시티 헌터〉, 〈중안조〉의 성룡, 〈황비홍〉과 〈방세옥〉 시리즈의 이연걸, 〈도신2〉, 〈화평반점〉의 주윤발이 박스오피스를 나눠 가지는 형국이었다.

　　왕가위-양조위 시대의 서막을 알리는 〈중경삼림〉(1994)과 〈동사서독〉(1994)도 그해 박스오피스 10위권 내에 들지 못했을 정도로, 양조위가 흥행 배우로 자리 잡기까지 꽤 오랜 시간이 걸렸다. 1995년 포스터에 단독으로 등장한 사실상 첫 원톱 주연작 〈류맹의생〉이 흥행 9위를 기록하기 전까지, 박스오피스 10위권에 진입한 작품은 1993년의 〈동성서취〉(9위)가 유일했을 정도다. 2000년까지 범위를 넓혀봐도 양조위의 출연작이 박스오피스 10위권에 진입한 것은 1999년 2위를 기록한 성룡, 서기 주연의 〈성룡의 빅타임〉이 유일하다 (참고로 그해 1위는 주성치의 〈희극지왕〉이었다). 비록 전형적인 '성룡 영화'인 탓에 양조위는 귀여운 퀴어(게이) 캐릭터를 맡은 조연에 그쳤지만, 그의 연기 변신을 논할 때 결코 빼놓을 수 없는 작품이다.

〈최가박당〉의 계보를 이으며 틈새에서 중심으로

〈천녀유혼3〉에 이어 양조위가 또다시 '장국영의 후임'이라는 인상을 대중에게 각인시킨 작품은 〈최가박당〉 시리즈였다. 1980년대 허관걸과 맥가 콤비가 이끈 이 시리즈는 홍콩영화 역사상 최고의 히트작으로, 누구도 이견을 달 수 없는 전설적인 버디 무비였다. 홍콩 최고의 도둑 '킹콩(허관걸)'과 미국에서 온 대머리 형사 '알버트(맥가)'가 힘을 합쳐 사건을 해결하는 이 유쾌한 첩보물은 흥겨운 주제가와 함께 홍콩 박스오피스를 점령했다. 비록 훗날 주성치의 〈도성〉이나 유덕화·양조위의 〈무간도〉가 그 기록을 깼지만, 물가 상승률을 고려한 '환율 기준'으로 보면 여전히 깨지지 않는 전설로 남아 있다.

　　증지위 감독의 1편(1982)부터 서극, 임영동 등 당대 최고의 감독들이 메가폰을 잡으며 승승장구하던 시리즈는 4

편에 이르러 흥행세가 꺾이기 시작했다. 이에 제작진은 5편 〈신최가박당〉(1989)에 당시 최고의 스타 장국영을 긴급 수혈해 반전을 꾀했다. 비록 장국영은 신참 멤버로 합류했을 뿐이지만, 국내 개봉 당시 마케팅은 달랐다. 포스터 전면에 그의 얼굴을 내세우고 "홍콩 개항 이래 최대의 폭소 결사대, 〈영웅본색〉의 장국영 군단이 몰려온다!"라는 문구로 어떻게든 〈영웅본색〉의 아우라를 빌려오려 애썼다. 그러나 결과는 참담했고, 시리즈 중 가장 낮은 성적을 기록하며 막을 내리는 듯했다.

하지만 시리즈의 생명력은 질겼다. 1997년, 기존 제작사 시네마시티에서 독립한 황백명이 번외편 격인 〈최가박당 지취가박당〉을 제작하며 다시 한번 불씨를 살리려 했다. 허관걸과 맥가가 떠난 빈자리를 채우기 위해 선택된 새로운 콤비는 알란 탐, 그리고 양조위였다. 당시 양조위는 〈중경삼림〉의 성공과 히트곡 '일생일심'을 통해 대중문화의 아이콘으로 떠오른 상태였다. 장국영이 구원투수로 등판했던 5편의 실패를 만회하기 위해, 이번에는 양조위가 그 바통을 이어받은 셈이었다. 하지만 이 작품 역시 5편보다도 저조한 성적을 거두며 쓸쓸히 퇴장하고 말았다.

주성치의 독주와 '고혹자'의 습격, 낀 세대의 불안

이처럼 양조위가 〈중경삼림〉이라는 오아시스를 만나기까지의 여정은 생각보다 험난했다. 아니, 엄밀히 말해 〈중경삼림〉

이후로도 그는 한동안 '흥행'과는 거리가 먼 배우였다. 대중은 1955년생 주윤발, 1956년생 장국영, 1961년생 유덕화의 뒤를 이어 1962년생 양조위의 시대가 열릴 것이라 기대했다. 하지만 정작 왕좌를 차지한 것은 양조위의 동갑내기 친구, 주성치였다.

양조위가 〈중경삼림〉으로 연기상을 휩쓸고, 〈류맹의 생〉으로 원톱 주연의 가능성을 증명하며 비로소 연기 인생에 훈풍이 부나 싶던 찰나, 홍콩영화계의 판도는 또다시 급변했다. 정이건, 진소춘 등 1967년생 동갑내기들이 주축이 된 유위강 감독의 〈고혹자〉 시리즈(1995~2000)가 박스오피스를 지배하기 시작한 것이다. 공교롭게도 이 시기는 한국을 비롯한 해외 시장에서 홍콩영화의 인기가 급격히 시들어가던 때와 맞물린다. 세상은 양조위의 진면목을 제대로 발견하기도 전에 빠르게 변해가고 있었다.

일찍이 TVB 시절부터 '장국영의 후계자' 혹은 '유덕화의 라이벌'로 불리며 기대를 한 몸에 받았던 양조위에게, 혜성처럼 등장한 후배들의 성공은 적잖은 긴장감을 주었을 것이다. 화려한 선배들과 무서운 후배들 사이에서 자신의 시대를 열어보지도 못한 채 사라질지도 모른다는 불안감, 이른바 '낀 세대'의 비애가 그를 덮쳤을지도 모른다.

하지만 역설적이게도 그 불안의 시간은 양조위를 더욱 단단하게 만들었다. 그는 조급해하는 대신 '왕가위 유니버스' 안에서 묵묵히 침잠하며, 누구도 흉내 낼 수 없는 기다림의 미학으로 자신만의 '화양연화'를 준비했다.

운명의 아이러니는 훗날의 만남에서 더욱 빛을 발한다. 양조위의 시대를 가로막는 듯했던 〈고혹자〉 시리즈의 감독 유위강은 사실 〈중경삼림〉의 촬영감독이었으며, 훗날 감독과 배우로 다시 만나 홍콩 느와르의 부활을 알린 〈무간도〉(2003)를 함께 탄생시켰다. 또한, 양조위를 장국영의 대타로 여겼을지 모를 오우삼 감독 역시 훗날 〈적벽대전〉에서는 주윤발의 빈자리를 채워줄 유일한 대안으로 양조위를 선택하게 된다.

결국 2000년을 전후해 홍콩영화계의 거대한 물줄기는, 마치 영화 〈해피 투게더〉 속 이구아수 폭포처럼 양조위라는 거대한 웅덩이를 향해 굽이쳐 흘러들어오게 되었다.

엇갈린 운명, '어디에도 없는 남자'의 탄생

〈천녀유혼3〉에 이어 양조위가 장국영의 빈자리를 채우며 얻게 된 가장 결정적인 운명의 전환점은 단연 〈중경삼림〉이다. 이는 홍콩영화사를 전과 후로 나눌 수 있을 만큼 기념비적인 사건이라 해도 과언이 아니다.

흥미로운 점은 〈중경삼림〉보다 개봉은 늦었지만 제작은 먼저 시작된 〈동사서독〉의 캐스팅 비화다. 영화에서 양조위는 시력을 잃어가는 무사 '맹무살수'를 연기했지만, 왕가위 감독의 당초 구상은 양조위에게 주인공 '구양봉'을, 장국영에

게 '황약사'를 맡기는 것이었다. 하지만 최종적으로 구양봉은 장국영이, 황약사는 양가휘가 맡게 되었다. 결국 양조위가 연기한 맹무살수는 김용의 원작 소설 《사조영웅전》에는 존재하지 않는, 왕가위 감독이 오직 영화를 위해 창조해낸 고유한 캐릭터로 남게 되었다.

당시 왕가위 감독 입장에서는 형수를 사랑해 상처받은 남자이자 영화 속 모든 인간관계의 중심인 구양봉 역을 자신의 페르소나인 장국영에게 맡기는 것이 가장 안전한 선택이 었을 것이다. 구양봉은 〈아비정전〉 속 '아비(장국영)'의 또 다른 자아처럼 보이기도 했기 때문이다. 그렇다면 그는 왜 애초에 양조위를 구양봉으로 염두에 두었을까? 아마도 〈아비정전〉의 마지막 장면에 잠깐 등장했던 '두 번째 아비' 양조위에게 그 역할을 이어가게 하려던 의도가 아니었을까? 많은 이들이 〈동 사서독〉을 〈아비정전〉의 정신적 속편으로 해석하는 이유도 여기에 있다.

재미있는 아이러니는 〈동사서독〉의 제작비 마련을 위 해 유진위 감독이 급하게 찍은 코미디 영화 〈동성서취〉에서 발견된다. 여기서는 왕가위의 초기 구상대로 장국영이 황약 사를, 양조위가 구양봉을 연기했다. 물론 그 구양봉은 사랑 에 집착하고 찌질하게 망가지는 희화화된 캐릭터였지만 말 이다.

〈첩혈속집〉, 장국영이 아닌 양조위인 이유
돌이켜보면 오우삼 감독의 〈첩혈속집〉(1992) 역시 장국영의 자리를 양조위가 대체한 듯한 인상을 준다. 〈영웅본색〉 시리 즈부터 〈종횡사해〉에 이르기까지 '주윤발-장국영-오우삼' 트 리오는 흥행 불패의 공식이었다. 그러나 은퇴를 선언하고 캐 나다로 떠났던 장국영은 복귀작으로 오우삼의 비장미 넘치는 누아르가 아닌, 가벼운 코미디 〈가유희사〉를 택했다. 이는 당 시 복귀하던 장국영의 복잡한 심경을 보여주는 일이다.

»
〈첩혈속집〉 속 주윤발과
양조위.

　　물론 〈첩혈속집〉은 기획 단계부터 양조위를 염두에 둔
작품이었을 공산이 크다. 하지만 대중은 "왜 주윤발의 파트너
가 장국영이 아닐까?"라는 의문을 가질 수밖에 없었다. 오우
삼 감독이 장국영 대신 양조위를 선택한(혹은 선택해야 했던) 이
유는 명확해 보인다.

첫째, 정체성의 혼란을 겪는 캐릭터이기 때문이다. 극 중 아량(양조위)은 삼합회 괴멸을 위해 조직에 잠입한 경찰(언더커버)이다. 경찰과 범죄자 사이에서 고뇌하며 행동에 제약을 받는 이 캐릭터는 양조위의 섬세한 연기 결과 완벽하게 맞아떨어졌다. 속내를 감춘 채 언제나 신중해야 하는 이 역할은 훗날 〈무간도〉(2003)의 진영인으로 이어지는 양조위표 언더커버 연기의 원형이 되었다.

둘째, 기시감의 탈피를 위해서다. 만약 장국영이 캐스팅되어 죽어가는 그를 주윤발이 지켜보는 구도가 되었다면, 이는 〈영웅본색2〉의 엔딩을 답습하는 꼴이 되었을 것이다. 장국영이라면 그 장면을 멋지게 소화했겠지만, 홍콩을 바라보는 시선을 달리하고 싶었던 오우삼 감독에게는 새로운 얼굴, 즉 양조위가 필요했다. 마침 〈천녀유혼3〉 때문에 짧게 자른 양조위의 헤어스타일은 〈첩혈가두〉와는 또 다른 날카로운 느낌을 주어 적격이었다.

셋째, 부유하는 홍콩의 은유 때문이다. 이것이 가장 중요한 이유일 것이다. 극 중 양조위는 신분 노출을 막기 위해 요트를 집 삼아 살아간다. 이는 오우삼이 〈첩혈가두〉에서 다루고자 했던 '보트 피플', 즉 뿌리 내리지 못하는 홍콩인을 상징한다. 5년 넘게 언더커버로 살며 그가 내건 조건은 "급여를 스위스 은행으로 보내달라", "은퇴 후 아이슬란드로 가겠다"는 것이다. 그는 신분증도 없이, 영국과 중국 그 어디에도 속하지 못한 채 부유하는 '어디에도 없는 남자'다.

"넌 꿈이 뭐야?"라는 질문에 그는 "24시간 해가 지지 않는 아이슬란드에 가고 싶다. 춥더라도 적어도 빛은 볼 수 있으니까"라고 답한다. 이처럼 〈첩혈속집〉의 양조위는 1997년 반환을 앞둔 불안한 미래 앞에서, 희망 없이 떠도는 홍콩 그 자체를 대변하고 있었다.

6장

양조위와 유가령,
세기의 사랑

친구와 연인의 경계, 엇갈린 시작

양조위와 유가령, 홍콩영화계가 낳은 세기의 커플이자 든든한 반려자인 두 사람의 역사는 깊고도 길다. 하지만 그 역사의 첫 페이지에 적힌 이름은 유가령이 아니었다.

지금의 '순정파' 이미지만 보면 상상하기 어렵지만, 청춘의 양조위는 꽤 뜨겁고도 위태로운 연애사를 써 내려갔다. 그가 TVB 훈련반 시절 처음 마음을 준 상대는 12기 후배이자 1965년생인 증화천이었다. 유가령과는 동기이자 절친한 사이였던 그녀는 부유한 의사 집안의 딸로, 남결영 등 미녀가 즐비했던 12기 중에서도 단연 돋보이는 미모의 소유자였다.

양조위와 증화천은 첫눈에 반했다. 특히 증화천이 드라마 〈85설산비호〉의 '묘약란' 역으로 스타덤에 오르면서 두 사람은 명실상부 TVB를 대표하는 커플이 되었다. 당시 TVB는 사내 연애를 금기시하는 분위기였지만, 대중의 사랑을 한 몸에 받던 두 사람만큼은 예외적으로 공개 연애를 묵인하고 지지해줄 정도였다. 바로 이때, 〈84신찰사형〉의 인기에 힘입어 만들어진 〈신찰사형속집〉에서 연인으로 등장했다. 현실의 연인이 작품 속 연인으로 만나게 된 것이다. 〈84신찰사형〉 속 연인이었던 장만옥과 헤어진 뒤 여전히 그녀를 잊지 못하는 그에게 나타난 새로운 연인이었다. 현실의 공식 커플이었던 두 사람의 연인 연기였기에 시청자들의 몰입도는 어마어마했다.

하지만 사랑은 순탄치 않았다. 가난한 환경에서 자라 과묵하고 내성적인 양조위와, 유복한 가정에서 구김살 없이 자라 활달한 증화천은 달라도 너무 달랐다. 두 사람은 물과 기름처럼 섞이지 못하고 잦은 다툼과 이별을 반복했다.

그 틈새를 파고든 것이 여미한이었다. 증화천과 헤어진 양조위는 〈86의천도룡기〉에서 호흡을 맞춘 여미한(조민 역)과 연인으로 발전했다. 이 소식이 알려지자 증화천의 팬들은 여미한을 향해 비난을 쏟아냈다. 그럼에도 관계를 이어가려 했으나, 놀랍게도 양조위의 마음은 다시 옛 연인 증화천에게로 향하고 만다.

그렇게 여미한과 헤어지고 우여곡절 끝에 재결합한 양조위와 증화천은 그 후로도 만남과 헤어짐을 반복하며 홍콩 연예계를 들썩이게 했다. 하지만 서로에게 깊은 상처만 남긴 채, 5년에 걸친 애증의 드라마는 결국 막을 내렸다.

*
〈84녹정기〉 당시 양조위,
유가령(오른쪽).

　　여기서 가장 흥미로운 아이러니는, 당시 양조위와 증화천이 싸우고 헤어질 때마다 재결합을 주선하고 다리를 놓아준 '오작교'가 바로 증화천의 절친, 유가령이었다는 사실이다.

　　유가령은 양조위와 〈84녹정기〉, 〈84신찰사형〉 등을 함께하며 오히려 증화천이나 여미한보다 그를 더 오랫동안 가까이서 지켜본 동료였다. 하지만 당시 그녀에게 양조위는 남자가 아니었다. 일찌감치 친구의 연인이 된 데다, 〈84신찰사형〉 때는 그가 장만옥과 더 잘 어울린다고 생각했을 정도였다. 게다가 수시로 찾아와 하소연하는 친구 증화천의 이야기만 듣다 보니, 양조위를 '속을 알 수 없는 이상한 남자'로 여겼을지도 모른다.

　　사랑의 화살표가 이토록 엇갈리던 시절, 훗날 서로의 마지막 사랑이 될 두 사람은 그렇게 친구와 연인의 경계, 그 어디쯤에서 서로를 스쳐 지나가고 있었다.

연극 〈라이어〉가 맺어준 운명, 친구에서 연인으로

1965년 중국 본토 쑤저우에서 태어나 어린 시절 홍콩으로 이
주한 유가령. 그녀는 TVB 훈련반 12기에 합격했지만, 데뷔
초에는 그리 빛을 보지 못했다. 동기인 증화천이나 남결영처
럼 화려한 미모로 주목받는 스타들이 즐비했던 데다, 본토 출
신이라는 보이지 않는 핸디캡도 작용했기 때문이다.

　　〈84녹정기〉에서는 위소보(양조위)의 일곱 아내 중 한 명
으로, 〈84신찰사형〉에서는 장만옥의 그늘에 가려진 작은 배
역으로 얼굴을 비췄을 뿐이다. 그러다 만자량, 정유령 등과 함
께한 〈유망대형〉(1986)을 통해 비로소 대중의 눈도장을 찍기
시작했다.

　　지나치게 질긴 운명의 힘이라고나 할까, 좀 더 깊이 들
어가면, 양조위와 유가령의 '인연'이라는 점에서 〈84녹정기〉
와 〈84신찰사형〉 두 드라마는 무척이나 공교롭고 공교롭다.
앞서 이야기한 것처럼 〈84녹정기〉에서 유가령은 양조위가
연기한 위소보의 일곱 아내 중 한 명이자 자존심 강하고 도도
한 '방이(方怡)'를 연기했는데, 처음에는 그를 무시하는 것 같
았다가 결국 그의 진심에 감복해 아내가 된다. 양조위와 유가
령의 작품 속 첫 만남이 바로 '부부'였던 것이다.

　　〈84신찰사형〉에서는 양조위와 장만옥이 연인 사이로
등장했고, 유가령은 이복 남매 역할이었다. 작품 속에서 집 나
간 아버지 장복성(유조명)은 다른 여자와 새로운 가정을 꾸렸

»
연극 〈화심대장부〉
당시 양조위와
유가령.

는데, 그 가정의 딸 '예가문'이 바로 유가령이다. 두 사람은 공
교롭게도 경찰학교에서 만나게 된다. 처음에는 이복 남매라는
사실을 몰랐지만, 그걸 알게 된 뒤 장위걸이 아버지의 실체를
깨닫게 되는 것이다. 처음에는 예가문을 포함해 그쪽 가족 모
두를 증오하지만, 예가문 역시 복잡한 가정사 속에서 자기만
의 상처가 있다는 걸 알게 되고, 두 사람은 마치 친남매처럼
우애를 쌓고 화해하게 된다. 이후 두 사람의 K-드라마스러운
로맨스를 상상할지도 모르겠지만, 이 작품에서 유가령의 연인

을 연기한 배우는 유청운이었다. 이때부터 두 사람은 확고한 연인 사이는 아니었지만, 엇갈리듯 엇갈리지 않으며 긴 시간을 함께했다.

그랬던 두 사람의 관계가 1988년, 연극 〈화심대장부(花心大丈夫)〉를 기점으로 급반전된다. 이 연극은 주윤발, 양조위, 유가령 등 TVB 훈련반 출신들이 결성한 자선단체 '예진동학회(藝進同學會)'의 창립 기념 공연이었다. 레이 쿠니의 코믹극 〈런 포 유어 와이프(Run For Your Wife)〉가 원작인데, 한국 관객에게는 대학로의 스테디셀러 연극 〈라이어〉의 원작으로 더 친숙한 작품이다.

두 집 살림을 하는 택시 운전사 존 스미스 역은 양조위가, 그의 두 아내 역은 오군여와 유가령이 맡았다. 말하자면 연극에서도 두 사람은 부부였다. 우수 젖은 눈빛의 양조위가 무대 위에서 팬티 바람으로 땀을 뻘뻘 흘리며 슬랩스틱에 가까운 코믹 연기를 펼치는 모습, 상상만으로도 흥미진진하지 않은가.

연극은 두 사람 모두에게 낯선 도전이었다. 매일 이어지는 연습과 공연, 그 치열한 시간을 공유하며 두 사람은 급속도로 가까워졌다. 어쩌면 부부 역할이면서도 달콤한 관계가 아니라, 양조위가 유가령을 내내 피해 다녀야 하는 설정이었던 덕분에, 오히려 친구에서 연인으로 넘어가는 감정의 물꼬를 트기가 더 수월했을지도 모른다. 그렇게 1988년 말부터 시작된 공연이 마무리된 직후인, 1989년 5월 두 사람은 연인 사이임을 공식적으로 인정했다.

물론 후폭풍은 거셌다. 양조위와 증화천의 재결합을 지지하던 팬들은 분개했고, 언론은 '절친의 배신'이라는 자극적인 프레임으로 유가령을 공격했다. 하지만 양조위는 '유가령은 내가 낯선 연극 연기를 힘들어할 때, 곁에서 큰 힘이 되어주었다. 우리의 사랑은 진지하다'며 논란을 정면으로 돌파했다. 과거와는 완전히 달라진 모습이었다.

증화천에게는 쓰라린 상처였겠지만, 전 남친과 절친의 '잘못된 만남'은 역설적으로 길었던 애증의 고리를 끊어내는 계기가 되었다. 비로소 미련을 버린 증화천은 이후 드라마 〈89 철혈대기문〉의 배우 진정위와 새로운 사랑을 시작했다. 그렇게 서로 얽혀있던 인연의 실타래는 끊어지고, 각자의 길을 찾아가며 청춘의 한 챕터가 마무리되었다.

비극을 함께 넘는 동반자가 되다

양조위와 유가령은 1989년 5월부터 본격적인 공개 연애를 시작했는데, 이듬해 끔찍한 사건이 벌어지고 만다. 배후에는 삼합회가 있었다. 홍콩의 삼합회와 홍콩영화계의 질긴 고리는 익히 알려져 있었다. 삼합회는 특히 홍콩영화계가 황금기에 접어든 1980년대 이후 본격적으로 엔터테인먼트 산업 깊숙이 침입하기 시작했다. 돈이 되는 영화산업을 내버려두지 않았던 것이다. 원하는 것을 얻기 위해 불법적인 일을 벌이는 것도 서슴지 않는 조직이었기에, 배우 캐스팅과 영화의 내용에도 관여하며 부당한 요구를 했고, 이를 거부하면 처절한 응징도 불사하는 것으로 악명을 떨쳤다.

매염방의 불꽃 같은 삶을 그린 디즈니+ 5부작 시리즈 〈아니타〉(2022)에는 충격적인 장면이 등장한다. 삼합회의 부당한 요구를 거절했다는 이유로, 매염방이 술집에서 조직원들에게 뺨을 맞는 장면이다. 당시 홍콩 연예계에서 폭력은 공공연한 공포였다. 1992년, 억눌려왔던 분노를 폭발시키는 대형 참사가 발생한다. 당대 최고의 액션 스타 이연걸의 매니저가 대낮에, 그것도 자신의 사무실 앞에서 삼합회 조직원의 총격을 받아 사망한 것이다.

백주대낮에 벌어진 이 살인 사건은 홍콩 연예계를 충격과 공포로 몰아넣었다. 결국 참다못한 성룡을 필두로 수많은 연예인이 거리로 쏟아져 나왔다. 그들은 검은 옷을 입고 대규모 시위를 벌이며, 홍콩영화계를 옭아매던 삼합회의 검은 고리를 끊어내기 위해 목소리를 높였다.

유가령 역시 삼합회 폭력의 피해자였다. 1990년 어느 날, 촬영을 마치고 귀가하던 그녀가 의문의 남성들에게 납치되는 사건이 발생했다. 그녀는 서너 시간 동안 감금되었다가 풀려났지만, 그 공포의 시간은 그녀의 영혼을 깊게 할퀴었다. 극심한 트라우마에 시달리는 연인 곁을 지킨 건 양조위였다. 그는 모든 촬영 스케줄을 중단하고 그녀의 곁에서 심리적 회복을 도왔다. 쏟아지는 기자들의 질문 공세에도 그는 철저히 침묵했다. 그렇게 사건은 세간의 기억 속에서 잊히는 듯했다.

하지만 악몽은 12년 뒤, 2002년에 되살아났다. 홍콩의 잡지 〈동주간(東周刊)〉이 납치 당시 강제로 찍은 유가령의 나체 사진을 표지에 싣는 천인공노할 짓을 저지른 것이다. 잡지는 12년간 묻혀있던 삼합회의 만행을, 마치 특종인 양 세상에 까발렸다. 배후에는 삼합회가 있었다. 12년 전, 그들은 유가령이 자신들이 투자한 영화 출연을 거절하자 보복을 위해 납치와 협박을 자행했고, 오랜 시간이 지난 뒤 사진을 유출해 그녀를 다시 벼랑 끝으로 몬 것이었다.

이 비윤리적인 폭력 앞에 홍콩 연예계 전체가 또 한 번 들고일어났다. 성룡, 유덕화, 매염방을 비롯한 500여 명의 스타들이 거리로 나와 〈동주간〉 규탄 집회를 열었다. 시위대의 맨 앞줄에는 선글라스를 낀 장국영도 서 있었다. 이듬해 세상을 떠나게 되는 그는 당시 파파라치들의 악의적인 공격과 우울증으로 힘겨운 시간을 보내고 있었음에도, 동료를 위해 기꺼이 목소리를 보탰다. 결국 해당 잡지는 정간되었고 편집장은 실형을 선고받았으며, 재수사를 통해 납치범들도 12년 만에 법의 심판을 받게 되었다.

무엇보다 홍콩 시민들의 마음을 울린 건 유가령의 태도였다. 숨고 싶었을 피해자가 시위대의 단상에 올라 마이크를 잡은 것이다.

"저는 여러분이 생각하는 것보다 훨씬 강합니다. 이번

사건을 통해 우리 모두가 언론 윤리의 중요성을 깨달을 수 있다면, 제가 받은 상처와 모욕은 아무것도 아닙니다."

　　훗날 그녀는 당시를 회상하며 "죽고 싶을 만큼 두려웠지만, 도망치면 이 사건이 평생 나를 지배할 것 같아 맞서기로 했다"고 고백했다. 그녀가 이토록 단단한 용기를 낼 수 있었던 배경에는 양조위의 헌신적인 사랑이 있었다.

　　세상에서 증발해버리고 싶어 하던 유가령을 붙잡은 건 양조위의 한마디였다. "힘들면 우리 둘 다 은퇴하자. 아무도 모르는 곳에 가서 숨어 살자."

　　최고의 전성기를 누리던 대배우가 연인을 위해 모든 것을 버리겠다고 말한 것이다. 그 깊고 단단한 사랑에 힘입어 유가령은 다시 일어섰다. 그렇게 서로의 가장 아픈 곳을 보듬으며 20년의 연애를 이어온 두 사람은, 2008년 7월 21일 부탄에서 평화로운 결혼식을 올리며 영원한 동반자가 되었다.

　　부탄에서의 결혼식 또한 양조위다웠다. 훗날 "우리 결혼할 때가 된 것 같아"라고 유가령이 먼저 '기습' 프로포즈했다고 알려진, 당시 열애 20년 만의 결혼은 초미의 관심사였고, 언론에서는 결혼식 장소에 대해 수많은 후보지를 쏟아냈다. 하지만 모두의 예상을 깨고 결혼식 장소는 히말라야의 은둔 왕국 부탄이었다. 2000년대 들어 장국영 못지않게 파파라치들의 집중 촬영 대상이었던 그들은 입국 인원을 제한하고 그 입국도 국왕의 허가가 있어야 하는 부탄에서 결혼하며, 세상의 소음에서 벗어나 오로지 서로에게만 집중할 수 있는 결

«
1991년 홍콩금상장
시상식.
〈아비정전〉으로
여우조연상 후보에
오른 유가령과
〈천녀유혼3〉
촬영으로 삭발하고
두건을 쓴
양조위가 함께
참석했다.

혼식을 올릴 수 있었다. 유가령에게도 이 결혼식은 홀가분하게 홍콩을 떠나 왕가위, 장숙평, 관금붕, 임청하, 왕페이, 종진도 등 소수의 절친한 동료들만 초대해 온전하게 마음의 평화를 누리는 시간이었다. 당시 부탄 국왕은 두 사람을 국빈급으로 예우하며, 자신의 궁전을 웨딩 촬영 장소로 내어주는 파격적인 호의를 베풀기도 했다. 특히 공개되자마자 큰 화제를 모았던 그 고혹적인 웨딩 화보는 왕가위 감독과 장숙평 미술감독이 직접 총괄 기획과 연출을 맡아 탄생한 결과물이었다.

그러니 왕가위와 양조위, 장숙평이 함께 써 내려간 필모그래피 목록에서 〈2046〉(2004)과 〈일대종사〉(2013) 사이에는 〈양조위와 유가령의 결혼식〉(2008)이라는 또 하나의 아름다운 합작품을 포함해도 무방할 것이다.

7장

가수 양조위

〈화양연화〉를 예견한 비 오는 밤의 노래

"난처한 순간이다. 여자는 수줍게 고개를 숙인 채 남자에게 다가올 기회를 주지만 남자는 다가설 용기가 없고 여자는 뒤돌아선 후 떠난다."

영화 〈화양연화〉(2000)의 오프닝 자막에 등장하는 이 대사는, 어쩌면 양조위가 불렀던 수많은 히트곡의 가사를 단 두 문장으로 압축해놓은 것인지도 모른다. 우리가 배우 양조위뿐 아니라, 여러 장의 앨범을 발표했던 '가수 양조위'에 대해 이야기해야 하는 이유가 바로 여기에 있다. 그의 노래와 영화는 놀랍도록 서로를 비추고 있기 때문이다.

사실 양조위가 가수로 데뷔한 것은 예정된 수순에 가까웠다. 당시 TVB 연기자 훈련반은 연기뿐 아니라 MC와 노래까지 소화 가능한 만능 엔터테이너를 양성하는 시스템이었고, 양조위 역시 이 과정을 거쳐야만 했다. 그는 1986년 첫 광둥어 앨범인 《몽롱야우리(朦朧夜雨裡)》를 발표하며 본격적인 가수 활동을 시작했다. 제목은 '흐릿한 밤비 속에서'라는 뜻이다.

그해는 그가 드라마 〈86의천도룡기〉로 인기의 정점을 찍었던 시기이기도 한데, 그는 이 드라마에서도 매염방과 함께 오프닝 주제가 '검반수재(劍伴誰在, 검과 함께할 사람 그 누구인가)'를 불렀다. "검은 천년만년 변함이 없어라. 일초 천초를 거듭할지라도 영웅은 영웅을 알아보는 법, 불처럼 뜨겁게 사랑하며 크게 빛을 발하리." 드라마의 시작을 알리는 이 곡은 마치 '이 검의 유통기한은 만년으로 하고 싶다'고 외치는 듯한 비장미와 웅장함을 담아 열창한 곡이었다.

데뷔 앨범 타이틀곡 '몽롱야우리'의 가사에는 비 오는 흐린 날 밤, 담배를 피우며 떠난 여인을 추억하는 남자가 등장한다. 그 모습은 영락없이 훗날 〈화양연화〉 속 주 선생(양조위)의 모습이다. 영화 〈에브리씽 에브리웨어 올 앳 원스〉(2022)에서 웨이먼드(키 호이 콴)가 〈화양연화〉의 주 선생을 오마주했던 장면이 겹쳐 보이기도 한다.

"널 잊으려 노력했지만, 비가 내리는 밤만 되면 너와 함께 걸었던 길이 저절로 재생된다"라거나, "잡으려 해도 잡히지 않고 잊으려 해도 잊히지 않는다. 시간이 흐르면 잊을 수 있을 것인가"라고 읊조리는 가사는, 〈화양연화〉의 마지막 대사와 묘하게 포개진다. "지나간 세월은 먼지 쌓인 유리창처럼 볼 수는 있지만 만질 수 없기에 그는 여전히 지난 세월을 그리워한다. 만약 그가 먼지 쌓인 유리창을 깰 수 있다면, 지나간 세월의 그때로 돌아갈지도 모른다."

이후 1993년 발표한 곡 '일천일점애련(一天一點愛戀)'은 또 어떠한가. '하루에 한 조각씩 쌓여가는 사랑'이라는 뜻의 이 노래는, 누군가에게 첫눈에 반하는 것이 아니라 매일 조금씩 조심스럽게 깊어지는 감정을 노래한다. 호감이 확신으로 바뀌고, 결국 스스로 통제할 수 없을 만큼 감정이 커져버리는 상황은 역시나 〈화양연화〉 속 주 선생의 심란하고 복잡한 내

»
《몽롱야우리》 앨범 재킷.

면을 몰래 훔쳐보는 것만 같다. 더 나아가, 이 노래의 제목은 차곡차곡 감정을 쌓아 올리는 양조위의 연기 스타일 그 자체를 정의하는 문장처럼 느껴지기도 한다.

서툴지만 영원한 약속 '일생일심'

지금까지 회자되는 양조위의 가장 대표적인 노래는 공항에서의 이별을 그린 '일생일심(一生一心)'이다. 뭔가 지금의 양조위를 떠올려보면 고향 홍콩을 향한 변함없는 마음, 하나뿐인 아내 유가령을 향한 변함없는 사랑을 떠올리게도 되니, 지금껏 양조위의 모든 캐릭터를 관통하고 있는 사자성어라고 해도 과언이 아니다. 대만 가수 쉬에이의 노래 '공항'을 리메이크한 것인데, 말하자면 원곡 자체가 공항이었다. 지금처럼 해외여행이 자유롭지 못하던 시절이었기에 공항에서의 만남과 이별이라는 것 자체가 당시 젊은이들에게는 굉장히 이벤트였다. 게다가 홍콩의 경우 유학과 더불어, 중국 반환을 앞두고 이민을 떠난다는 의미까지 더해지기에, 이 노래의 인기로부터 당대 대중문화 속 여러 겹의 디테일을 발견할 수 있었다. '일생일심'이 큰 인기를 끌면서, 몇몇 언론에서는 당시 최고의 인기를 누리고 있던 유덕화, 장학우, 여명, 곽부성의 '4대천왕'에 양조위를 더해 '오대천왕'으로 불러야 한다고도 말했다.

유덕화나 장학우에 비교할 수 없겠지만, 당시 가수로서 나름 잊히지 않을 정도로 활동하고 있던 양조위는, 1993년에 '하루에 한 조각 사랑'이라는 뜻의 '일천일점애련(一天一點愛戀)'이 실린 동명 앨범이 큰 인기를 끌면서, 그 흐름을 이어 재빨리 '일생일심'이라는 EP 앨범을 내놓게 된다. 당시 홍콩에서 가장 인기 있던 작사가 주례무가 참여해 새로이 만든 가사는 공항에서 벌어지는 홍콩 청춘 연인의 이별 상황을 그리고 있다. "아무 일 없는 척, 쿨하게 비행기에 탈게. 깔끔하고 담담하게 이별 인사도 하고 싶어"라고 '바로 보내버리는' 가사로 시작해 "하지만 마음은 자꾸 흔들리고, 되풀이되는 건 슬픔뿐이야. 날 믿어줘, 우리가 다시 만날 날은 이미 정해져 있어. 헤어진 지금도 난 너와 함께 있어"라는 말로 급격하게 정서가 바뀐다. 그러다 다시 "내가 떠나도, 너는 멍하게 바다 건너 원망하며 상처받지 말아줘"라는 식으로 자조하듯 남겨진 상대를 걱정하기도 한다. 전체적으로 요약하자면, '난 말주변도 별로

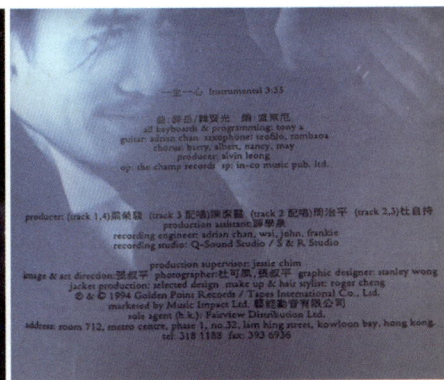

《일생일심》
앨범 재킷(왼쪽).
내지(오른쪽)의
포토그래퍼 크레딧에는
두가풍(크리스토퍼 도일),
장숙평 등 함께 '왕가위
영화의 미학'을 완성한
절친들의 이름이 나란히
새겨져 있다. ⓒ주성철

없고 서툴고 자신감도 별로 없지만 그래도 너를 평생 한 마음
으로 사랑할 수 있다'는 내용이다.

〈중경삼림〉의 비행을 예고하다

당시에는 인터넷에서 유행하는 짧은 말과 이미지를 뜻하는
'밈(meme)'이라는 말 자체가 없었지만, '일생일심'은 당시 홍
콩 대중문화의 첫 번째 '밈'이었다고 해도 과언이 아니다. 첫
가사 구절의 "쿨하게 비행기에 탈게(給我瀟灑的上機)"라는 말
에서 '瀟灑的上機'가 '瀟灑相機'(쇼사샹기)처럼 들려서 엄청
나게 패러디됐던 것. '소쇄(瀟灑)'는 '맑고 깨끗하다' 혹은 구어
체로 '쿨하다'라는 뜻이고, 相機(상기)는 '카메라'라는 뜻이어
서 '쿨하게 타'라는 말이 '쿨한 카메라'처럼 들리는 광동어식
언어유희이자 밈이 됐다. 당시 홍콩 공항에서 떠나는 사람이
나 보내는 사람이나 거의 모든 이들이 쓰는 유행어였다. 굳이
억지로 비유해 홍콩의 '수능 금지곡'이었다고 하면 얼추 맞으

時人雜誌 國際中文版

六月號 NO.18
1994. JUNE
台灣零售NTS160元
香港零售HK$38元

全球最美麗的50位俊男美女 ／ 刺殺周恩來‧驚爆九重天 ／ 許博允的24小時

博允的24小時

四射雕英雄傳：
廉的審裏套外

士勞斯萊
色系列電影"
的綠色美女

搞唱片關江湖
橋玉具軍家崛起

滿美國職棒運
場的異嫣高手

People

梁朝偉
破繭

他說：「年紀大了！」，但是
的野性情趣在、不爭的清秀氣質與
不凡的新造型出爐，
而不朽的改樂仍舊礪礪

刺殺周恩來
驚爆九重天

入選率0.000001%
的驚艷隊伍

9 771021 612008

려나.

　　이처럼 '일생일심' 하나로 양조위는 당대 홍콩 대중문화계의 컬처 아이콘이 되는데, 왜냐하면 당시 홍콩 시티팝 감성을 담은 노래뿐만 아니라 판매된 앨범 자체의 퀄리티 자체가 남달랐기 때문이다. 앨범 속 양조위는 지금의 그와는 굉장히 거리가 멀게, 긴 머리에 수염까지 기르고 코걸이까지 한 과감한 그런지 스타일을 선보였다. 놀랍게도 앨범 재킷 사진과 더불어 전체적인 패키지를 왕가위와 양조위의 단짝 미술감독인 장숙평과 크리스토퍼 도일 촬영감독이 '케어'한 결과다. 참여 스탭 명단이 실화냐, 라는 생각이 들 정도로 앨범 패키지 자체가 왕가위 감독 영화의 화보집을 보는 것 같다. 이처럼 이미 인기 스타인 것은 물론인 데다 패셔니스타 이미지까지 더해지며 양조위는 새로운 전성기를 맞았고, 곧이어 개봉한 〈중경삼림〉으로까지 이어진다.

　　'일생일심'은 양조위 특유의 담백한 목소리를 담은 내레이션으로 시작하는데, 〈중경삼림〉도 양조위의 내레이션으로 가득한 영화가 아니던가. 〈중경삼림〉에서 경찰 양조위가 등장하고 미드나잇 익스프레스에서 왕페이와의 대화가 끝난 다음, 장면이 바뀌면 다음과 같은 양조위의 첫 내레이션이 등장한다. "비행기를 타면 유혹하고 싶은 스튜어디스가 꼭 한 명씩 있다. 작년 이맘때 23,000피트 상공에서 그녀를 유혹하는 데 성공했다." 어딘가 쿨해 보이는 공항과 비행의 이미지를 그대로 영화에 가져갔다고도 할 수 있겠다. 이에 대해 왕가위 감독이 직접 언급한 적은 없으나, 공항과 비행기 장면의 내레이션으로 시작해 양조위가 직접 비행기 모형을 들기도 하고, 급기야 왕페이가 '쿨하게' 미국으로 떠난 뒤 양조위와 재회하는 결말을 보면, 당시 급하게 〈중경삼림〉을 완성해야 했던 왕가위가 과연 아무런 영향도 받지 않았을까, 하는 합리적인 의심을 가져볼 만하다. 그처럼 '일생일심'은 이후 〈중경삼림〉을 시작으로 본격적으로 펼쳐질 왕가위-양조위 시대의 프롤로그라고 봐도 되지 않을까.

최고 히트곡 '일생일심'과 왕가위의 그림자

돌이켜보면, 1980년대 들어 홍콩 엔터테인먼트 산업의 전성기를 빛낸 거의 모든 스타들이 배우와 가수를 겸업했다. 허관걸, 알란탐, 종진도, 장국영, 유덕화, 매염방, 장학우, 여명, 곽부성, 진혁신, 임현제 등 그들에게 영화와 음악은 사실상 별개가 아니었다. 누군가 인기를 끌기 시작하면 일단 앨범을 내게 했고, 자신이 출연한 영화의 주제가를 부르며 자연스레 신곡을 선보이는 경우가 불문율이었다. 성룡도 자신이 출연한 〈폴리스 스토리〉, 〈프로젝트 A〉, 〈미라클〉 등의 주제가를 직접 부르며 무려 11집까지 낸 가수다.

주윤발과 양조위도 신인 시절 '가수 데뷔'라는 관문을 비켜가지 못한 케이스다. 1988년 가수로 데뷔한 주윤발은 자신이 출연한 〈대장부일기〉(1988) 주제가를 불렀는데 심지어

작사, 작곡까지 했다. 오하시 준코의 '실루엣 로맨스'를 번안
해 부른 구정인(舊情人)도 유명하다. 그보다 더 일찍 1986년
가수로 데뷔한 양조위는 컴필레이션 앨범까지 포함하면 10장
이상 앨범을 낸, 명실상부 대단한 가수였다. 〈투투애니〉(1996),
〈무간도〉(2002), 〈행운초인〉(2003) 등의 주제가를 불렀고, 특
히 가장 유명한 곡이라 할 수 있는 '일생일심'은 1994년 발매
한 동명 광동어 EP 앨범 〈일생일심〉에 실렸으며, 홍콩 4대 방
송국에서 1위를 차지하기도 했다. 그 외에도 '몽롱한 밤비 속
에서'라는 뜻의 '몽롱야우리(朦朧夜雨裡)', '너를 이렇게까지 잊
기 힘들어'라는 뜻의 '니시여차난이망기(你是如此難以忘記)',
'내가 너무 다정한 게 잘못이었어'라는 뜻의 '착재다정(錯在多
情)' 같은 곡들을 유튜브에서 찾아보면 양조위가 얼마나 대단
한 가수였는지 알 수 있다.

　　하지만 그는 주윤발처럼 배우로서 더 큰 꿈을 꾸었다.

〈호월적고사〉는 주윤발이 TVB 방송국 전속 배우여서 스케줄을 자기 뜻대로 할 수 없을 때, 휴가 기간을 이용해 촬영한 영화이다. 이 영화로 방송국과 주윤발 사이에 소송까지 일어났고, 그는 진정한 배우가 되고 싶다는 생각에 1986년 정식으로 방송국을 떠나게 된다. 양조위는 당대 엔터테인먼트 산업의 요구, 더 나아가 팬들의 요구에도 불구하고 오롯이 드라마가 아닌 영화, 가수가 아닌 배우의 삶을 향해 나아가는 주윤발을 존경했고 그로부터 큰 영향을 받았다. 물론 〈중경삼림〉 이후 왕가위에게 매여서 가수 활동을 병행하는 것이 힘들었던 것일 수도 있다. 당대 최고의 가수이기도 했던 장국영, 유덕화, 장학우가 왕가위와의 작업을 힘들어한 이유를 떠올려보라. 공교롭게도 양조위의 최고 히트곡 '일생일심' 앨범이 나온 때가 1994년 1월이고, 〈중경삼림〉이 홍콩에서 개봉한, 즉 그가 왕가위에게 제대로 매이기 시작한 때가 바로 1994년 7월이다.

"당신은 잊기 힘든 사람", 장국영을 위해 깬 침묵

어느 시점부터 '가수 양조위'는 대중에게 완전히 잊힌 존재가 되었다. 그러다 그가 다시 조명받게 된 계기는 왕가위 감독의 영화 〈일대종사〉(2013) 덕분이었다. 1993년 발매된 앨범 《일천일점애련》에 수록된 보통화(만다린) 노래이자, 이별 후의 집착과 미련을 담은 곡 '니시여차난이망기(你是如此难以忘记, 당신은 너무 잊기 어렵습니다)'가 영화 홍보에 활용되었기 때문이다.

여기서 '활용'이라고 표현한 이유는 이 곡이 영화에 직접 삽입
된 것이 아니라, 홍보 마케팅에 쓰였기 때문이다.

사연은 이렇다. 당시 왕가위 감독은 〈일대종사〉를 중국
개봉 버전, 베를린영화제 출품 버전, 북미 개봉 버전으로 각각
따로 만들었다. 국내 개봉 버전은 122분이었지만, 북미 지역
에서는 '가위질'로 악명 높은 와인스타인 컴퍼니의 손을 거쳐
108분으로 단축 개봉되었다. 그러다 "〈일대종사〉는 처음부터
3D로 만들어보고 싶었다"는 왕가위의 오랜 바람대로, 2015
년에 111분 분량의 3D 버전을 제작해 중국과 북미 지역에서
재개봉하게 된다.

과거 100분 분량의 〈동사서독〉(1994)을 재편집해 93
분 분량의 〈동사서독 리덕스〉(2008)로 내놓았던 것처럼, 왕가
위는 미처 뜻한 바대로 개봉하지 못한 아쉬움을 늘 마음에 담
아두고 있었다. 마침내 3D 버전으로 그 소원을 풀게 되었을
때, 그의 뇌리에 떠오른 곡이 바로 양조위의 옛 노래 '니시여
차난이망기'였다. '당신은 너무 잊기 어렵습니다'라는 제목뿐
만 아니라, "잊지 못하면 반드시 다시 떠오른다(必有響)"는 가
사의 맥락이 〈일대종사〉는 물론 〈화양연화〉나 〈동사서독〉을
관통하는 정서와 맞닿아 있었기 때문이다. 왕가위에게는 〈일
대종사〉를 3D로 개봉하고 싶다는 미련 자체가 '너무 떨치기
어려운' 것이었으리라.

그렇게 3D 버전 개봉을 위해 22년 전 양조위의 노래를
소환하기로 결정했다. 하지만 양조위가 직접 다시 부를 생각

»
《일천일점애련》 앨범
재킷.

은 없었다. 대신 평소 왕가위와 양조위의 열렬한 팬이자 '제2
의 왕페이'라 불리는 당대 최고의 인기 가수 리위춘이 선뜻 리
메이크에 나섰고 뮤직비디오까지 촬영했다. 완성된 곡을 들은
양조위는 "리위춘이 노래를 정말 잘 불러서, 오래전 가수 활동
을 은퇴한 내 결정이 맞았다는 걸 확신하게 됐다"고 농담 섞인
소회를 밝히기도 했으니, 그 자신에게도 가수로서의 기억은
그저 먼 추억으로 남은 듯하다.

　　그런 양조위가 아주 오랜만에 콘서트 무대에 올라 마이
크를 잡은 적이 있다. 바로 세상을 떠난 오랜 친구, 장국영을
추모하기 위해서였다. 2008년 홍함체육관에서 열린 장국영
5주기 추모 콘서트 'Miss You Much Leslie' 때의 일이다.
당시 양조위는 무대에서 장국영에게 보내는 편지 형식의 독백
을 전했다. 생전 그와의 추억을 회상하며 목소리가 떨리고 눈
시울이 붉어지는 모습을 보였다. "새는 이미 하늘 위로 날아갔
지만, 우리 마음속에는 여전히 그 새의 모습이 남아 있다"고

〈아비정전〉의 '발 없는 새' 이야기를 인용하며 "그때 우리가 함께 보낸 시간들이 영화 속 장면처럼 생생하다"고 했다. 내용도 내용이지만, 양조위가 그런 큰 무대에 선 것이 워낙 오랜만이어서 팬들에게 큰 울림을 줬다.

5년 뒤, 2013년 10주기 콘서트 때도 영원히 기억될 만한 장면을 남겼다. 역시 무대 위에 선 그는 담담하지만 떨리는 목소리로 "네가 떠난 지 10년이 됐지만, 내 휴대폰에는 여전히 네 번호가 저장되어 있어"라고 시작해, 〈해피 투게더〉의 대사인 "우리 다시 시작하면 안 될까"라는 말로 마무리했다. 영화에서는 언제나 장국영이 양조위에게 했던 "우리 다시 시작하자"라는 말을, 거꾸로 양조위가 더 이상 그럴 수 없는 안타까운 현실의 그리움을 담아 했기에 객석을 울음바다로 만들었다.

무엇보다 2000년대 들어 "노래할 수 있는 내 모든 세포가 죽었다"고 말하며 가수로서의 삶을 완전히 배제했던 양조위가, 두 번의 추모 콘서트에 참여해 수많은 청중 앞에 선다는 사실이 놀라웠다. 두 콘서트 모두 따로 솔로곡을 부르진 않았으나, 마지막에 합창하며 다른 동료들과 엔딩을 함께했다. 무대 위에서 노래하는 감각을 잃어버렸던 그가, 소중한 친구를 추모하기 위해 죽어버린 세포를 다시 살려내 혼신의 힘을 다한 것이다.

양조위가 왜 가수의 삶을 포기했는지는 어느 정도 유추해볼 수 있다. 배우 활동에 전념하기 위해서였겠지만, 본질적으로는 가수 활동을 썩 즐기지 않았기 때문일 것이다. 애초에

》
2003년 4월 8일,
장국영의 장례식에
도착한 양조위와 유가령.
©게티이미지코리아

사람들 앞에서 감정을 있는 그대로 드러내는 것 자체를 어색해하는 양조위에게, 카메라 앞에서 연기하는 것과 무대 위에서 노래하는 것은 완전히 다른 차원의 행위다.

영화에서는 침묵이 가능하지만, 콘서트 무대에서의 침묵은 불가능하다. 영화에서는 배역 뒤로 감정을 숨길 수 있지만, 무대에서는 감정을 숨길 수가 없다. 영화에서는 카메라나 타인 뒤에 숨어 말없이 지켜보는 것이 허용되지만, 무대에서는 수천 명의 시선을 온몸으로 받아내야 한다. 그가 종종 "나는 노래 체질이 아니다"라고 말한 이유가 바로 여기에 있다. 그는 영화 속에 숨어 있거나 침묵하는 것 자체가 몸에 밴, 대표적인 '반(反)도파민적' 배우다. 무대 위에서 에너지를 폭발시켰던 장국영과 양조위의 결정적인 차이도 바로 그 지점에 있다.

3부. 옹가위의 카메라, 앙조위의 얼굴

8장

시간은 다르게 흐른다
〈중경삼림〉

괴짜들의 의기투합과 〈동사서독〉이 낳은 기적

왕가위는 〈아비정전〉(1990)을 끝낸 뒤, 지금까지 명맥을 이어 오고 있는 자신의 영화사 '택동영화사'를 설립했다. 사실 이는 선택이라기보다 필연에 가까웠는데, 〈아비정전〉의 흥행 참패 이후 홍콩영화계에서 그와 함께 일하고자 하는 사람이 사실상 전무했기 때문이다. 고립무원의 왕가위를 구한 것은 코미디의 대가이자 '빨리 찍기'의 달인 유진위 감독이었다. 주성치의 출세작 〈도성〉(1990, 원규 공동감독)을 비롯해 훗날 〈서유기 월광보합〉과 〈서유기 선리기연〉 등을 만든 그는 왕가위와 작품 성향이 극과 극이었지만, 홍콩영화계가 의아해할 정도로 두 사람은 오랜 절친이었다.

당시는 이연걸, 임청하 주연, 정소동 감독의 〈동방불패〉 (1992)가 대히트를 기록하며 특수효과가 가미된 판타지 무협 영화가 전성기를 구가하던 시절이었다. 이에 유진위는 왕가위의 재기를 위해 김용의 원작 《사조영웅전》을 바탕으로 한 무협 대작 〈동사서독〉(1994)을 택동영화사의 창립작으로 기획했다. 비록 전작은 실패했으나 장국영, 양조위, 장학우, 유가령 등 당대 최고의 스타들이 출연을 수락했고, 〈동방불패〉 신드롬의 주역 임청하까지 캐스팅했기에 성공은 따 놓은 당상이나 마찬가지였다.

끝나지 않는 사막의 악몽, 그리고 〈중경삼림〉의 탄생

드디어 중국 서북쪽 은천(銀川)의 사막 지역에서 〈동사서독〉의 촬영이 시작됐다. 유진위는 시간을 내어 촬영 현장을 방문했다. 현장에서는 '눈빛 연기'의 대명사인 양조위가 역설적이게도 '시력을 잃어가는 무사' 맹무살수 역을 맡아 화려한 액션신을 펼치고 있었다. 그 모습을 본 유진위는 "멋져, 이 영화는 무조건 성공이야!"라고 확신하며 홍콩으로 돌아갔다.

그러나 한 달 뒤, 다시 사막의 촬영장을 찾은 유진위는 경악을 금치 못했다. 웬일인지 양조위가 한 달 전과 똑같은 장면을 촬영하고 있었기 때문이다. 의아해진 '속도의 달인' 유진위가 한 연출부에게 자초지종을 묻자, 스태프는 울먹이며 대답했다. "모르겠어요. 감독님이 한 달 내내 이 장면만 찍고 있어요." 순간 유진위의 머릿속에 〈아비정전〉의 악몽이 주마등처럼 스쳐 지나갔다. '아이고, 이러다가 내 친구 왕가위가 홍콩영화계에서 영영 퇴출당할 수도 있겠구나.'

우려는 현실이 되었다. 촬영 기간이 하염없이 길어지면서 제작비는 바닥을 드러냈고, 영화가 완성되지 못할 것이란 불안감이 엄습했다. 이에 유진위는 자신의 장기를 발휘하는 특단의 조치를 내렸다. 장국영, 양조위, 양가휘, 장학우, 임청하 등 〈동사서독〉의 초호화 캐스팅을 그대로 데려와 〈동성서취〉(1993)라는 코믹 무협 영화를 번개같이 찍어낸 것이다. 이 영화의 수익으로 부족한 제작비를 충당한 덕분에 〈동사서독〉은 꼬박 24개월, 2년이라는 인고의 시간을 거쳐 촬영을 마칠

수 있었다.

하지만 산 넘어 산이라고, 후반 작업 비용이 또다시 발목을 잡았다. 특히 영화의 핵심인 '서독' 구양봉(장국영)의 내레이션 녹음 비용 등이 시급했다. 바로 그 비용을 마련하기 위해 왕가위가 홍콩에서 두 달 만에 뚝딱 완성한 현대물이 그 유명한 〈중경삼림〉(1994)이다. 여기에는 왕가위가 습관처럼 장국영을 먼저 캐스팅하려 했으나 거절당하고, 결국 양조위가 합류하게 된 복잡다단한 사연도 숨어 있다.

결과적으로 〈중경삼림〉이 흥행과 비평 모두에서 대성공을 거두면서 〈동사서독〉은 최종 완성될 수 있었다. 나아가 〈중경삼림〉과 비슷한 감성의 도시 배경 영화를 만들어달라는 투자사들의 요구가 빗발치면서 〈타락천사〉(1995)까지 세상의 빛을 보게 되었으니, 은천 사막에서의 고난은 홍콩영화사에 길이 남을 세 편의 걸작을 낳은 산통이었던 셈이다.

홍콩의 낮과 밤

〈중경삼림〉이라는 제목이 확정되기 전, 왕가위가 처음 떠올린 가제는 '홍콩의 낮과 밤'이었다. 영화는 이 가제처럼 명확한 대구를 이룬다. 파인애플 통조림을 먹으며 실연의 슬픔을 달래는 경찰 223(금성무)과 마약 밀매상인 금발의 여인(임청하), 그리고 침사추이의 중경빌딩이 등장하는 1부가 홍콩의 밤이자 과거라면, 스튜어디스 연인으로부터 이별 통보를 받은 경찰 663(양조위)과 짝사랑을 시작한 점원 페이(왕페이), 그리고 당시 막 운행을 시작한 센트럴의 미드레벨 에스컬레이터가 등장하는 2부는 홍콩의 낮이자 현재다.

이 중 1부의 배경인 중경빌딩은 왕가위에게 각별한 의미가 있다. 실제로 그의 아버지가 중경빌딩 지하에 있는 클럽에서 매니저로 일한 경험이 있기 때문이다. 아버지가 일하던 시절만 해도 그곳은 홍콩의 화려한 밤 문화를 상징하는 핫플레이스였으나, 1990년대 들어서는 철거 논의가 오갈 정도로 쇠락한 건물이 되어 있었다. 한때 홍콩의 '화양연화(가장 아름다운 시절)'를 대변하던 공간이었다가 어느덧 몰락해버린 그곳은 홍콩의 현재를 이야기하기에 더없이 어울리는 장소였다. 흥미로운 점은 〈아비정전〉이 1960년을 배경으로 하고, 〈화양연화〉가 1961년부터 시작되는데, 중경빌딩이 완공된 해가 바로 1961년이라는 사실이다. 즉 중경빌딩은 왕가위에게 아버지에 대한 기억인 동시에 홍콩의 전성기를 상징하는 역사적 공간인 셈이다.

왕가위의 영화에서 '공간'은 그 자체로 절대적인 주인공이다. 〈아비정전〉에서 거의 강박적으로 장국영의 집으로 설정된 센트럴 꼭대기의 고급 주택가 '세이무어 테라스(Seymour Terrace)'와 엔딩에서 양조위의 거처로 묘사된 '구룡성채'를 굳이 카메라에 담으려 했던 이유는, 촬영 즈음 두 곳 모두 철거될 운명이었기 때문이다. 또한 〈중경삼림〉에서 임청하가 허탕을 치고 돌아오고 양조위가 비행의 기억을 떠올릴

때 등장하는 카이탁 공항 역시 이제는 역사 속으로 사라졌다. 돌이켜보면 왕가위의 영화는 사라져가는 홍콩에 대한 애틋한 기록이나 다름없다.

　　하지만 세상일은 알 수 없는 법이다. 〈해피 투게더〉나 〈화양연화〉의 결말이 애초의 의도와 전혀 다르게 흘러간 것처럼, 중경빌딩은 세이무어 테라스나 구룡성채와 달리 끝내 철거되지 않고 지금까지 자리를 지키고 있다. 이는 〈화양연화〉의 마지막을 장식한 캄보디아 앙코르와트 사원도 마찬가지다. 왕가위가 그곳을 촬영지로 택한 것은 미지의 공간이라는 매력도 있었지만, 유적지 보호를 위해 조만간 입장이 전면 금지될지도 모른다는 소문 때문이기도 했다. 그러나 앙코르와트 또한 여전히 관광객에게 개방되어 있다. 감독이 어찌해볼 수 없는 영화의 운명처럼, 중경빌딩과 앙코르와트의 운명 또한 그러했다.

〈아비정전〉 속 '아비'의 아지트인 퀸즈 카페(왼쪽). 내부에는 주연 배우들의 사인이 더해진 사진 액자가 걸려 있다(오른쪽). ⓒ주성철

미드레벨 에스컬레이터: 낭만의 속도와 시선을 바꾸다

반면 홍콩의 낮과 현재를 상징하는 미드레벨 에스컬레이터는

〈중경삼림〉 촬영 당시 이제 막 운행을 시작한 '신상'이었다. 〈화양연화〉가 앙코르와트를 담은 세계 최초의 영화인 것처럼, 〈중경삼림〉은 미드레벨 에스컬레이터를 필름에 담은 최초의 영화다. 왕가위에게 '어떤 장소를 영화에서 처음 보여준다는 것'은 인물과의 첫 만남만큼이나 미학적으로, 정서적으로 중요한 의미를 지닌다. 그에게 공간과 캐릭터는 결코 분리될 수 없는 하나이기 때문이다.

그런데 그가 미드레벨 에스컬레이터에 '꽂힌' 이유는 영화 속 또 다른 문명의 이기인 '삐삐 음성 메시지'와 달리 복합적이다. 보통의 에스컬레이터가 층과 층을 이어주는 단순한 '자동 계단'이라면, 미드레벨 에스컬레이터는 길어도 너무 길었다. 이것은 과거 〈아비정전〉의 요크(장국영)가 살던 윗동네 세이무어 테라스와 수리첸(장만옥)이 귀가할 때 타던 트램이 있는 아랫동네 퀸스 로드를 단번에 잇는 획기적인 교통수단의 등장을 의미했다.

하지만 왕가위는 이 편리함 이면의 상실을 포착했다. 미드레벨 에스컬레이터는 과거 장만옥이 장국영을 만나러 가기 위해 한참을 걸었던 오르막길이자, 경찰 유덕화와 장만옥이 두런두런 이야기를 나누며 함께 걸어 내려오던 그 길의 시간을 단숨에 지워버린 기계장치다. 비록 사랑으로 맺어지진 못했어도 두 사람이 캐슬 로드에서 퀸스 로드까지 길고 긴 길을 걸으며 나눴던 수많은 대화와 감정의 교류가 이제 불가능해졌다. 심지어 에스컬레이터는 바쁜 이들을 위해 왼쪽을 비워

뒤야 하기에 두 사람이 나란히 서 있을 수조차 없다. 홍콩에서 '썸'의 시간과 정서가 점점 더 빨리 증발하고 있었고, 〈중경삼림〉의 화두인 사랑의 '유통기한'은 더욱 짧아지고 있었다. 〈아비정전〉의 60년대와 〈중경삼림〉의 90년대를 가르는 경계선이 바로 그곳에 있었다.

　　왕가위에게 당시 홍콩의 신상 에스컬레이터는 도둑처럼 찾아온 미래였다. 사람들이 기계에 실려 한 방향만 바라보는 모습에서 그는 격세지감을 느꼈을 것이다. 하지만 동시에 그것은 영화적으로 새로운 시선을 제공하는 장치이기도 했다. 지상을 걷거나 가게에 있는 왕페이와 3층 아파트에 사는 양조위의 시선을 적당히 수평적으로 맞춰주었기 때문이다.

　　가령 〈아비정전〉에서 실연당한 장만옥은 3층 방에 있을 것이 뻔한 장국영이 사무치게 보고 싶었겠지만, 1층 출입구를 통과하지 않는 한 그를 볼 방법이 없었다. 늘 함께 앉던 테라스 의자조차 올려다볼 수 없었다. 그러나 미드레벨 에스컬레이터의 등장으로 왕페이는 집에 있는 양조위를 몸을 한껏 낮춰 '훔쳐' 볼 수 있게 됐다. 한 손에 테이크아웃 누들을 들고 에스컬레이터에서 몸을 숙인 채 양조위의 집을 바라보는 왕페이의 모습은, 오직 홍콩에서만 가능한 제스처이자 홍콩의 낮을 대표하는 〈중경삼림〉의 상징적인 포스터가 되었다. 그렇게 훔쳐보다가 심지어 눈을 마주칠 뻔하기까지 하는 아슬아슬함. 만약 〈아비정전〉의 시대에도 미드레벨 에스컬레이터가 있었

다면, 장만옥은 홀로 맘보춤을 추는 장국영을 커튼 사이로 훔쳐볼 수 있지 않았을까.

삐삐와 케밥, 〈중경삼림〉이 보여준 '신세계'

잠시 '라떼' 시절의 이야기를 꺼내보자면, 지금의 MZ세대가 레트로의 감성으로 〈중경삼림〉을 신선하게 받아들이는 것과 달리, 당시 동시대 관객으로서 극장에서 이 영화를 접했던 나는 그저 모든 것이 새롭게만 다가왔다. 1부의 중경빌딩을 가득 메운 외국인들도 신기했고, 2부의 '미드나잇 익스프레스'에서

파는 '케밥'이라는 음식도 이 영화를 통해 난생처음 보았다. 이러한 이국적인 신기함은 다른 홍콩영화들을 볼 때도 마찬가지였으며, 이것이 당시 홍콩영화가 할리우드 영화만큼이나 인기를 끈 주요한 이유이기도 했다.

가령 〈영웅본색〉(1986)에 등장하는 벽돌만 한 휴대전화는 지금의 MZ 관객들을 '빵' 터지게 만드는 우스꽝스러운 소품이지만, 그때만 해도 한국 관객들은 '와, 홍콩 사람들은 집 밖에서도 전화를 하는구나!'라며 감탄을 금치 못했다. '핸드폰'이라는 단어조차 없던 시절, 말로만 듣던 무선 전화기의 실체를 처음 목격한 순간이었다. 이어 주윤발의 〈우견아랑〉(1989)과 유덕화의 〈천장지구〉(1990)는 여전히 '오토바이'라는 말이 익숙하던 시절, 이른바 '모터사이클'의 로망을 심어준 최초의 아시아 영화였다. 물론 이 영화 속 모터사이클은 톰 크루즈 주연의 할리우드 영화 〈탑건〉(1986)의 영향이 컸다. 한국 영화에서 모터사이클이 제대로 등장한 것은 정우성이 본격적으로 원동기 면허를 따고 촬영한 〈본 투 킬〉(1996)과 그 뒤를 이은 〈비트〉(1997)에 이르러서였다. 1998년 김대중 정부의 일본 대중문화 단계적 개방이 시작되기 전까지, 홍콩영화의 모든 것은 한국 관객에게 말 그대로 '신세계'였다.

지금은 믿기 힘든 얘기겠지만 낭시 한국에는 홍콩처럼 편의점이 흔하지 않았다. '구멍가게'나 '근대화슈퍼'라 불리는 곳이 대부분이었다. 한국영화나 드라마에서 늘 점퍼 차림의 강력반 형사들만 보다가, 이른바 '세미 정장'을 입은 젊은 '얼

»
홍콩 센트럴
란콰이퐁에 위치한
〈중경삼림〉속 미드나잇
익스프레스는 이제
편의점이 되었다.
ⓒ주성철

굴 천재' 경찰 금성무가 편의점에서 끼니를 해결하고, 신문을 보며 밤새 전화를 돌리는 모습은 그 자체로 멋져 보였다. 이별의 과정조차 구질구질하기보다 세련되고 신선하게 느껴졌다면 이상한 말일까. 물건만 사고 바로 떠나는 것이 당연했던 우리네 구멍가게와 달리, 물건을 사고도 사람 구경을 하고 통화를 하며 머무를 수 있는 홍콩 편의점의 풍경은 낯설고도 매력적이었다.

이후 후속작 격인 〈타락천사〉(1995)는 또 어땠나. 영화의 핵심 공간 중 하나인 맥도널드는 당시 내가 살던 부산에도 지점이 몇 개 없었다. 심지어 맥도널드는 수도권과 영남 지역에 먼저 상륙했고, 호남 지역에는 1999년이 되어서야 광주와 전주에 처음 생겼다. 그러니 당시 광주와 전주의 친구들은 〈타락천사〉를 통해 스크린 속에서 맥도널드를 처음 만났을 것이다.

야마구치 모모에와 장국영, 엇갈린 이름들의 사연

일본 대중문화 개방의 관점에서 〈중경삼림〉을 다시 보면 흥미로운 지점들이 발견된다. 국내 개봉 당시에는 일본 문화 개방 전이라 대사 속 이름들이 바뀌어 번역되곤 했다. 금성무가 '아미'라는 여자와 헤어진 뒤 분노에 차서 쏟아내는 대사가 대표적이다. 그는 아미가 일본의 전설적인 아이돌 '야마구치 모모에'를 닮았는데, 자신은 그녀의 남편인 '미우라 토모카즈'를 닮지 않아 헤어졌다고 한탄한다. 그러나 과거 개봉 때는 일본 배우의 이름을 쓸 수 없어 이를 각각 '데미 무어'와 '브루스 윌리스'로 의역했다. 두 커플 모두 실제 부부였기에 '그들처럼 사랑을 이루지 못한 것을 한탄하는' 맥락은 통했지만, 원작의 뉘앙스는 사뭇 달랐다.

2000년대 들어 재개봉한 〈중경삼림〉에서 가장 반가웠던 건 바로 '야마구치 모모에'라는 이름이 제자리를 찾았다는 점이었다. 그녀는 장국영이 가장 좋아했던 가수 중 한 명이었기에, 비록 장국영이 이 영화에 출연하지는 못했지만 그 이름을 통해 그의 흔적을 느낄 수 있었다. 실제로 〈종횡사해〉 OST에 수록된 장국영의 히트곡 '풍계속취(風繼續吹)'는 야마구치 모모에의 '이별의 저편(さよならの向う側)'을 번안한 곡이다. 〈금옥만당〉(1994)에서는 장국영이 연기한 조항생 셰프가, 자신이 좋아하는 여자라며 야마구치 모모에의 사진을 지갑에 넣어다니는 설정까지 있었다. 또한 야마구치 모모에가 1980년 불과 21살의 나이로 은퇴할 때 마이크를 무대에 고이 내려

놓고 떠나는 퍼포먼스를, 장국영이 1989년 자신의 고별 콘서트에서 '풍계속취'를 마지막으로 부르며 엉엉 운 채 똑같이 따라 하기도 했다.

야마구치 모모에가 은퇴한 이유는 바로 미우라 토모카즈와의 결혼 때문이었다. 갓 성인이 되자마자 내린 결정에 일본 연예계는 충격에 휩싸였다. 당시 그녀가 가진 엄청난 인기와 경제적 가치를 생각하면 결혼 후 가정에만 집중하겠다는 은퇴 선언은 도저히 납득하기 힘든 것이었다. 하지만 그녀의 의지는 확고했다. 최고의 자리에서 내려온 그 결단은 열혈 팬인 장국영에게도 큰 영향을 주었고, 1989년 갑작스럽게 은퇴를 발표할 때 바로 야마구치 모모에의 은퇴를 언급하기도 했다. 그러니 고별 콘서트의 퍼포먼스는 존경의 오마주였던 셈이다.

한편, 그녀의 남편 미우라 토모카즈는 최근 뒤늦게 개봉한 소마이 신지 감독의 〈태풍클럽〉(1985)에서 무책임한 학교 선생 역으로, 그리고 빔 벤더스 감독의 신작 〈퍼펙트 데이즈〉(2023)에서는 작은 술집 마담을 사이에 두고 주인공 히라야마(야쿠쇼 코지)와 몸싸움을 벌이는 전 남편 역으로 출연하며 여전히 관객과 만나고 있다.

삐삐와 디지털 시계, 소통의 단절과 '유통기한'

이제 영화의 가장 중요한 소품인 '삐삐 음성 메시지' 이야기를 빼놓을 수 없다. 당시 한국에도 '삐삐'라 불리는 무선 호출기가 있었지만, 초기에는 숫자만 찍어 보낼 수 있었다. 급할 때는 '8282(빨리빨리)', 고마울 때는 '1004(천사)', 화가 날 때는 '1818', 사랑을 전할 때는 '1010235(열렬히 사모)' 같은 숫자로 마음을 전하던 시절이었다.

　　그런데 〈중경삼림〉 등 당시 홍콩영화에서는 교환원을 통해 음성을 전달하는 서비스를 볼 수 있었다. 발신자가 교환원에게 용건을 말하면, 교환원이 수신자에게 그 내용을 구두로 전해주는 방식이었다. 직접 녹음된 음성을 듣는 서비스가 생기기 전, 홍콩은 이미 그런 선구적인 시스템을 갖추고 있던 것이다. 영화 속에서 "○○님에게서 답이 왔나요?"라고 물으면, 교환원이 "○○님께서 더 이상 연락하지 말라고 하십니다"라며 이별 통보를 건조한 목소리로 대신 전해준다.

　　돌이켜보면 이런 홍콩식 음성 메시지는 미드레벨 에스컬레이터가 가져온 변화만큼이나 중요하다. 〈아비정전〉에서 장국영과 장만옥, 장국영과 유가령 사이에는 언제나 이야기를 대신 전해주는 장학우가 있었다. 왕가위 영화 특유의 '어긋남의 미학' 이면에는 누군가를 통해 소통하는, 혹은 상대의 동태를 살피는 정서가 깔려 있다. 이런 '한 다리 건너 전하기' 설정은 왕가위의 세계에서 심심찮게 발견된다. 〈동사서독〉에서는 사막의 구양봉(장국영)과 바닷가의 형수(장만옥) 사이를 오가며 소식을 전하는 황약사(양가휘)가 그런 역할을 했다. 〈중경삼림〉의 오지랖 넓은 '미드나잇 익스프레스' 주인 아저씨도 마찬가지다. 심지어 〈타락천사〉의 킬러(여명)와 파트너(이가흔)는 주인 없는 방을 매개로 155주간 동업하면서도 단 한 번도 만나지 않는다.

사람의 온기 없이, 일면식도 없는 교환원(지금의 ARS나 AI 보이스 같은)을 통해 감정을 주고받는 설정은, 〈아비정전〉 시절의 '썸'과 무드를 삭제해버린 에스컬레이터만큼이나 생경한 것이었다. 훗날 왕가위가 〈아비정전〉에 이어 다시 1960년대로 돌아가 만든 영화의 영어 제목이 'In The Mood For Love(화양연화)'였던 것을 보며, 그가 양조위와 장만옥을 계속 걷게 함으로써 잃어버린 그 '무드'를 복원하고 싶었던 것은 아닐까 생각하곤 했다.

이러한 차이는 왕가위 영화의 상징인 '시계'에서도 드러난다. 〈아비정전〉의 아날로그 원형 벽시계와 〈중경삼림〉의 '트웸코(TWEMCO)' 사각형 디지털 시계의 대비가 그것이다. 시침과 분침이 흐르는 아날로그 시계는 시간의 연속성을 보여주며, 언제 11시 59분이 12시로 넘어갈지 예측하고 마음의 준비를 할 수 있게 해준다. 반면 디지털 시계는 예고 없이 찰나의 순간에 숫자가 바뀌어버린다. 흐름을 인지할 수도, 마음의 준비를 할 여유도 없다.

이는 다시 한번 '유통기한'이라는 관점에서, 빨리 서두르지 않으면 안 될 것 같은 불안감을 자아낸다. 자신의 의지와 무관하게 갑자기 정해져버린 1997년이라는 '홍콩의 유통기한'을 받아들여야만 했던 청춘들의 상실감이 거기에 있다. 유통기한이 아직 하루 남은 통조림을 폐기하려는 직원에게 항의하는 금성무의 모습은, "1997년 7월 1일까지는 아직 시간이

남았는데 왜 벌써 홍콩을 지우려 하느냐"는 절규 같은 시위가
아니었을까? 〈중경삼림〉이 홍콩에서 개봉한 날은 1994년 7
월 14일이었다.

파인애플 통조림과 마놀로 블라닉의 밤

당시 〈중경삼림〉이 선사한 '신세계' 체험의 결정체는 바로 금
성무의 존재였다. 왕가위는 우연히 호텔 카페에서 그를 마주
쳤고, 이제 막 연예계에 발을 들인 신인이라는 사실을 알게 되
자마자 그를 전격 캐스팅했다. 그의 마스크 자체가 왕가위에
게는 신세계였던 셈이다. 일본 오키나와 출신 아버지와 대만
인 어머니 사이에서 태어난 그는 영화에서처럼 중국어(보통화)
와 광동어는 물론, 일본어와 영어까지 자유자재로 구사한다.
말하자면 금성무가 연기한 '경찰 223'은 아시아의 글로벌 허
브 도시 홍콩 그 자체다.

　　그가 영화 속에서 '유통기한'에 광적으로 집착하는 이
유도 여기에 있다. 유통기한이 하루 남았는데도 통조림을 폐
기하려는 편의점 직원에게 "통조림 기분이 어떨지 생각이나
해봤어요?"라며 궤변에 가까운 항의를 퍼붓는 장면은, 자신의
운명이 얼마 남지 않았음을 직감했기 때문이다. 통조림이 버
려지듯 자신도 버려질 것이라 여기는 것이다. 그의 실연은 곧
영국과의 결별이며, 새로운 연인인 중국과의 미래는 불투명하
기만 하다.

»
안타깝게도
지금은 사라진
단골 와인바였던
'아비정전'의
파인애플 통조림.
ⓒ서채원

    이러한 금성무의 캐릭터는 〈중경삼림〉의 속편 격인 〈타
락천사〉로 흥미롭게 이어진다. 두 영화의 이야기가 직접 연결
되거나 금성무가 동일 인물을 연기하는 것은 아니지만, 왕가
위는 그를 두 작품 모두에 캐스팅하며 의미심장한 연결고리
를 만들었다. 심지어 이름도 같다. 〈중경삼림〉에서는 '경찰 번
호 223 하지무', 〈타락천사〉에서는 '수감 번호 223 하지무'
다. 가장 중요한 매개체는 '파인애플 통조림'이다. 〈타락천사〉
의 하지무는 말을 하지 못하는데, 5살 때 유통기한이 지난 파
인애플 통조림을 먹고 말을 잃었다는 설정이다. 말을 잃은 그
는 밤마다 주인 없는 상점에 무단 침입해 장사를 하고, 〈중경
삼림〉과 달리 실연의 아픔을 겪는 찰리(양채니)를 도와준다.
    여기서 말을 하지 못한다는 설정은 홍콩 반환 이후 예

상되는 언론 통제에 대한 은유로 읽힌다. 그래서 그가 설정한 음성 메시지 비밀번호는 "만 년 동안 사랑해"다. 마냥 긴 시간을 의미하는 것 같지만, 당시 홍콩의 운명은 2046년까지 50년간의 유예로 정해진 상황이었다. '만 년'은 그 50년의 200배이자, 다시는 돌아오지 않을 아득하고 영원한 시간에 대한 갈망이었을 것이다.

편의점에서 연락할 만한 사람들에게 모두 전화를 돌린 뒤, 그가 마지막으로 택한 방법은 고급 바에 들어가 '처음 들어오는 여자를 사랑하는 것'이었다. 누가 들어올지도 모르면서 내린 이 무모한 결정은 당시 홍콩의 시한부 미래와 닮아 있다. 1970년대 후반부터 이어진 영국과 중국의 홍콩 반환 협상은 1984년 중영 공동선언을 통해 '1997년 7월 1일 반환, 이후 2046년까지 50년간 일국양제 유지'로 결론 났다. 홍콩 사람들의 의지와 무관하게 주권은 정해지고 포장되었다.

〈동방불패〉의 그늘을 벗어던진 임청하의 마지막 변신

이러한 불안한 미래는 금발의 여인을 연기한 배우 임청하의 조국, 대만의 상황과도 겹친다. 홍콩처럼 날짜가 정해진 것은 아니지만, 국제 정세에 따라 있는 나라도 되었다가 없는 나라도 되는 곳이 바로 대만이다.

〈중경삼림〉에 앞서 〈동사서독〉을 먼저 촬영했던 임청하는 왕가위 감독에 대한 예술적 신뢰를 바탕으로, 그의 영화를 끝으로 40년 배우 인생의 마침표를 찍고자 했다. 그녀는 자신에게 제2의 전성기를 열어준 〈동방불패〉(1992), 〈신용문객잔〉(1993), 〈백발마녀전〉(1993) 같은 사극이 아닌 현대물로 유종의 미를 거두길 원했다. 그런데 〈중경삼림〉 속 금발 가발과 선글라스를 쓴 미스터리한 캐릭터가 그녀에게 맞춤옷처럼 어울렸던 배경에는 역설적으로 과거의 이미지가 큰 몫을 했다.

　　가령 〈동방불패〉에서 일월신교 교주 동방불패(임청하)는 무공 규화보전을 익히기 위해 거세한 인물로, 오늘날의 관점에서 보면 남녀의 경계를 초월한 논바이너리(Non-binary) 캐릭터다. 당시 언론은 임청하의 매력을 '중성적'이라 표현했는데, 실제로 〈동방불패〉 이후 〈신용문객잔〉은 물론 〈녹정기〉(1992), 〈절대쌍교〉(1992), 〈도검소〉(1994), 〈화룡풍운〉(1994), 〈육지금마〉(1994)에 이르기까지 캐스팅 조건은 으레 '남장'이었다. 특히 〈화룡풍운〉에서 그녀가 연기한 '화운사신'은 훗날 주성치의 〈쿵푸허슬〉(2005)에서 양소룡이 연기한 대머리 악당과 동일한 캐릭터다. 그 엄청난 이미지의 간극을 상상해보라. 그러니 그녀 스스로도 인터뷰에서 밝혔듯, 엄청난 인기에도 불구하고 무협 영화 속 '남장 여인'의 굴레에서 벗어나고 싶었을 것이다.

　　그 역사는 꽤 길다. 대만 영화 〈창외〉(1973)로 데뷔한 임청하는 이한상 감독의 〈금옥양연홍루몽〉(1977)에서 본래 제안받은 임대옥 역 대신 남주인공 가보옥 역을 맡아 대성공을 거두며 남장의 역사를 시작했다. 10여 년 뒤 서극 감독 또한 〈도

마단〉(1986)에서 그녀에게 남장을 시켰고 역시 성공했다. 임
청하는 은퇴하는 순간까지 서극에 대한 존경심을 잃지 않았지
만, 배우로서 가장 빛나는 30대를 무협 영화 속 중성적 캐릭
터로 보낸 데 대한 아쉬움은 남았을 것이다. 한때 가장 '도회
적'인 이미지로 사랑받던 그녀가 어느 순간 '동방불패'에 갇혀
버린 것이다.

　　왕가위 역시 그 이미지를 영리하게 활용했다. 〈아비정
전〉의 실패에도 불구하고 차기작 〈동사서독〉이 대규모 투자
를 유치할 수 있었던 건, 초호화 캐스팅 중에서도 '동방불패'
임청하가 이름마저 비슷한 '독고구패(獨孤求敗)'로 출연한다는
사실 때문이었다. 김용의 소설 속 독고구패는 무공이 너무 뛰
어나 적수가 없어 스스로 패배를 구하러 다닌다는 전설적인
인물이다. 왕가위는 여기에 더해 그녀에게 모용언(오빠)과 모
용연(여동생)이라는 1인 2역을 맡겼다.

　　실체를 짐작하기 어렵고 변장에 능한 이 속성은 〈중경
삼림〉에도 그대로 적용된다. 그래서 영화 후반부, 가발을 벗어
던지며 퇴장하는 그녀의 모습은 그토록 강렬했다. 그것은 이
제 배우가 아닌 자연인 임청하 본연의 모습으로 살아가겠다는
단호한 선언처럼 보였기 때문이다.

　　마놀로 블라닉과 어머니의 구두

그 멋진 퇴장에는 그녀의 정체성을 드러내는 은밀한 '의식'도
있었다. 금성무가 바 옆자리에 앉아 광둥어, 영어, 일본어로

질문을 퍼부을 때, 다 알아들으면서도 침묵하던 그녀는 마지막 만다린(보통화) 질문에 비로소 입을 연다. 금성무가 "파인애플 좋아하세요?"를 3개 국어로 묻다가 마지막에 보통화로 묻자, "표준어 잘하네요"라고 대꾸한다. 이어 "대만에서 살았거든요, 당신은요?"라는 금성무의 물음에 그녀는 "별로 말할 기분이 아니에요, 가주세요"라고 선을 긋는다. 만약 거기서 "저도 대만에서 왔어요"라며 수다를 떨었다면 캐릭터의 신비감은 무너졌을 것이다. 그녀가 대만 출신이라는 사실을 암시하는 것만으로 충분했다.

　금성무와 금발의 여인은 바를 나와 호텔 방으로 향한다. "쉬고 싶다"는 그녀의 말은 정말 '잠만 자겠다'는 뜻이었고, 금성무는 밤새 TV로 옛날 홍콩영화를 보며 샐러드와 감자튀김을 먹는다. 동이 틀 무렵 방을 나서던 금성무는 침대에 엎드려 잠든 그녀의 구두를 벗겨주며 독백한다. "엄마는 여자가 힐을 신고 자면 발이 붓는다고 했다."

　이 대사는 실제 〈아비정전〉에서 요크(장국영)의 계모 역을 맡았던 반적화 여사가 왕가위에게 해준 말이었다. 그 말이 〈중경삼림〉의 대사로 쓰이면서, 나는 마치 그 '엄마'의 아들인 장국영이 이 영화에 출연한 것 같은 느낌을 받았다. 그 순간 독백의 주체는 금성무가 아닌 〈아비정전〉의 요크가 되고, 1960년대의 장국영과 1990년대의 금성무가 시공간을 넘어 조우하는 듯한 마법이 일어난다. 참고로 마약 거래 등으로 분주하게 뛰어다니는 그녀에게 굳이 '마놀로 블라닉' 구두를 신게 한 것은 장숙평 미술감독의 아이디어였다. 덕분에 금발 가발, 선글라스, 레인코트, 하이힐로 완성되는 임청하만의 독보적인 아이콘이 탄생할 수 있었다.

아비의 그림자를 지우는 가장 우아한 워킹

"우리가 가장 가까이 스친 이 순간, 서로의 거리는 0.01cm도 채 되지 않았고, 6시간 후 그녀는 다른 남자와 사랑에 빠지게 된다."

이 독백과 함께 금성무와 왕페이가 스치듯 지나가고, 마마스 앤 파파스의 'California Dreaming'이 흐르기 시작하는 순간은 영화 역사상 가장 아름답고 감각적인 장면 전환 중 하나일 것이다. 이 짧은 교차를 통해 〈중경삼림〉의 중심인물 네 명이 비로소 한 화면 안에(비록 시간차는 있지만) 모두 존재하게 된다.

그들의 면면을 살펴보면 이 영화가 가진 '혼재'의 성격이 명쾌하게 드러난다. 대만 출신으로 홍콩에서 주로 광동어 연기만 해오다 마지막은 모국어인 보통화(만다린) 대사로 연예계 생활을 끝맺고 싶었던 임청하, 중국 본토 출신으로 홍콩에서 화려한 데뷔를 꿈꾸지만 광동어가 서툴러 대사가 거의 없는 신인 왕페이, 대만과 홍콩, 일본 사이 그 어딘가에 정체성을 둔 금성무, 홍콩에서 나고 자란 토박이 양조위까지. 이질적인 배경을 지닌 배우들이 빚어내는 불협화음과 조화야말로

〈중경삼림〉의 정체성이다.

더불어 이 영화는 임청하의 은퇴작이자 왕페이의 데뷔작이라는 점에서도 상징적이다. 이야기가 끝나면 새로운 이야기가 시작되듯, 전설적인 여배우 임청하가 퇴장한 자리를 신예 왕페이가 채운다. 공간 또한 마찬가지다. 구룡성채가 철거된다는 소식에 〈아비정전〉에 그 마지막 흔적을 담아내려 했던 왕가위는, 중경빌딩과 카이탁 공항 역시 곧 사라질 운명(비록 중경빌딩은 끈질기게 살아남았지만)임을 직감하고 서둘러 카메라를 들이댔다. 그리고 그 자리에 새로운 미드레벨 에스컬레이터가 들어섰다. 그렇게 홍콩의 낮과 밤, 과거와 현재는 끊임없이 교차하며 이어진다.

'중경삼림'과 '노르웨이의 숲'

결국 〈중경삼림〉이 '갈 것은 가고 올 것은 온다'는 순환의 이야기라면, 그 모든 흐름을 관통하는 초월적 존재는 바로 양조위다. 영화 속 금성무와 양조위는 모두 1인칭 내레이션으로 자신의 내면을 이야기하는데, 이는 당시 한국을 비롯한 아시아 전역을 휩쓸었던 무라카미 하루키 소설 속 주인공들의 독백과 맞닿아 있다. '고독'과 '청승' 사이 그 어디쯤 위치한 그 정서 말이다.

특히 국내에는 《상실의 시대》라는 제목으로 더 잘 알려진 하루키의 소설 《노르웨이의 숲》은 영화 제목에 직접적인 영향을 주었다. 《노르웨이의 숲》이 홍콩에서 출간될 때의 제목이 바로 《나위적삼림(挪威的森林)》이다. '나위(挪威)'는 중국어로 노르웨이를 뜻한다. 오랫동안 '중경삼림(重慶森林)'의 뜻을 두고 해석이 분분했는데, 알고 보면 '중경빌딩(Chungking Mansions)'과 '노르웨이의 숲'을 결합한 의외로 단순한 패러디 제목이었던 셈이다. 이 소설은 당시 대만에서도 큰 인기를 끌어, 드라마 〈상견니〉의 주제곡 'Last Dance'를 부른 가수 오백도 같은 앨범(《애정적진두(The End Of Love)》)에 '나위적삼림'이라는 노래를 실었을 정도다.

아비의 그림자를 지운 양조위

'갈 것은 가고 올 것은 온다'는 명제가 참으로 냉정하게 느껴질 때가 있다. 장면 전환과 함께 등장하는, 그 유명한 양조위의 첫 등장 롱테이크 씬을 볼 때 더욱 그렇다. 숨죽이고 홀린 듯 바라볼 수밖에 없는 그 장면. 제복을 입은 양조위가 '미드나잇 익스프레스'의 왕페이 앞으로 천천히 걸어오는 그 시간은, 왕가위의 세계에서 '장국영이 가고 양조위가 온다'는 선언과 겹쳐 보이기 때문이다.

앞서 이야기했듯이 왕가위가 〈중경삼림〉의 주인공으로 가장 먼저 떠올린 배우는 장국영이었다. 〈동사서독〉 촬영으로 인한 피로와 스케줄 문제로 무산되었지만, 당시 두 사람의 끈끈한 파트너십을 생각하면 당연한 구상이었다. 그래서인지 〈중경삼림〉 속 양조위의 첫 등장은 〈아비정전〉 속 장국영의 첫 등장과 묘한 대구를 이룬다. 두 사람 모두 등장과 동시에 가게에서 일하는 여자에게 다가가 말을 건넨다는 설정이 같다. 전자는 의도적인 '작업'이고 후자는 일상적인 대화라는 차이는 있지만, 어쩌면 장국영을 염두에 두고 짠 동선이 양조위에게 그대로 이식된 것은 아닐까. 물론 〈아비정전〉의 경찰 유덕화 역시 비슷한 동작을 취하지만, 그는 먼저 다가가는 적극성을 띤 인물이 아니었고 이후 왕가위와 작업을 이어가지도 않았다. 왕가위 영화에서 '먼저 다가가 말을 건넨다'는 행위는 주인공으로서의 중요한 자격 요건과도 같다.

잠시 장국영의 궤적을 짚어보자. 1977년 가수로 데뷔한 그는 〈홍루춘상춘〉(1978)이라는 잊고 싶은 에로 코미디 영화를 거쳐, 〈갈채〉(1980)를 통해 반항적인 청춘스타의 이미지를 구축했다. 이때부터 그는 늘 거침없이 들이대는 '아비'였다. 〈성탄쾌락〉(1984)에서는 배달을 갔다가 만난 여자에게 대뜸 댄스파티 신청을 하고, 〈위니종정〉(1985)에서는 지하철에서 반한 여자를 무턱대고 쫓아가며, 주제곡 가사처럼 "예쁜 여자를 만나면 바로 작업을 시작"하는 인물이었다. 〈아비정전〉의 첫 장면 역시 마찬가지다. 수리첸에게 다가가 "1분만 같이 시계를 보자"고 제안하던 그 모습. 시작은 여느 장국영 영화와 다를 바 없었지만, 〈아비정전〉은 그 뻔한 설정 위에 고독과 허무를 덧입혀 배우 장국영과 감독 왕가위 모두에게 결정적인 전환점이 되었다.

굉장히 모순적이지만, 〈중경삼림〉의 양조위에게서 '경찰이 된 아비'의 잔영을 본다. 많은 관객이 스쳐 지나가지만,

양조위의 캐릭터 역시 때와 장소를 가리지 않고 꽤나 '작업'에 능한 사람이다. 카이탁 공항의 야경 위로 흐르는 그의 내레이션을 들어보라.

"비행기를 타면 유혹하고 싶은 스튜어디스가 꼭 한 명씩 있다. 작년 이맘때 25,000피트 상공에서 그녀를 유혹하는 데 성공했다."

비행기를 탈 때마다 유혹한다니, 이것이야말로 전형적인 아비의 화법 아닌가. 장국영을 상정하고 쓴 대사와 장면에 양조위라는 배우가 들어오면서 어떤 화학작용이 일어났는지 상상해보는 것은 꽤 흥미로운 독법이다. 지나친 비약일 수도 있겠지만, 당시 왕가위가 장국영 주연의 〈동사서독〉 후반 작업과 〈중경삼림〉 촬영을 병행하고 있었음을 기억해야 한다. 말하자면 왕가위의 머릿속은 온통 장국영의 '구양봉'으로 가득 차 있었고, 연출적으로는 장국영과 양조위 사이에서 양다리를 걸치고 있던 시기였던 셈이다.

다시 돌아와, 양조위의 첫 등장은 오직 그이기에 가능한 과감하고 우아한 숏이다. 아마도 왕페이가 매일 같은 시각 순찰을 도는 그를 몰래 훔쳐보는 시선에서 시작된 숏일 것이다. 카메라는 순찰 중인 그의 옆모습을 비추다가, 정면으로 한참을 걸어와 모자를 벗고 머리를 쓸어 넘기는 동작까지 끊지 않고 보여준다. 1부의 금성무가 정신없이 뛰어다니는 스텝 프린팅 기법과 대조적으로, 천천히 걸어오는 양조위의 롱테이크는 완전히 다른 정서를 만들어낸다.

음악이 흐르는 가운데 표정이나 동작을 분절하지 않고 길게 보여주는 그 대담한 장면을 보며 나는 복잡한 감정에 사로잡혔다. 어쩌면 왕가위가 자신의 제안을 거절한 장국영을 의식해 보란 듯이 공들여 찍은 장면은 아닐까 하는 의심마저 들었다. 마치 전년도 수상자가 올해의 수상자에게 트로피를 건네주러 나오는 입장처럼, 어떤 엄숙한 '의식'과도 같아 보였기 때문이다. 장국영의 오랜 팬으로서 서글픈 인정이지만, 그것은 왕가위 영화의 페르소나가 장국영에서 양조위로 넘어가는, 세상에서 가장 매혹적이면서도 가장 길게 느껴지는 워킹(Walking)이었다.

'몽중인'과 '캘리포니아 드리밍'

〈중경삼림〉을 레트로로 소화하기 시작한 새로운 세대가 가장 의아해하며 불편함을 호소하는 요소는 바로 왕페이의 훔쳐보기, 그리고 스토킹 이상의 주거침입죄 설정이다. 영화는 영화일 뿐이라 생각하고 넘어갈 수도 있겠지만, 내가 좋아하는 영화가 여러모로 완전무결하길 바라는 것도 당연한 팬심일 것이다.

이에 대해 굳이 해명하자면, 아마도 왕가위는 그런 장면들을 '왕페이의 꿈'이라 생각하고 연출한 것 같다. 〈중경삼림〉에 중요하게 등장하는 두 노래 '캘리포니아 드리밍'과 '몽중인(夢中人)' 모두가 '꿈'에 관한 것이기 때문이다. 심지어 '몽중인'은 그 순간을 연기한 왕페이 본인이 부른 노래다. 말하자면 〈중경삼림〉의 양조위는 왕페이에게 '꿈속의 그대(몽중인)'인 셈이다. 노래 가사를 요약하면 이렇다.

"꿈속의 그대와 1분간 안고 10분은 입맞추었죠. 낯선 사람이었는데 어떻게 내 마음속에 오게 됐는지, 이렇게 가슴을 떨리게 하나요. 어떻게 갑자기 나타나 내 꿈속으로 들어와 날 흔들어 놓으신 건가요. 꿈속에서 당신을 찾아 바로 안아버려요. 내 안의 그 생각을 참지 못하고서 꿈속의 그대를, 기다림의 이 순간을."

이처럼 '몽중인' 가사의 모든 내용은 오직 꿈속에서 벌어지는 일만을 그리고 있다. 영화 속 상황 역시 꿈이자 환상일 수 있다는 이야기다. 플래시백을 쓰지 않는 왕가위 영화에 등장한 처음이자 마지막 판타지 장면이라고 하면 어떨까. 게다가 여기에는 현실적인 이유도 있다. 중국 본토 베이징 출신인 왕페이는 광동어 연기가 능숙하지 못했다. 영화를 빨리 완성해야 했던 감독 입장에서는 양조위와 왕페이를 붙여 대화를 많이 시키기보다, 왕페이 혼자서 분량을 최대한 뽑아낼 수 있는 장면을 구상해야 했다. 그렇게 왕페이 혼자 있는 시간이 절대적으로 길게 필요해졌고, 거기에 뮤직비디오처럼 음악을 내내 깔았던 것이다. 노래를 끊지 않고 완곡으로 몇 번이나 들려주기에, 〈중경삼림〉 2부는 가사도우미 왕페이의 단독 뮤직비디오라 봐도 이상하지 않다.

캘리포니아 드리밍, 1997년을 앞둔 홍콩의 두 얼굴

〈중경삼림〉을 대표하는 곡인 마마스 앤 파파스의 '캘리포니아 드리밍'은 또 다른 의미에서 중요하다. '몽중인'이 왕페이 개인의 판타지와 결합한다면, '캘리포니아 드리밍'은 영화 전체를 포괄한다. 이 노래는 멤버 존 필립스와 미셸 길리엄이 부부이던 시절, 추운 겨울날 뉴욕에 머물면서 만든 곡이다.

"모든 나뭇잎은 갈색이고 하늘은 회색이에요. 겨울날 산책을 나왔어요. LA에 있었다면 안전하고 따뜻했을 텐데. 이런 겨울날에 캘리포니아를 꿈꾸네요. 교회에서 기도하는 척을 했죠. 목사님은 내가 머물 것을 알고 계시죠. 이런 겨울날에 캘리포니아를 꿈꾸네요."

마치 이민을 떠난 홍콩 사람이 홍콩의 따뜻한 날씨를 그리워하며 들을 것만 같은 노래라고 하면 지나친 비약일까. 가령 홍콩의 장완정 감독은 〈불법이민자〉(1985), 〈가을날의 동화〉(1987), 〈팔냥금〉(1989)으로 이어지는 '이민 3부작'을 만든 바 있다. 그중 가장 잘 알려진 멜로 영화 〈가을날의 동화〉에서 뉴욕에 사는 주윤발과 종초홍이 가장 그리워한 것이 바로 떠나온 홍콩의 따뜻한 날씨였다.

'캘리포니아 드리밍'이 1997년 홍콩 반환을 불과 몇 년 앞두고, 홍콩을 떠나고자 하는 청춘들의 불안한 마음이 투영된 곡이라고 해도 무리는 아닐 것이다. 〈중경삼림〉에서 중요하게 등장하는 스튜어디스라는 캐릭터(전 여친 주가령과 현 여친 왕페이 모두), 미니어처 비행기가 등장할 정도로 반복되는 비행의 이미지는 그것이 결코 과잉 해석이 아님을 보여준다. 임청하와 금성무의 차가운 '밤'인 1부의 키워드가 막다른 골목에 다다른 운명의 '유통기한'이라면, 양조위와 왕페이의 따뜻한 '낮'인 2부는 어딘가로 계속 떠나길 원하는 희망의 '비행'이다. 바로 1997년을 앞둔 시점에서 왕가위가 바라본 당대 홍콩의 두 얼굴인 셈이다.

아무튼 〈중경삼림〉의 핵심적인 두 노래가 공통적으로 꿈과 그리움을 이야기하는 가운데, 가장 의미심장한 것은 왕페이가 일하는 가게의 이름이다. 알란 파커 감독의 1978년 동명 영화 제목이기도 한 이 패스트푸드점의 이름은 바로 '탈출'과 '탈옥'을 뜻하는 '미드나잇 익스프레스(Midnight Express)'다. 언젠가 중국의 감옥이 될지도 모를 홍콩으로부터 감행하는 '탈옥'이자, 양조위를 흠모하는 왕페이가 답답한 일상을 벗어나 꿈으로 향하는 '탈출'이었을 것이다. 그렇게 〈중경삼림〉의 영어 제목은 1부의 중경빌딩과 2부의 미드나잇 익스프레스를 붙여 'Chungking Express'가 됐다. 거기에는 속히 떠나야 하는 '특급'이나 '급행'이라는 의미도 담겨 있으니, 그들에게 1997년은 정말 코앞에 닥친 미래였을 테다.

663과 633

〈중경삼림〉의 양조위를 설명할 수 있는 세 가지 중요한 설정이 있다. 첫 번째는 양조위의 슬로 모션이다. 미드나잇 익스프레스에서 커피를 마실 때나 캘리포니아 바에서 칵테일을 마실 때, 주변 사람들은 재빨리 지나가고 오직 양조위만 홀로 남아 천천히 움직인다. 마치 그만이 세상에서 다른 속도로 살아가고 있음을 보여주는 듯한 이 장면은 〈중경삼림〉의 고독을 가장 잘 보여주는 대목이다.

이 장면은 양조위의 절친 주성치가 〈007 북경특급〉(1994)에서 패러디하기도 했다. 채식 열풍으로 인해 도통 장사가 되지 않아 절망에 빠진 정육점 주인 주성치가 제임스 본드처럼 드라이 마티니를 마실 때, 중국 심천 시장에서 바삐 움직이는 사람들 사이에서 오직 좌판에 걸린 고깃덩이와 주성치만이 그 자리에 머물러 있다. 홍콩에서 〈중경삼림〉은 1994년 7월 14일에 개봉했고, 〈007 북경특급〉은 같은 해 9월 14일에 개봉했으니 불과 두 달 만에 이런 패러디 장면이 완성된 셈이다.

원래 홍콩 액션 영화에서 슬로 모션은 액션의 비장미를 극대화하고 그 순간을 지속하고자 하는 바람이었다. 무협 영화의 대부 장철 감독의 영화에서 왕우, 적룡, 강대위가 언제나 그렇게 죽음을 맞이했고, 그의 연출부 출신인 오우삼 감독의 〈영웅본색〉과 〈첩혈쌍웅〉에서도 그 전통은 이어졌다. 사실 그걸 처음으로 패러디하고 비튼 주인공은 주성치였다. 주성치 최초의 빅히트작인 〈도성〉(1990) 후반부에서, 국제도왕대회에 참가하는 주성치가 다른 사람들은 평소처럼 움직이는데 혼자서 천천히 걷고 코트를 벗는 '셀프 슬로 모션'으로 큰 웃음을 안긴 바 있다. 유진위와 왕가위의 인연을 생각하면 어쩌면 주성치로부터 이 아이디어가 시작되어, 같은 공간에서도 다른 속도로 살아가는 양조위의 캐릭터가 만들어졌다고 볼 수도 있겠다.

아내의 불만에서 시작된 사물과의 대화

두 번째는 사물과의 대화다. 여기에는 사연이 있다. 당시 택동영화사를 안착시키기 위해 일에만 매달리던 왕가위는 집안일을 돌볼 틈이 없었다. 그러던 어느 날, 임신 중이던 그의 아내가 거울 속 자신과 대화를 나누는 모습을 보게 된다. 일에 빠진 남편과 대화할 시간이 없으니 보란 듯이 자신과 대화를 나눈 것이다. 이에 충격받은 왕가위가 휴가를 내고 집에 머물게 되었다면 좋았겠지만, 그는 '괜찮은데?'라는 생각과 함께 그 장면을 양조위의 캐릭터에 고독을 부여하는 설정으로 써먹게 된다. 그날 이후 〈중경삼림〉의 양조위는 실연의 고통으로 야위어가는 비누와, 울음을 멈추지 못해 축축한 수건과 대화를 나누기 시작했다.

이 장면은 양조위의 필모그래피 중 단 10개의 순간만 꼽으라 해도 반드시 들어갈 명장면이다. 오직 양조위만이 연기해야 설득력을 얻을 수 있기 때문이다. 장국영이나 유덕화가 이 장면을 연기했다면 어땠을까. 제작자 재키 팽은 세 배우를 이렇게 정리했다. "유덕화는 배역과 끝없이 경쟁하고, 양조위는 배역과 쉽게 사랑에 빠지고, 장국영은 배역을 유혹한다."

경쟁하는 유덕화에게는 불가능한 장면이고, 유혹하는 장국영에게는 비누와 수건이 먼저 말을 걸어올 것이기에 역시 불가능하다. 오직 양조위만이 관객을 야윈 비누의 자리에 두는 마법을 발휘하며 우리를 편안하게 해준다. 양조위에게는 고독마저 자랑이 된다.

663과 633 사이, 변하지 않는 홍콩의 본질

마지막은 많은 이들이 눈치채지 못하는 경찰 번호 663이다. 633으로 알고 있는 이들이 많겠지만, 그의 견장을 보면 분명 663이다. 가게 주인도, 왕페이도, 편지에서도 그를 633으로 잘못 부르지만 양조위는 이를 굳이 바로잡지 않는다. 유덕화라면 바로 수정했을 것이고, 장국영은 이를 즐겼겠지만, 양조위는 자신이 어떻게 불리든 개의치 않는다. 본질은 바뀌지 않기 때문이다. 이는 〈동사서독〉과 〈화양연화〉, 〈중경삼림〉 1, 2부가 그러하듯 왕가위 특유의 '어긋남의 미학'이기도 하다.

　　어쩌면 그것은 홍콩을 바라보는 왕가위의 시선이다. 1부의 금성무가 홍콩의 '밤'이자 '과거'로서 유통기한에 항의하는 인물이었다면, 2부의 양조위는 홍콩의 '낮'이자 '현재'로서 '영국령 홍콩'을 '홍콩 차이나'라 바꿔 부르는 세상을 담담히 받아들인다. 피할 수 없다면 비록 뒤처질지라도 자기만의 속도로 살아가야 한다는 결심이다. 1994년 당시 캘리포니아로 떠나지 못한 홍콩 청춘들은 '양조위와 함께라면' 그 본질은 바뀌지 않을 거란 기대를 품었을지도 모른다.

마지막 장면에서 양조위는 언제나 거기 있는 남자다. 〈영웅본색〉의 주윤발이 홍콩을 떠나려다 돌아와 위로를 주었다면, 〈중경삼림〉의 양조위는 변함없는 얼굴로 그 자리에서 기다리는 사람이다. 결말에서 스튜어디스가 되어 돌아온 왕페이가 "왜 여기에 있어요?"라고 묻자, 양조위는 가게를 넘겨받아 "내부 공사하고 있어요"라고 답한다. 그는 비록 캘리포니아에 가지 못했지만 '캘리포니아 드리밍'을 들으며 왕페이를 기다리고 있었다.

무협 사극인 〈동사서독〉을 제외하고, 1960년부터 2046년까지 왕가위가 다룬 모든 시간대를 홀로 살아낸 배우는 양조위뿐이다. '왕가위의 시간' 속에서 장국영은 1997년이 되기 전에 퇴장했지만, 양조위만이 그 '왕가위의 시간' 속 홍콩의 모든 시간을 살았다. 그래서 그는 명실상부한 '마지막 홍콩배우'다.

9장

지구 반대편에서의 탱고
〈해피 투게더〉와 〈류맹의생〉

유배된 연인들과 돌아갈 곳 없는 자들의 탱고

〈해피 투게더〉는 홍콩을 떠나는 장면으로 시작한다. 1997년 홍콩의 중국 반환을 앞두고 개봉한 영화이기에, 이 떠남은 무척이나 상징적이고 정치적인 장면이다. 〈중경삼림〉이 비행의 이미지나 '캘리포니아 드리밍' 같은 노래의 낭만을 통해 해외로의 도피를 꿈꿨다면, 〈해피 투게더〉의 보영(장국영)과 요휘(양조위)는 돌아올 날을 기약하지 않은 채 홍콩을 등져버린다.

　　　이때 찰나의 순간이지만 카메라가 굳이 클로즈업으로 잡아내는 그들의 여권이 중요하다. 반환 전이라 분명 영국 여권이지만, 거기에는 '해외 영국 국민용(British National Overseas)'이라는 마크가 찍혀 있다. 이는 홍콩이 중국에 반환되어 더 이상 '해외 영국 국민'이 아니게 되는 순간, 이 여권이 한낱 휴지 조각이 된다는 것을 의미한다. 이 여권으로는 영국 본토로 들어갈 수도 없기에, 보영과 요휘가 1997년 7월 1일 전까지 홍콩으로 돌아가지 못한다면 그들은 난민 신세가 되고 만다. 그들이 떠나온 카이탁 공항 역시 1998년 7월 6일 첵랍콕 공항의 개항과 함께 폐쇄됐다. 과연 그들은 카이탁 공항으로 되돌아올 수 있을 것인가, 아니면 그 이별이 홍콩에서의 마지막 시간이었을까.

　　　보영과 요휘가 홍콩을 떠난 데에는 정치적 이유도 존재할 것이다. 당시 대만은 동성애에 가장 개방적이고 콘텐츠도

풍부해 결국 2019년 동성 결혼을 허용했고, 해외 거주자가 많
았던 홍콩 역시 그에 못지않은 분위기였다. 하지만 1997년 이
후의 홍콩이 어떤 모습일지는 누구도 장담할 수 없었다. 왕가
위 감독은 반환 이후 홍콩 내 동성애자들이 가장 먼저 핍박받
을 것임을 예견하고 있었다. 언제나 '버림받은 이들'을 화두로
삼아온 그에게, 지구 반대편으로의 여정보다 더 절실한 유배
(流配)의 메타포가 있을까? 그래서《왕가위의 시간》을 쓴 평론
가 스티븐 테오는 왕가위의 모든 영화가 기본적으로 정치적이
지만, 그중에서도 〈해피 투게더〉를 '가장 정치적인 영화'라 평
했다.

　　당시 장국영은 파파라치들에게 시달리며 동성애자로서
커밍아웃을 강요당하는 상황에 내몰려 있었다. '밀어서 잠금
해제'가 아니라 '밀려서 잠금해제'되는 처지였던 셈이다. 그런
그에게 왕가위가 "게이 영화를 찍자"고 제안했고, 장국영은
흔쾌히 화답했다. 상대역이 양조위라는 사실에도 그는 만족해
했다. 그렇게 〈해피 투게더〉라는 긴 여정의 막이 올랐다.

　　경극에서 탱고까지, 장국영이 도달한 예술의 경지
장국영이 이 작품에 매료된 또 다른 이유는 예술가로서 '탱고'
라는 세계에 발을 담글 수 있었기 때문이다. 그는 과거 〈패왕
별희〉(1993)를 위해 경극을 배울 때처럼 이 작업에 깊이 몰입
했다. 사실 그는 〈마지막 황제〉의 존 론이 맡을 뻔했던 〈패왕
별희〉의 '두지' 역할을 따내기 위해 지독할 정도의 정성을 들

인 바 있었다. 캐스팅 공백이 생긴 틈을 타 홍콩 잡지 〈호외〉의 표지 모델을 자청해 경극 〈백사전〉의 '백소정'으로 변신하며 완벽한 포트폴리오를 보여주었던 것이다. 정작 영화 속에서는 '우희', '양귀비', '두여랑' 세 캐릭터를 연기했기에 잡지에서 보여준 백소정의 모습은 볼 수 없었지만, 그만큼 그는 주인공이 되는 데 진심이었다. 특히 화가 난 양귀비가 술을 마셔 몸을 비틀거리는 '귀비취주(貴妃醉酒)' 장면은 경극 고수들도 따라 하기 힘든 고난도 동작이었음에도, 장국영은 전역의 스승들을 찾아다니며 맹연습한 끝에 혼신의 힘으로 완성해냈다.

　〈해피 투게더〉를 위해서는 카를로스 사우라의 〈탱고〉나 다큐멘터리 〈라스트 탱고〉에 출연했던, 탱고의 역사를 바꾼 전설 '후안 카를로스 코페스'에게 춤을 배웠다. 코페스는 무용수 마리아 니브 리고와 70년 넘게 사랑을 이어온 인물로, 그들의 삶은 〈라스트 탱고〉에 잘 담겨 있다. 이민자들의 슬픔과 외로움을 거울처럼 반사하는 탱고는 보영과 요휘의 처지에 너무나도 잘 들어맞는 춤이었다.

　　과거 아르헨티나는 전쟁으로 터전을 잃은 유럽과 미국의 백인 이민자들을 대거 받아들이며 부에노스아이레스만의 독특한 문화를 형성했다. 이는 국공내전을 피해 몰려든 사람들로 활기가 넘치던 과거 홍콩의 모습과도 겹친다. 탱고는 그렇게 집을 떠나온 사람들과 다시는 고향으로 돌아가지 못하는 이들을 위로하는 춤이다. 다시 홍콩으로 돌아갈 수 있을지조차 알 수 없는 보영과 요휘의 처지는, 이민자의 슬픔을 머금은 탱고의 선율 위로 서글프게 겹쳐진다.

남미의 문장들

〈아비정전〉에서 이미 그 야심을 노골적으로 드러냈던 것처럼, 왕가위는 자신이 사랑해 마지않았던 마누엘 푸이그로 대표되는 남미 문학의 정서를 홍콩영화라는 틀 안에 펼쳐내고자 하는 목표가 있었다. 이는 마치 셰익스피어의 4대 비극을 일본 영화의 문법으로 풀어내려 했던 구로사와 아키라 감독의 시도와도 맥을 같이 한다. 〈아비정전〉의 아비(장국영)는 남미 문학 특유의 '난봉꾼' 캐릭터로부터 기원했으며, 그 계보는 〈2046〉의 주모운(양조위)으로까지 이어진다.

엄밀히 따지자면 이러한 흔적은 데뷔작 〈열혈남아〉에서부터 발견된다. 〈열혈남아〉의 원제인 〈몽콕하문(旺角下問)〉은 바로 '몽콕의 카르멘'이라는 뜻이다. 〈중경삼림〉의 '삼림'이 무라카미 하루키의 《노르웨이의 숲(삼림)》에서 온 것처럼, 〈몽콕하문〉의 '하문' 역시 '카르멘'의 중국어 표기였던 셈이다. 오랜 시간 〈열혈남아〉는 사고뭉치 도박꾼 조니 보이(로버트 드니로) 때문에 고생하는 찰리(하비 케이틀)의 이야기를 다룬 마틴 스코세이지의 〈비열한 거리〉(1973)를 변형한 작품이라 평가받아왔다. 하지만 〈몽콕하문〉이라는 제목에 주목하면 조르주 비제의 오페라 〈카르멘〉과도 은근히 닮아 있음을 알 수 있다. 약혼녀 미카엘라(장만옥)가 있음에도 불구하고, 매력적이지만 자유분방한 집시 카르멘(장학우)과 엮여 인생이 꼬여가는 군인 돈 호세(유덕화)의 이야기로 치환해도 묘하게 들어맞기 때문이다.

　　실제로 〈해피 투게더〉는 마누엘 푸이그의 소설 《부에노스아이레스 어페어》를 원작으로 삼아 각색하는 작업에서 출발했다. 지금도 IMDB 등 영화 정보 사이트에는 이 소설이 원작으로 표기되어 있기도 하다. 하지만 제작 과정에서 왕가위는 당초 계획을 포기하고 내용을 완전히 바꾸어버렸다. 성과 사랑, 억압과 폭력이 공존하는 인간 심리, 그리고 동성애 묘사라는 중요한 모티브는 유지했지만, 원작의 추리적인 구성은 과감히 걷어냈다. 또한 어릴 때부터 미술에 재능을 보인 예술가 글라디스, 성공한 비평가 레오, 글라디스의 어머니인 클라라, 그리고 화가 마리아라는 네 주인공이 관계를 맺는 원작의 구조와도 거리가 멀어졌다. 원작 소설이 근친상간적 성향이나 수음, 노출증, 사디즘의 영역까지 나아가는 것과 달리, 영화는 관계를 다시 시작하기 위해 아르헨티나로 떠난 두 청년의 서사에 집중했다.

　　그나마 원작과 결을 같이 하는 지점이라면 격정적인 애정 묘사 정도라 할 수 있다. 오히려 결과적으로 본다면 동성애를 소재로 한 마누엘 푸이그의 또 다른 대표작 《거미 여인의 키스》와 더 가까워졌다고 볼 수 있다. 소설 속 형무소에서 만난 정치범 발렌틴과 성추행범으로 잡혀 온 몰리나를 각각 요휘와 보영으로 설정하고, 그들의 만남과 헤어짐을 겹쳐 보면 꽤 흥미롭다. 결국 〈해피 투게더〉는 〈동사서독〉이 김용의 《사조영웅전》을 원작으로 삼았음에도 사실상 전혀 다른 창작물이 된 것과 비슷한 경로를 밟아 완성된 셈이다.

1997년의 마지막 봄 '춘광사설'

배우 캐스팅을 마친 왕가위가 가장 먼저 떠올린 영화 제목은 영어인 '해피 투게더(Happy Together)'였다. 1997년 7월 1일 이후 홍콩이 맞이할 미래가 어찌 될지 모르는 막연한 상황에서 그가 붙잡은 단어였다. 하지만 왕가위는 이탈리아의 거장 미켈란젤로 안토니오니의 열렬한 팬이기도 했다. 훗날 옴니버스 영화 〈에로스〉(2004)에서 안토니오니와 함께 작업하며 단편 〈그녀의 손길〉을 선보였을 정도로 그에 대한 존경심은 남달랐다.

그 결과, 왕가위는 제목을 한자로 옮기면서 안토니오니의 대표작 〈블로우 업〉(1966, 한국 개봉명 〈욕망〉)의 중국어 제목인 〈춘광사설〉을 그대로 가져왔다. 사실 사진을 확대(Blow Up)하며 사건을 쫓는 사진작가의 이야기인 〈블로우 업〉과 〈해피 투게더〉 사이의 서사적 공통점은 희박하다. '봄 햇살이 슬며시 새어 들어온다'는 뜻의 춘광사설(春光乍洩) 역시 영화의 내용과는 사뭇 달랐다. 그럼에도 왕가위가 이 제목을 고집한 것은 거장의 영화를 리메이크하는 듯한 충만함을 느꼈기 때문이며, 무엇보다 그 뜻이 좋았기 때문이다.

물론 이 제목은 영화의 관능적인 면모와도 깊이 맞닿아 있다. '춘화'라는 단어처럼 '봄'은 언제나 육체적이고 성적인 은유를 동반한다. 다시 말해 〈춘광사설〉은 요휘와 보영에게 불현듯 찾아왔던 단란한 순간이자, 끝내 그들에게 다시 돌아 오지 못한 어느 찬란한 봄날을 의미하는 것이기도 하다.

거장들의 계보가 수렴하는 지점, 이구아수 폭포

이 제목의 이면에는 더 깊은 문학적 연결고리가 숨어 있다. 왕 가위는 안토니오니의 〈블로우 업〉 자체가 남미 문학의 거장이 자 자신이 흠모하는 작가 훌리오 코르타사르의 단편 〈악마의 침〉(국내에서는 창비 단편집 《드러누운 밤》에 수록)을 원작으로 삼고 있다는 사실을 알고 매우 기뻐했다. 〈춘광사설〉이라는 제목을 택함으로써, 자신이 존경해 마지않는 미켈란젤로 안토니오니 와 훌리오 코르타사르라는 두 거장의 세계를 공유한다는 일종 의 지적·예술적 일체감을 느꼈던 것이다.

이것은 〈해피 투게더〉의 궁극적인 주제와도 연결된다. 이구아수 폭포에서 모든 이미지가 수렴하듯, 돌고 돌아 만나 야 할 모든 존재는 결국 한 곳에서 운명처럼 만나거나 각자의 길로 향하게 된다는 영화적 철학이 이 제목의 탄생 배경과도 일치하기 때문이다.

자신이 살던 곳을 멀리 떠나 느끼는 허무와 상실, 그리 고 그 끝에서 마주하는 깨달음은 코르타사르 소설의 대표적 장치이며, 이는 왕가위의 연출 세계에 지대한 영향을 미쳤다.

친엄마를 찾아 떠난 〈아비정전〉의 요크(장국영), 사랑에 실패하고 사막으로 은둔한 〈동사서독〉의 구양봉(장국영)에 이어 아예 홍콩을 떠나며 시작하는 〈해피 투게더〉는 모두 그 연장선에 있다.

　　이러한 '해방과 동시에 고립된 인간'이라는 테마는 왕가위의 페르소나가 장국영에서 양조위로 교체되기 전까지 그를 지탱하던 가장 중요한 화두였다. 세월에 몸을 맡기며 떠돌기보다 정착을 꿈꾸게 된 왕가위의 심경 변화를 대변하듯, 그의 영화 속 장국영은 언제나 '떠날 준비가 된 사람'이었고 양조위는 늘 '제자리로 돌아가길 원하는 사람'이었다.

　　유통기한을 향해 달리는 여권과 소멸되는 이름들
〈해피 투게더〉는 홍콩의 주권 반환을 불과 한 달 앞둔 1997년 5월 30일, 홍콩에서 개봉했다. 촬영이 아무리 지연되더라도 반드시 반환 이전에 개봉하겠다는 것이 왕가위의 확고한 목표였다. 이 영화를 반환 이후 홍콩의 미래에 대한 자신의 마음이자 태도로 남겨두고 싶었기 때문이다.

　　다시 시작하기 위해 홍콩을 등진 보영과 요휘는 과연 새로운 홍콩으로 돌아올 수 있을까? 앞서 언뜻 이야기했듯, 영화 초반 클로즈업되는 그들의 영국령 홍콩 여권 속 '해외 영국 국민용'이라는 글자는 1997년 7월 1일과 동시에 그 법적 효력이 소멸된다. 이는 〈중경삼림〉의 '5월 1일'처럼 저항할 수 없는 운명적인 유통기한이다.

특히 요휘는 아버지 친구의 회사 돈을 훔쳐 달아난 상태이기에 그들의 탈출은 더욱 비장하다. 어쩌면 그들은 다시 돌아오지 않을 생각으로 떠났거나, 돌아가고 싶어도 그럴 수 없는 처지였을지도 모른다. 〈아비정전〉의 장국영부터 시작된, 현재 발 딛고 있는 땅으로부터 받아들여지지 못한 채 버려진 사람들의 이야기는 그렇게 〈해피 투게더〉로 이어진다. 홍콩을 떠나는 순간, 그 둘은 어느 곳에도 속하지 못한 채 세상에서 증발한 존재들이 된 것이다.

우리는 모두 양조위에게 속았다

사실 〈해피 투게더〉의 보영과 요휘에 대한 전통적인 묘사 방식에 불만이 많다. OTT 서비스인 왓챠의 소개글을 보면 "이기적인 보영의 성격 탓에 이별과 재회를 반복한다"며 보영을 갈등의 원인으로 지목한다. 반면 넷플릭스는 "서로의 인생이 다른 방향으로 흘러가면서 위기가 찾아온다"고 적고 있다. 두 소개글 중 넷플릭스의 압승이다. 지금까지 많은 이들이 양조위는 선하고 장국영은 못됐다거나, 혹은 장국영이 양조위를 힘들게 한다고 말해왔다. 하지만 진실은 완전히 반대라고 생각한다.

일단 두 사람이 아르헨티나로 간 근본적인 이유부터 짚어보자. 요휘는 아버지 친구가 사장인 회사의 돈을 훔쳤고, 그 때문에 홍콩을 떠나야만 하는 절박한 상황이었다. 보영은 그런 요휘를 차마 혼자 보낼 수 없어 마지못해 따라간 것에 가깝다. 이미 만남과 헤어짐을 반복하며 권태에 빠져 있었음에도, 마음 약한 보영이 억지로 동행한 것은 아닐까. 즉, 〈해피 투게더〉는 착한 요휘가 제멋대로인 보영을 받아주는 이야기가 아니라, 사고뭉치인 요휘와의 '헤어질 결심'을 매번 머뭇거린 착하고 불쌍한 보영의 수난기다. 현실과 픽션의 경계를 무너뜨리는 양조위 특유의 개인성이 왕가위의 작품성을 송두리째 장악해버린 결과, 우리는 지금껏 양조위의 눈빛에 완벽하게 속아온 것이다.

보영의 뒤늦은 '헤어질 결심'

범죄자 요휘의 행적을 차근차근 살펴보면 그의 위험함이 고스란히 드러난다. 그는 어느 삼합회 소속인지 의심스러울 정도로 칼을 능숙하게 휘두르는 인물이다. 보영과의 사이가 냉랭할 때 시위하듯 칼을 접었다 폈다 하며 문을 쿡쿡 찌르는 장면이 있다. 이를 누워서 지켜보던 보영이 '저 새끼 또 저러네'라는 표정으로 휙 돌아눕는 것을 보면, 이런 위협이 한두 번이 아니었음을 짐작할 수 있다. 처음 겪는 일이었다면 보영은 깜짝 놀라며 당황했을 것이다. 횡령을 저지르고 칼잡이처럼 행동하는 요휘는 대체 홍콩에서 어떤 삶을 살았던 놈일까.

　　그는 칼뿐만 아니라 병도 서슴지 않고 휘두른다. 보영과의 관계가 의심되는 클럽 매니저를 찾아갈 때, 그가 병을 들고 실내로 들어서자마자 비명 소리가 가득 울려 퍼진다. 카메라조차 그 내부를 비출 용기를 내지 못할 만큼 끔찍한 광경이었을 것이다. 또한 대만에 갔을 때 야시장에서 타짜 같은 손놀림으로 장첸의 사진을 훔치는 장면을 보면 그 손버릇도 여전하다. 흔히 양조위의 유일한 악역이 〈암화〉(1998)라고들 하지만, 이제는 〈해피 투게더〉의 요휘도 그 명단에 추가해야 마땅하다.

심지어 그는 배려심도 없다. 홍콩의 아버지에게 새벽에 무턱대고 국제전화를 거는 장면이 대표적이다. 11시간의 시차를 고려하지 않고 아버지가 단잠에 빠져 있을 새벽에 전화를 걸었으니, 제대로 된 대화가 이어질 리 만무하다. 도망친 아들 때문에 고생하고 있을 아버지의 곤한 잠을 깨워놓고는, 결국 통화가 안 된다며 번거롭게 편지를 써서 보낸다. '머리가 나쁘면 몸이 고생한다'는 말은 바로 이럴 때 쓰는 법이다.

반면, 억측에 시달려온 보영을 보자. 오해의 핵심은 그의 "우리 다시 시작하자"는 대사다. 이 말 때문에 요휘는 매번 보영의 변덕을 받아주는 순애보처럼 각인됐다. 하지만 영화를 다시 볼 때마다 느끼는 건, 그 말이 삐쳐 있는 요휘의 기분을 풀어주기 위해 보영이 어쩔 수 없이 꺼내는 화해의 멘트라는 점이다. 〈아비정전〉의 아비라면 단호하게 돌아섰겠지만, 〈해피 투게더〉의 보영은 매번 이별에 실패하는 마음 여린 사람이다. 무거운 침묵을 깨고 먼저 화해의 손길을 내미는 '친절한 보영 씨'의 진심인 것이다.

오히려 폭력적인 쪽은 요휘다. 보영의 여권을 훔쳐 돌려주지 않는 장면이 이를 증명한다. 보영이 여권을 돌려달라고 애원할 때, 요휘가 아래에서 위로 올려다보며 "안 돌려줄 거야"라고 말하는 장면의 표정은 압권이다. 이 장면은 무려 13컷으로 잘게 나누어 편집되었는데, 이는 영화 전체를 통틀어 가장 밀도가 높은 구간이다. 여기서 요휘의 복잡미묘한 눈빛이 빛나는 이유는, 현상수배범이나 다름없는 자신을 따라 지구 반대편까지 와준 보영에 대한 미안함과 그를 잃고 싶지 않은 강박적인 분리불안이 뒤섞여 있기 때문이다. 보영을 돌봐주며 "그의 손이 빨리 낫지 않기를 바랐다. 아픈 그와 있을 때 가장 행복했기 때문"이라고 고백하는 요휘의 내레이션은 소름 돋는 소유욕의 절정이다.

낯선 이방인의 슬픔과 장국영의 마지막 인사

물론 보영이 요휘보다 신경질적으로 보이는 면은 있다. 이는 보영이 부에노스아이레스라는 환경에 전혀 적응하지 못했기 때문이다. '그럴 거면 왜 따라왔느냐'고 묻는 것은 잔인하다. 그는 죄를 짓고 쫓겨가는 연인을 차마 외면할 수 없을 뿐이다. 왕가위 영화에서 이방인의 고통은 익숙한 테마인데, 주로 장만옥이나 〈일대종사〉의 궁이(장쯔이)가 보여준 그 괴리감의 정서가 보영에게서도 나타난다.

　　　보영이 가장 안쓰럽게 느껴지는 순간은 역설적으로 경마장 장면이다. 아르헨티나와 홍콩의 거의 유일한 공통점이 경마였기에, 보영은 그곳에서만은 홍콩에 있는 듯한 기분을 느끼며 방방 뛰며 즐거워한다. 하지만 곁에 있는 요휘의 표정은 차갑게 굳어 있다. 요휘는 새 출발을 위해 돈을 벌며 애쓰고 있는데, 보영은 여전히 홍콩을 그리워하고 있다는 사실에 절망하고 우울해하는 것이다.

보영의 위태로운 상태는 마치 투신을 연출한 듯한 장면에서 극대화된다. 두 사람이 싸운 뒤, 요휘는 옥상에서 도장 작업을 하고 보영은 그의 등에 물을 붓고 입을 맞춘 뒤 아래를 내려다본다. 잠시 찾아온 평화의 순간 같지만, 이어진 편집은 섬뜩하다. 열려 있는 테라스 창문, 날리는 커튼, 텅 빈 의자. 무언가 추락하며 생긴 바람이 커튼을 흔든 것처럼 느껴지는 이 연출은 장국영의 마지막 순간을 알고 있는 우리에게는 견디기 힘든 구간이다. 홍콩 평론가 스티븐 테오가 말했듯, 왕가위는 장국영이 현실에서 느끼던 고통과 절망을 무의식적으로 포착해낸 것일지도 모른다.

결국 가장 슬픈 아이러니는 먼저 떠난 사람이 보영이 아닌 요휘라는 사실이다. 요휘가 떠난 뒤, 그의 담요를 끌어안고 펑펑 울며 여관에 남겨진 이는 보영이다. 아스토르 피아졸라의 'Finale'가 흐를 때마다 우리는 버림받고 사라지는 장국영을 보며 눈물을 흘리게 된다. 요휘는 진짜 이구아수 폭포의 물보라를 맞으며 정화되지만, 남겨진 보영은 슬프게 빛나는 가짜 폭포 등만 바라본다. 가짜 폭포 아래 서 있는 연인들의 그림자는 두 사람의 관계가 끝났음을 선고한다. 담요를 끌어안고 울던 장국영의 뒷모습은 그렇게 왕가위 영화 속 그의 마

장국영의 위패가 모셔져 있는 샤틴 보복산 납골당의 모습. ⓒ주성철

지막 모습이 되었다. 장국영을 사랑하지만, 그는 결국 1997년이 되기 전 왕가위의 세계에서 퇴장당했다.

악인조차 연민하게 만드는 얼굴

〈해피 투게더〉를 처음 봤을 때, 내레이션의 주체가 장국영이 아닌 양조위라는 사실에 당황했던 기억이 선명하다. 왕가위의 전작 〈동사서독〉만 해도 그렇다. "불경에 이런 말이 있다. 움직이는 것은 바람도 깃발도 아니다. 바로 그대의 마음이다"라는 오프닝 자막이 흐른 뒤, 곧바로 장국영의 내레이션이 시작된다.

"오황이 태세를 만나 가뭄에 시달렸고 가뭄이 생기면

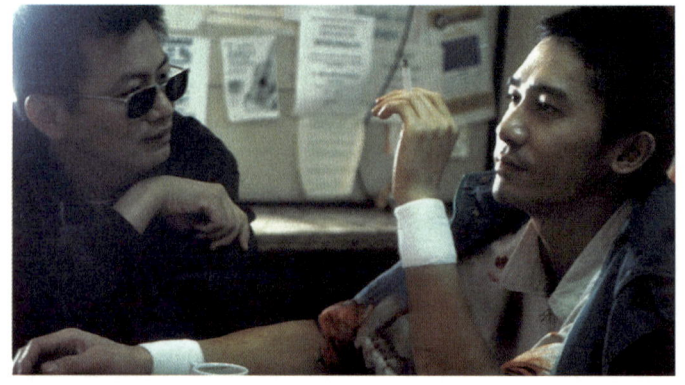

«
〈해피 투게더〉 촬영
당시 왕가위와 양조위.
자료제공: TJ

여러 문제가 생긴다. 그리고 일이 많아진다. 내 이름은 구양봉, 백타산에서 왔다. 문제 해결이 내 일이다."

　　이처럼 〈아비정전〉의 '발 없는 새' 이야기부터 〈동사서독〉에 이르기까지, 왕가위 영화 내레이션의 주인공은 언제나 장국영의 몫이었다. 그런데 장국영과 양조위가 공동 주연을 맡은 영화에서 내레이션 권력을 양조위가 쥐고 있으니, 그 생경함은 이루 말할 수 없었다. 〈해피 투게더〉는 바로 그런 어색함과 함께 시작된 영화였다.

　　그리고 나는 다시 한번 요휘라는 인물, 아니 양조위에게 완전히 속았다고 느낀다. 우리는 그동안 두 사람의 관계를 철저히 오해하고 있었다. 〈중경삼림〉 초반부에서 비행 도중 스튜어디스를 꼬신 이야기를 헤픈 바람둥이처럼 떠벌릴 때도 눈치채지 못했고, 〈해피 투게더〉에서 분을 이기지 못해 칼을 휘두르고 병까지 깨뜨리는 폭력성을 보일 때도 그의 '착한 척하는 연기'에 그저 넘어가 버렸다. 덕분에 장국영은 고스란히 천

하의 나쁜 놈이 되어버렸다. 여태껏 우리는 왕가위가 창조한
세계 안에서 '양조위'라는 인간에게 완벽히 기만당하며 살았
던 셈이다.

유가령이 된 장국영, 그리고 왕가위의 고백

양조위를 관찰하고 연출한 왕가위 감독의 본심이 궁금해, 평
론가 존 파워스와의 대담집 《왕가위》를 찾아보았다. 왕가위
역시 〈화양연화〉 이전까지는 〈해피 투게더〉가 양조위 최고
의 연기를 보여준 작품이라고 평하고 있었다. 그는 "〈해피 투
게더〉 전의 양조위가 어떤 배역이든 누구 못지않게 잘 해내는
배우였다면, 이 영화에서는 그걸 넘어 온전히 그만이 가능한
연기를 보여주었다"고 덧붙였다.

흥미로운 대목은 장국영에 대한 회고다. 왕가위는 "당
시 장국영은 양조위의 실제 아내인 유가령이 된 것처럼 연기
하며 확실하게 그를 밀어주었다"고 회상했다. 장국영이 스스
로 "난 그냥 유가령을 그대로 따라 할 거야, 그래야 양조위도
안 헤매고 잘 받을 테니까"라고 말했다는 것이다. 왕가위는 그
정도로 장국영이 너그러운 사람이었다고 추억했다.

이어 존 파워스가 대중의 고정관념을 대변하듯 질문을
던진다. "두 배우의 페르소나가 워낙 강렬해서 배역이 실제 모
습처럼 느껴질 정도다. 양조위는 지조 있고 점잖은 쪽, 장국영
은 방탕한 쪽으로 느껴지는데 실제로는 어떤가?" 이에 대해
왕가위는 "사실 어떤 상황이냐에 따라 두 사람 모두 어느 쪽도

될 수 있다"고 답한다. 감독이 관객과 같은 고정관념에 매몰되어 연출한 것이 아니라는 사실은 반가웠으나, 한편으로 왕가위가 이미 이때 두 배우를 동등한 위치(혹은 페르소나의 교체 시점)에 두고 있었다는 사실은 내게 적잖은 충격을 주었다.

　　이러한 양조위의 기만적인 이미지는 왕가위의 영화 밖에서도 유효하다. 〈무간도〉(2003)에서 유덕화와 비교해보면 더욱 명확해진다. 원래 삼합회 조직원이었다가 경찰이 된 유건명(유덕화)은 탐욕스럽게 느껴지는 반면, 경찰임에도 오랜 시간 삼합회 언더커버로 살아온 진영인(양조위)은 그저 불쌍하게만 보인다. 냉정하게 기간만 따져보자. 사실상 조직 생활보다 경찰 생활을 더 오래 한 유건명보다, 조직원으로 인정받기 위해 온갖 범죄 현장을 누볐을 진영인이 훨씬 더 나쁜 일을 많이 했을 것이다. 그런데도 우리는 왜 진영인을 동정하며, 그를 빨리 빼내주지 않는 황 국장(황추생)을 원망하게 되는 걸까.

　　비교해볼수록 장국영과 유덕화처럼 세상 투명한 배우가 또 어디 있나 싶다. 그런데 유독 양조위만은 다르게 읽힌다. 현실과 픽션을 넘나들며, 단순히 '사려 깊고 착해 보인다'는 표현만으로는 설명이 부족하다. 비슷한 분위기를 풍기는 배우는 차고 넘치기 때문이다. 본질적인 질문은 이것이다. 우리는 왜 매번 알면서도 양조위라는 인간에게 속고 마는 것일까.

발 없는 새는 돌아오지 않는다

부에노스아이레스를 떠나 대만 타이베이로 향한 요휘는 정말 홍콩으로 돌아갔을까. 나는 영화 촬영지에 직접 가보면 너무나 쉽게 풀리는 의문들이 있다고 늘 생각하는데, 〈해피 투게더〉의 마지막 대만 촬영지인 타이베이 랴오닝(遼寧) 야시장과 중샤오푸싱(忠孝復興) 역에 가보니 요휘가 지하철을 타고 던진 마지막 대사의 의미가 무엇인지, 그리고 그가 진짜 홍콩으로 돌아갔는지 아닌지를 알 수 있었다.

먼저 왕가위 감독은 〈열혈남아〉의 티우겡렝 판자촌, 〈아비정전〉의 시무어 테라스나 구룡성채, 〈중경삼림〉의 카이탁 공항과 중경빌딩처럼 사라지는 것들에도 관심이 많았지만, 한편으론 〈중경삼림〉의 미드레벨 에스컬레이터나 〈화양연화〉의 앙코르와트 사원처럼 자신의 영화에 특정 장소를 처음 등장시키는 것에도 관심이 많았다. 〈해피 투게더〉에서 아르헨티나 땅끝마을 우수아이아의 빨간 등대와 함께 영화의 라스트를 장식하고 있는 대만 타이베이의 지하철 원후선(文湖線) 역시 그러하다.

〈해피 투게더〉 촬영 당시인 1996년 3월에 개통한 원후선은 대중교통으로는 드문 모노레일 지상철이다. 참고로 우리나라 최초의 대중교통 모노레일은 '하늘 열차'라고도 불리는 대구 지하철 3호선으로 2015년부터 운행을 시작했다. 원후선의 개통 소식을 접한 왕가위는 당장 대만 타이베이 장면에

서 이를 써먹었다. 스린, 라오허제, 닝샤, 화시제까지 흔히 타이베이의 4대 야시장이라 불리는 곳이 아닌 랴오닝 야시장을 촬영지로 택한 이유도 아마 이 원후선 모노레일을 활용하기 위함이 아니었을까 싶다.

　　물론 〈타락천사〉에도 지상철이 중요하게 등장하긴 하

지만 너무 빠르고 삭막하다. 반면 모노레일은 속도가 빠르지 않은 대신 소음이 거의 없고 곡선 구간도 많으며, 기존 지하철과 달리 앞뒤에 창이 있어 정면 풍경을 볼 수 있다. 〈중경삼림〉의 미드레벨 에스컬레이터처럼 천천히 경치 구경하기 좋은 전동차가 바로 모노레일인 것이다. 〈해피 투게더〉의 마지막 장면은 양조위가 유선 이어폰을 꽂고 등장해 터틀스의 'Happy Together'가 흐르는 가운데 이 신상 모노레일의 장점을 십분 활용했다. 인물의 이동 방향을 드러내는 정면으로 타이베이의 야경이 펼쳐졌고, 모노레일이 기역(ㄱ) 자로 꺾이며 그가 어디로 갈지 알 수 없는 모호한 느낌을 배가시켰다.

　　막상 원후선을 타보니 왕가위가 이를 택한 이유를 왠지 하나 더 알 것 같았다. 바로 이 모노레일이 홍콩섬 북부를 가로지르는 트램과 굉장히 유사했던 것이다. 〈아비정전〉에서 장만옥과 유덕화가 길을 걸을 때 배경으로 등장했던 트램은, 홍콩섬과 구룡반도를 오가는 스타페리처럼 매년 없어질 것이라는 소문 속에서도 여전히 살아남은 홍콩의 상징적 교통수단이다. 원후선의 맨 앞에서 팔을 괴고 바깥 풍경을 바라보고 있던 양조위는 마치 홍콩에서 트램의 2층 맨 앞자리에 앉아 있는 것과 같은 기분을 느끼지 않았을까.

린광(麟光) 역으로 향하는 마음: 제자리로 돌아가지 않는 여행

그렇다면 이제 그가 과연 홍콩으로 돌아갔는지 아닌지를 알아볼 때다. 결론부터 말하자면 그는 홍콩으로 가지 않았다. 원후선에서 랴오닝 야시장과 가장 가까운 역은 난징푸싱(南京復興)이지만, 영화는 난징푸싱 역보다 한 코스 남쪽인 중샤오푸싱 역에서 오르내리는 사람들을 보여준다. 그렇다면 요휘는 원후선 북쪽에 있는 송산국제공항 방면으로 향하는 게 아니라는 걸 알 수 있다. 요휘가 도보 여행을 즐기다 다른 역에서 탔을 수도 있고 영화의 편집 순서가 다를 수도 있지 않냐고 반문할 수 있겠지만, 다행히 영화는 요휘가 향하고 있는 다음 역을 모노레일 내 전광판으로 친절히 보여준다.

바로 요휘의 머리 위로 다음 역이 '린광(麟光)'이라고 뜨는 것이다. 중샤오푸싱 역에서 남쪽으로 네 코스를 더 가야 나오는 역이다. 영화에는 모노레일이 도심에서 왼쪽으로 꺾이는 풍경도 있는데, 린광 역으로 가려면 그렇게 한 번 꺾여서 가야 한다. 물론 비행기는 아무 때나 탈 수 있는 게 아니니 다음 날 공항에 갈 수도 있겠고, 왕가위 역시 인터뷰에서 "요휘가 홍콩으로 돌아갔는지 어쨌는지 알 수 없다"고 했지만, 어쨌건 영화는 요휘가 이동하는 방향을 굳이 보여준다. 중요한 건 그가 정확히 어디로 가는지 알 수 없다는 사실이 아니라, 요휘와 보영이 다시는 1997년 이전으로 돌아가지 못할 것이라는 점이다.

돌이켜보면 왕가위 영화에서 다시 제자리로 돌아간 작품은 없었다. 주로 장국영이 그 희생양이 되긴 했는데, 〈아비정전〉의 필리핀, 〈동사서독〉의 사막, 〈화양연화〉의 앙코르와트 사원 등 실존 인물을 다룬 〈일대종사〉를 제외하고는 언제

*
중샤오푸싱역
입구(왼쪽)와
영화에서도 볼 수
있는 외관(오른쪽).
ⓒ주성철

나 시작과 끝의 장소가 달랐다. 기본적으로 왕가위 영화가 로드무비라면, 언제나 목적지를 정하지 않은 여행이었다고나 할까. 굳이 제자리로 돌아간 영화를 꼽자면 〈열혈남아〉일 텐데, 그 종착지는 결국 죽음이었다. 〈아비정전〉에서 장국영이 얘기한 '발 없는 새' 이야기처럼, 날아가다 지치면 바람 속에서 쉬고 평생 딱 한 번 땅에 내려앉을 때, 즉 제자리로 돌아갈 때가 바로 죽을 때인 것이다. 그처럼 왕가위의 여행은 언제나 돌아오지 않는 여행이었다.

그래서 "언제 다시 만날 수 있을지 모르지만, 한 가지 확실한 건 그가 보고 싶으면 어디서 만날 수 있을지 안다는 것이다." 요휘의 이 마지막 내레이션은 새로운 관계의 시작을 알리는 암시다. 부에노스아이레스에서 헤어지기 전, 장첸이 언급했던 우수아이아 등대 사진을 랴오닝 야시장에서 마주하며 그의 행방을 확인했기에, 이 말은 막연한 그리움을 넘어선 재회의 예고가 된다. 그런데 왕가위 영화에서 제자리로 돌아가고, 헤어진 사람과 어딘가에서 다시 만난다는 내레이션은 너무나도 생경하다. 〈해피 투게더〉의 마지막에 남은 이가 양조위인 이유가 바로 거기 있는 것 아닐까. 농담 삼아 얘기하자면, 〈중경삼림〉의 마지막에 남은 그처럼 왕가위 영화에서 소재 파악이 가능한 유일한 남자가 바로 양조위이기 때문이다.

"우리 다시 시작하자"라는 헛된 다짐,
그리고 새로운 미래

결국 요휘가 홍콩으로 돌아갔느냐 아니냐가 중요한 게 아니라, 보영과 요휘의 '다시 시작하자'는 말이 얼마나 헛된 얘기였는지를 참담하게 확인하게 되는 결말이 중요하다. 관계의 원상회복은 힘들게 되었고, 대신 새로운 관계를 시작할 정도로만 회복되었다. 실제로 영국 유학을 다녀온 장국영이 과거의 영국이고, 대만 출신이지만 어쨌건 만다린 보통화를 쓰는 장첸이 미래에 다가올 중국이라고 한다면 지나친 비약일까. 어쨌건 서로 다른 모든 것들이 흐르고 흘러, 거스르고 싶어도 운명처럼 결국 이구아수 폭포에서 하나로 만난다.

훗날 〈화양연화〉의 종착지로 인적 드문 앙코르와트 사

원을 택했듯, 〈해피 투게더〉를 홍콩의 정반대 편인 땅끝 우수아이아 등대에서 마무리하려 했던 왕가위. 그런 그가 굳이 '제자리'인 홍콩으로 돌아오기 직전, 즉 부에노스아이레스의 차가운 블루톤과 완전히 대비되는 따뜻한 옐로톤의 간판으로 가득한 랴오닝 야시장까지 보여주며, 요휘가 드디어 자신의 고향을 코앞에 둔 대만 타이베이까지 와서 마치 관객과 밀당하듯 영화를 끝맺은 이유는 무엇일까. 안타깝지만 장국영이라는 절대적 페르소나를 떠나보내고 양조위와 새로운 필모그래피를 이어가게 될 것을 직감한 왕가위의 머뭇거림 같은 것이 아니었을까. 왜냐하면 그 마지막 내레이션이 왕가위 영화 중에서 굉장히 드물게 '미래'를 얘기하는 대사였기 때문이다. 왕가위는 〈해피 투게더〉에 대해 "삶의 어떤 시기가 지났음을 보여주는 마침표 같은 영화"라고 했다. 폭포는 물의 끝이고, 등대는 땅의 끝이다. 왕가위는 바로 거기서 새로운 미래를 꿈꾼 것은 아닐까?

　〈해피 투게더〉는 〈아비정전〉과 〈동사서독〉에 이어 장국영과 왕가위의 마지막 영화다. 장국영을 향한 왕가위의 작별 인사이자 그의 페르소나가 장국영에서 양조위로 교체되는 전환의 순간이다. 나아가 〈타락천사〉를 함께했던 마크 리핑빈 촬영감독과 〈화양연화〉에서 본격적으로 합을 맞추기 전, 오랜 파트너였던 크리스토퍼 도일에게 건네는 마지막 안녕이기도 하다. 그래서 "우리 다시 시작하자"라는 그 유명한 대사는 보영과 요휘도 아닌, 왕가위가 스스로에게 하는 다짐이었다.

양조위의 6관왕 뒤엔 장국영이 있었다

홍콩을 대표하는 영화상은 금상장이다. 이는 대만의 금마장, 중국 본토의 금계백화장과 더불어 중화권 3대 영화상으로 꼽힌다. 그중 1962년에 시작된 금마장이 가장 오랜 역사를 자랑하며, 금상장은 1982년에 첫발을 뗐다. 코로나 팬데믹 여파로 2021년 시상식이 취소되면서 지난 2025년에 제43회 행사가 열렸는데, 이 43년의 역사 동안 남녀 연기상을 가장 많이 거머쥔 배우는 역시 양조위(6회)와 장만옥(5회)이다. 1995년 제14회 때 〈중경삼림〉으로 첫 남우주연상을 받은 양조위는 이후 〈해피 투게더〉(1998), 〈화양연화〉(2001), 〈무간도〉(2003), 〈2046〉(2005), 그리고 〈골드핑거〉(2024)까지 총 6번의 수상을 기록했다. 후보 지명 12번 중 절반을 수상으로 연결한 셈이다.

　　이러한 금상장의 수상 기록을 언급하는 이유는, 왕가위 영화의 페르소나가 장국영에서 양조위로 넘어가는 거대한 변화의 흐름을 고스란히 투영하고 있기 때문이다. 만약 〈아비정전〉 때처럼 장국영이 합류했다면, 현재 우리가 아는 〈중경삼림〉의 절묘한 균형—1부의 금성무와 2부의 양조위가 이루는 대칭—은 무너졌을지도 모른다. 〈아비정전〉 역시 초기 구상은 1부의 장국영과 2부의 양조위가 동일한 '아비' 캐릭터로 등장하고 유덕화가 그 사이를 오가는 구조였으나, 결국 장국영 원톱 영화로 귀결되지 않았던가. 결과적으로 장국영의 거절이 지금의 〈중경삼림〉을 만든 셈이다. 팬으로서는 장국영과 금성무의 조합이 궁금하기도 하지만, 이 역시 〈중경삼림〉의 운명이라 하겠다. 오우삼의 〈적벽대전〉(2008) 주인공 자리가 주윤발의 고사 끝에 양조위에게 돌아갔던 유명한 일화처럼 말이다.

엇갈린 주연상, 무대 위에 오르지 못한 전설

양조위가 남우주연상을 6번이나 휩쓰는 동안 장국영의 성적 표는 어떠했을까. 안타깝게도 장국영은 금상장에서 〈아비정전〉으로 남우주연상을 단 1회 수상했을 뿐이다. 양조위의 6회 수상 중 절반은 장국영 사후의 기록이지만, 두 사람은 같은 해 후보로 여러 차례 경쟁하기도 했다. 1995년 양조위가 〈중경삼림〉으로 주연상을 받을 때 장국영은 〈금지옥엽〉으로 후보에 올랐다. 당시 여우주연상은 〈중경삼림〉의 왕페이를 제치고 〈금지옥엽〉의 원영의가 받았으니, 두 영화가 남녀주연상을 사이좋게 나누어 가진 격이다. 한편, 그해 최우수작품상과 감독상 부문에서는 〈동사서독〉의 왕가위와 〈중경삼림〉의 왕가위가 대결을 벌였고, 결과는 〈중경삼림〉의 승리였다. 상대적으로 기술적 성취를 인정받은 〈동사서독〉은 촬영상(크리스토퍼 도일), 미술상(장숙평), 의상상(장숙평)을 받는 데 그쳤다.

더욱 서글픈 대목은 〈동사서독〉의 장국영이 남우주연상 후보에조차 오르지 못했다는 사실이다. 뿐만 아니라 유일하게 주연상을 안겨준 〈아비정전〉 시상식 때조차 장국영은 자리에 없었다. 공식 은퇴 선언 후 캐나다로 건너가 영화 수업을 듣던 중이라 나중에 홍콩에 돌아와 트로피를 수령했다. 1983

년 제2회 시상식 당시 〈열화청춘〉으로 유일한 20대 남우주연
상 후보에 오르며 일찍이 인연을 맺었던 그였지만, 결국 장국
영은 평생 금상장 시상대 위에 수상자로서 직접 오르는 영광
을 누리지 못했다.

　　이 운명의 엇갈림이 정점에 달한 순간은 〈해피 투게더〉
였다. 장국영과 양조위가 나란히 후보에 올랐으나 수상의 영
예는 양조위 단독에게 돌아갔다. 공동 수상을 결정해도 무방
했을 만큼 두 사람의 앙상블은 훌륭했지만, 결과적으로 내레
이션의 주인인 양조위가 '진짜 주연'임을 공인받은 셈이 되었
다. 왕가위의 페르소나가 완전히 교체되었음을 선포하는 자리
나 다름없었다. 금상장 역사에서 공동 수상은 1983년 〈제방
소수〉의 홍금보와 〈최가박당〉의 맥가가 유일하며, 같은 영화
의 주인공들이 공동 수상을 한 전례는 없다. 〈영웅본색〉의 적
룡과 주윤발, 〈무간도〉의 유덕화와 양조위가 맞붙었을 때도
각각 주윤발과 양조위가 단독 수상의 기쁨을 누렸다.

　　특히 〈무간도〉가 작품상과 감독상 등 주요 부문을 휩쓸
던 2003년, 장국영은 〈이도공간〉으로 마지막 남우주연상 후
보에 올랐다. 시상식은 그가 세상을 떠난 지 불과 닷새 만인 4
월 6일에 열렸다. 끝내 그는 자신의 자리를 비워둘 수밖에 없
었고, 그렇게 양조위의 시대가 완연히 열렸다.

«
2015년 6월 8일, 중국
홍콩에서 열린 예술
훈장 수여식에 참석한
양조위와 유가령.
ⓒ게티이미지코리아

고흐 스트리트의 두 연인,
양조위의 '류맹'과 장국영의 '아비'

"새해는 무슨 새해야, 그냥 살아가는 거지."

마치 넷플릭스 드라마 〈폭싹 속았수다〉 속 "살면 살아진다"라는 대사를 연상시키는 이 말은, 영화 〈류맹의생〉(1995)에서 '양아치 의사' 혹은 '츤데레 의사'라 불리는 양조위가 새해 파티를 제안하는 사람들을 물리치며 투덜대듯 내뱉은 대사다. 이 장면을 무척 좋아한다. 1년 365일 중 4월 1일이 되면 우리가 자동적으로 장국영을 떠올리듯, 연말연시가 되면 SNS에 이 대사가 담긴 양조위의 '짤'이 넘쳐나기 때문이다.

비록 많은 이들이 이 장면이 어떤 영화인지도 모른 채 공유하곤 하지만, 양조위 역시 1년 중 단 하루라도 그를 무조건 떠올리게 만드는 영구적인 기록을 남긴 셈이다. 덕분에 우리는 앞으로도 계속 양조위를 잊지 않고 살아가게 될 것이다. 그래서 이 짤을 처음으로 발굴해 쓰기 시작한 사람을 찾아가 밥이라도 한 끼 사주고 싶은 마음이다.

〈류맹의생〉은 국내에서 개봉했음에도 현재 포털 사이트에 개봉일조차 표기되지 않았을 정도로 본 사람이 드문 영화다. 원제는 〈류맹의생(流氓醫生)〉인데, 안타깝게도 국내에서는 제목이 잘못 와전되어 줄곧 〈류망의생〉으로 불려왔다. 현재 OTT나 IPTV에서도 〈양조위의 류망의생〉이라는 제목으

새해는 무슨 새해야
그냥 살아가는 거지

»
새해 인사하는 양조위
영화 속 장면(위)과
실제 촬영 장소인
카우키 누들 바로 옆
안화리(安和里, On Wo
Ln)(아래). ⓒ강병무

로 소개되고 있지만, 중국어 발음인 '리우망'을 고려하더라도
이 글에서는 원제인 '류맹'을 따르려 한다.

　　여기서 '류맹'은 일정한 거처 없이 떠돌아다니는 유랑
민을 뜻하기도 하지만, 중국 문화대혁명기를 거치며 불량한
건달이나 양아치 같은 이들을 일컫는 단어로도 쓰였다. '의생
(醫生)'이 의사를 뜻하니, 양조위가 연기한 빈민가 의사 캐릭터
는 '건달 의사'라 할 수 있다. 재미있는 점은 괴팍한 천재 의사
를 다룬 인기 미드 〈하우스(House)〉가 홍콩에 소개될 당시의

제목 역시 바로 이 〈류맹의생〉이었다는 사실이다.

류맹과 아비, 혹은 '요크'라는 이름의 연결고리

나아가 유행에 민감해 독특한 복장과 헤어스타일로 거리를 활보하는 청춘들 역시 그렇게 불리곤 했다. 이 대목에서 자연스럽게 떠오르는 단어가 바로 〈아비정전〉의 '아비(阿飛)'다. 상하이와 광동 지방에서는 이런 부류를 '아비'라 불렀는데, 실제로 두 단어를 합쳐 '리우망아페이(류맹아비, 流氓阿飛)'라고 부르기도 했다.

〈아비정전〉 속 장국영의 캐릭터를 예전에는 '아비'라 칭했지만, 최근에는 작품 속 실제 이름인 욱자(旭仔)의 표기법을 따라 '요크'라고 부르는 경우가 많다. 아비라고 불러도 틀린 것은 아니지만, 인물의 이름인 요크라고 부르는 것이 더 정확할 것이다. 생각해보면 '류맹'을 연기한 양조위와 '아비'를 연기한 장국영은 이미 '류맹아비'라는 한 몸으로 연결되어 있었던 셈이다. 앞서 〈아비정전〉과 〈중경삼림〉 속 두 사람의 첫 등장을 엮어 이야기했듯, 왕가위의 영화 속에서 서로 만나지 못하거나(아비정전), 혹은 만나며(동사서독) 함께 출연했던 두 사람은 양조위 홀로 출연한 〈중경삼림〉의 시간을 지나 결국 〈해피 투게더〉에서 다시 한 몸으로 만날 운명이었던 것일까.

아비보다 '요크'라고 불러야 할 이유는 또 있다. 홍콩의 영화 데이터베이스인 HKMDB의 크레딧을 보면 〈아비정전〉에서 장국영은 '旭仔/阿飛'로, 양조위는 '下一個阿飛(周慕雲)'로 기재되어 있다. 여기서 '하일개(下一個)'는 '다음'이라는 뜻이니, 마지막 장면에 잠깐 등장했던 양조위 역시 2부를 책임질 '다음 아비'였던 것이다. 또한 양조위가 훗날 〈화양연화〉에서 연기하게 될 '주모운'이라는 이름을 이때 이미 가졌다는 점도 흥미롭다. 비록 〈아비정전〉이 장국영 중심의 이야기로 마무리되며 주모운이라는 아비를 제대로 만나지는 못했지만, 두 사람 모두 본질적으로는 '아비'였다는 사실은 변함없다.

빈민가의 닥터 베어, 양조위의 따뜻한 시선

〈류맹의생〉의 유문(양조위)은 빈민가에 진료소를 차리고 거리의 매춘부와 소외된 이들을 무료로 치료해준다. 그곳엔 각자의 사연을 지닌 사람들이 모여 산다. 친구의 낙태를 돕기 위해 왔다가 유문에게 반해버린 부잣집 딸 아미(양영기), 잠복근무 중 매춘부를 남몰래 사랑하게 된 경찰 아초(유청운) 등이 그들이다. 그러던 어느 날, 아초가 쏜 총에 범인이 부상을 입게 되고, 유문은 환자를 데려간 병원에서 동창생 자걸(두덕위)과 재회한다. 대학 시절 절친이었던 자걸은 유문과 같은 여자를 좋아하며 그를 시기해왔고, 유문의 공을 가로채는 것도 모자라 그를 의사직에서 퇴출하려 함정까지 팠던 인물이다. 한편, 자걸의 애인 제이미(종려제)는 10년 만에 나타난 유문을 보고 마음이 흔들린다.

«
다이파이동 싱흥유엔과
〈류맹의생〉 유문의
집이 있던 맞은편 건물.
ⓒ주성철

이 영화는 부론손의 일본 만화 《닥터 쿠마히게(곰치 의
사)》를 원작으로 한다. 신주쿠 뒷골목에서 활동한 재일교포 의
사를 모델로 삼은 이 작품은, 주인공의 외모 덕분에 국내에서
는 《닥터 베어》라는 제목의 해적판으로 큰 인기를 끌었다. 원
작의 주인공이 아주 거칠고 터프한 액션 만화 속 인물 같다면,
양조위가 연기한 유문은 확실히 무해하고 부드러운 느낌이다.
겉으로는 차갑고 매사 대충인 듯 보이지만, 실은 누구보다 섬
세하며 세상의 이치를 꿰뚫어보는 의사다. 뛰어난 실력을 갖
췄음에도 불공정한 의료 제도에 맞서 싸우는 인물이기도 하
다. 사람들에게는 "새해는 무슨 새해야, 그냥 살아가는 거지"
라며 무심하게 돌아서지만, 환자들과 금세 깊은 우정을 쌓는

»
〈유성어〉에서 장국영이
살던 집. ⓒ주성철

정 많은 사람인 것이다.

영화 속 빈민가이자 홍등가인 '등용 스트리트'로 등장
한 곳은 실제 셩완 지역의 '고흐 스트리트(Gough Street)'다.
홍콩을 방문해본 이라면 한 번쯤 무심코 지나쳤을 이 거리는
사실 '양조위 맛집'으로 유명한 장소다. 가이드북과 예능에 자
주 등장하는 '카우키 누들(九記牛腩)'과 토마토 누들집 '싱훙
유엔(勝香園)'이 마주 보고 있는 바로 그 길이다. 촬영 당시 사
진들을 보면 양조위와 제작진이 이 식당들에서 종종 식사했
던 것으로 보이는데, 카우키에서 양조위를 직접 봤다는 증언
은 드물지만 덕분에 '양조위 맛집'이라는 별칭이 붙게 되었다.
특히 싱훙유엔은 영화의 여러 장면이 직접 촬영된 장소이기도

하다.

싱훙유엔 위쪽 계단으로 조금만 올라가면 장국영의 영화 〈유성어〉(1999)에서 그가 살던 집 'Mee Lun House'가 나타난다. 붉은 벽돌 테두리가 있는 철제 대문이 인상적인 곳이다. 90년대 중반 홍콩영화의 침체기로 인해 대중적으로 덜 알려졌지만, 〈유성어〉는 장국영의 가슴 뭉클한 부성애 연기를 볼 수 있다는 점에서 무척 아끼는 영화다. 금융 대란으로 빈털터리가 된 증권 매니저 이조락(장국영)은 우연히 버려진 아이를 맡게 되고, 친부모가 나타날 때까지 5년 동안 아이를 아들처럼 아끼며 살아간다. 그러다 아이의 친엄마가 나타나며 벌어지는 이야기를 담고 있다. 찰리 채플린의 1921년 작 〈키드(The Kid)〉를 모델로 삼은 작품답게 영어 제목 역시 〈The Kid〉다.

장국영은 이 영화에 단 1달러의 개런티만 받고 출연한 것으로 유명하다. 당시 장지량 감독은 아시아 금융 위기로 실의에 빠진 홍콩 사람들에게 위로를 주기 위해 장동조, 왕가위 등 동료 감독 20명과 함께 '창의연맹'을 발족하고 제작비를 낮추는 캠페인을 벌였다. 장국영은 이 취지에 깊이 공감해, 상징적인 계약금 1달러만 받고 사실상 노개런티로 합류했다. 장지량 감독은 훗날 "저예산 독립영화나 다름없던 이 작품에 출연해준 장국영은 제작자나 다름없었다. 가난한 아버지 역할을 훌륭히 소화했을 뿐 아니라 홍보에도 적극적이었다"며 고마움을 표했다.

우리가 홍콩을 사랑하는 이유

"다른 시간, 다른 공간에서 스쳤다면 우리의 인연도 달라졌을까?"

왕가위 감독의 〈2046〉에서 주 선생(양조위)은 이렇게 읊조린다. 문득 상상해본다. 〈류맹의생〉의 유문과 〈유성어〉의 이조락이 고흐 스트리트에서 우연히 스쳐 지나가지는 않았을까? 싱흥유엔의 노천 식당 옆자리에 앉아 합석한 적은 없었을까? 심지어 두 사람은 같은 동네에서 마주 보며 살아가는 이웃이었다. 아마도 〈유성어〉 속 장국영은 아이가 아플 때면 근처 진료소에 있는 양조위를 찾아갔을 것이다.

이처럼 고흐 스트리트는 가장 껄렁한 모습의 양조위와 가장 인자한 모습의 장국영이 서로 마주 보고 있는 거리다. 비록 영화광의 과몰입된 상상일지 모르나, 바로 여기에 내가 홍콩을 사랑하는 이유가 있다. 누군가는 홍콩이 좁다고 말하지만, 영화라는 렌즈를 통해 바라보는 홍콩은 세상 그 어디보다 넓고 깊다.

〈해피 투게더〉 전등이
포함된 한정판 박스
세트. ⓒ주성철

10장

비밀을 묻은 시간
〈화양연화〉

멈춰버린 시간 속에 새겨진 양조위라는 고전

〈화양연화〉가 우리 시대의 '뉴 클래식'이라는 가장 강력한 증거는 아마도 2006년 제59회 칸영화제의 공식 포스터일 것이다. 당시 포스터는 계단을 오르는 장만옥의 뒷모습을 포착한 〈화양연화〉의 한 장면으로 장식되었다. 켄 로치의 〈보리밭을 흔드는 바람〉이 황금종려상을 받은 그해, 심사위원장이 왕가위였기 때문일 수도 있겠으나, 칸이 과거의 영화를 포스터로 소환하는 관례를 고려할 때 2000년 영화가 불과 6년 만에 포스터의 얼굴이 된 것은 실로 이례적인 일이었다.

2025년 제78회 포스터가 클로드 를루슈의 〈남과 여〉(1966)인 것만 봐도 알 수 있듯, 칸의 포스터는 주로 1960~70년대를 빛낸 고전들의 차지였다. 2018년 제71회는 장 뤽 고다르의 〈미치광이 피에로〉(1965), 2016년 제69회 역시 고다르의 〈경멸〉(1963), 2014년 제67회는 페데리코 펠리니의 〈8과 1/2〉(1963)이 장식했다. 배우에 집중했을 때도 제65회는 마릴린 먼로 사망 50주기, 제68회는 잉그리드 버그만 탄생 100주년을 기념하는 식이었다. 그나마 현대와 가까운 작품이었던 2022년 제75회의 〈트루먼 쇼〉(1998)조차 24년 전 영화였다. 그러니 개봉 6년 만에 칸의 얼굴이 된 〈화양연화〉의 위상은 독보적이라 할 만하다.

사실 〈화양연화〉는 6년 뒤에 벌어질 이런 영광을 전혀 알지 못했다. 2000년 칸영화제 출품 자체가 기적이었기 때문이다. 당시 칸 집행위원회는 미완성 상태였던 이 영화를 위해 공식 상영일을 영화제 마지막 날까지 미뤄주며 경쟁 부문에 초청했다. 오직 '왕가위'라는 이름만 믿고 보지도 않은 채 '찜'을 한 것이다. 영화제 카탈로그에는 '제목 미정'으로 표기되었고, 상영 당일 도착한 필름은 사운드 믹싱조차 끝나지 않은 가편집 상태였다. 그런 우여곡절 끝에 상영된 작품이 남우주연상(양조위)과 기술공헌상을 거머쥐었으니 실로 놀라운 신화의 시작이었다. 한편으로 상영 취소 위기에 식은땀을 흘렸던 칸영화제는 이후 다시는 이런 방식으로 작품을 받지 않겠다는 금령을 내리기도 했다.

아비의 망령을 걷어내고 피어난 '단 한 사람'의 연대기
〈화양연화〉는 왕가위 영화에 꾸준히 출연했으나 한 번도 한 화면에서 만난 적 없던 장만옥과 양조위가 커플을 이루면 어떨까 하는 아이디어에서 출발했다. 이는 프랑스 파리에서 왕가위와 식사하던 장만옥이 던진 제안이었고, 왕가위는 이에 신선한 충격을 받았다. 장국영이라는 거대한 존재에 가려져 있었지만, 장만옥과 양조위는 왕가위 세계관의 기둥이었다. 그런 두 사람이 투톱 주연으로 만난다는 사실은 그 자체로 파격이었다. 냉정히 말해 장만옥은 〈중경삼림〉의 양조위와 달리 그전까지 왕가위 영화에서 온전한 주인공이었던 적이 없었다. 〈아비정전〉과 〈동사서독〉에서는 서로 다른 에피소드에 머물렀고, 〈해피 투게더〉와 〈중경삼림〉에는 장만옥이 출연하지 않

아 접점이 없었다. 완전히 딴 세상에서 살던 두 존재가 마침내 커플로 묶인 것은 '모든 것은 결국 한 곳(폭포)에서 만난다'는 〈해피 투게더〉의 주제를 새롭게 확장한 셈이었다.

　　주 선생과 수리첸의 이 극적인 만남은 일종의 '운명'이었다. 왕가위는 장만옥의 아이디어를 듣자마자 "〈아비정전〉에서 미처 완성하지 못한 이야기를 이제야 할 수 있겠구나"라고 직감했다. 실제로 〈아비정전〉에서 장만옥이 연기한 소려진(蘇麗珍)과 결말에 잠깐 등장한 양조위의 이름인 주모운(周慕雲)을 〈화양연화〉에 그대로 가져왔다. 특히 〈아비정전〉 당시 양조위의 캐릭터 명은 정확히 '장국영에 이은 다음 아비 주모운(下一個阿飛 周慕雲)'이었다. 홍콩섬에서 요크(장국영)에게 실연당하고 경찰(유덕화)과 썸을 타다 침묵했던 수리첸과, 구룡성채의 방 안에서 통편집 위기를 딛고 살아남았던 또 다른 아비 주모운이 10년 뒤 커플로 재회할 줄 누가 알았을까. 왕가위 영화 특유의 운명론과 정서는 이 캐스팅만으로 이미 절반 이상 완성된 상태였다.

　　흥미로운 점은 왕가위가 오랫동안 매혹되었던 남미 문학 특유의 '난봉꾼' 캐릭터에 대한 미련을 초기에는 버리지 못했다는 사실이다. 애초에 그는 〈화양연화〉를 주 선생이 수리첸에게 복수하는 이야기로 구상했다. 〈아비정전〉의 첫 번째 아비 요크가 모든 여자에게 상처를 주었듯, 두 번째 아비 주모운도 그렇게 만들고 싶었던 것이다. 상대의 불륜을 알게 된 상황에서 "우린 그들과 다르잖아요"라고 말하는 수리첸에게 자존심이 상한 주 선생이, 그녀를 자신에게 완전히 빠지게 한 뒤 버리겠다는, 야심 차고도 황당무계한 복수 계획을 세운다는 설정이었다.

이런 '몰염치한 난봉꾼'에 대한 탐구는 마누엘 푸이그의 소설에서 시작해 장국영의 아비, 〈중경삼림〉의 금성무(하지무)로 이어져왔다. 하지만 양조위라는 배우는 누군가를 배신하거나 복수하는 이미지와는 거리가 멀었다. 〈중경삼림〉에서 왕페이를 기다리다 못해 가게를 인수해버린 남자, 〈동사서독〉에서 아내 유가령의 외도에도 그녀를 버리지 못하고 인내하던 맹무살수가 바로 양조위였다.

사실 〈동사서독〉에서도 원래 양조위는 구양봉 역이었고 장국영이 황약사 역이었으나 최종적으로 역할이 바뀌었다. (이들의 초기 캐스팅 역할은 오히려 〈동성서취〉에 그대로 반영되어 있다.) 어쩌면 양조위와 유가령이 부부로 만난 것 또한 운명이었을 것이다. 맹무살수가 김용 원작에도 없는 가상의 캐릭터임에도 왕가위가 끝까지 양조위를 캐스팅하고자 했던 이유는 무엇일까. 이는 〈해피 투게더〉에 앞서 '갈 것은 가고 올 것은 온다'는 거대한 변화를 예고한 것이 아닐까 싶다. 결국 왕가위 영화의 페르소나가 장국영에서 양조위로 옮겨갔다는 것은, 감독이 이제 혈기 왕성하고 제멋대로인 '난봉꾼' 캐릭터와 작별하고, 고독과 인내의 시간에 침잠하기 시작했다는 의미일 것이다.

1960년대 홍콩의 일부다처제와 〈화양연화〉

〈화양연화〉의 양조위를 새롭게 읽어내는 방법 중 하나는 당
시 홍콩의 '처첩(妻妾) 제도'와 연결해 영화를 바라보는 것이
다. 놀랍게도 영화의 배경인 1960년대 홍콩은 법적으로 일부
다처제가 허용되던 사회였다. 즉, 한 명의 남성이 동시에 여러
여성과 부부 관계를 맺는 혼인 제도가 실재했던 것이다. 이 제
도는 1969년부터 본격적으로 공론화되기 시작했고, 홍콩 정

부가 일부일처제 도입을 발표한 뒤 1970년 입법회의에서 '혼인제도개정조례'가 통과되었다. 그리하여 1971년 10월 7일이 되어서야 홍콩의 일부다처제는 공식적으로 종말을 고했다.

왕가위 감독과 극 중 주 선생의 고향인 상하이를 비롯한 중국 본토의 상황은 사뭇 달랐다. 중국은 1949년 중화인민공화국 성립 직후인 1950년, '혼인법'을 제정해 봉건적 잔재인 조혼과 강제 결혼, 다처제 및 첩 제도를 전면 철폐했다. 남녀 평등을 기반으로 한 일부일처제를 명문화한 것이다. 대한민국 역시 홍콩보다 20년 가까이 앞선 1953년, 민법 제809조를 통해 '배우자 있는 자는 혼인할 수 없다'는 조항을 두며 일부일처제를 확립했다. 영국의 식민지로서 선진 제도가 빠르게 뿌리내렸을 것 같은 이미지와 달리, 홍콩의 혼인법 정비는 늦어도 한참 늦었던 셈이다.

이러한 지체는 제2차 세계대전 이후 해방을 맞이한 한국·중국과 여전히 식민지로 남았던 홍콩의 차이에서 기인한다. 1842년 난징조약으로 홍콩이 영국령이 되면서, 영국식 법체계와 중국의 봉건적 관습이 공존하는 이중 구조가 형성되었기 때문이다. 영국인이나 서구식 결혼을 선택한 이들은 일부일처제를 따랐으나, 중국인 커뮤니티 내부에서는 여전히 다처제의 관습이 법적으로 허용되었다.

그러나 근대화가 급속히 진행되면서 첩과 그 자녀들이 법적 가족으로 인정받지 못하는 등 상속과 신분 문제에서 혼란이 가중되었다. 여성 권리 신장에 대한 요구와 법적 불평등을 해소해야 한다는 목소리가 커지자, 영국 당국 역시 제도 정비의 필요성을 절감했다. 결국 근대화에 따른 여성 인권 향상과 식민지적 법·문화 이중 구조의 척결이 맞물리며 '모든 결혼은 일부일처만 허용한다'는 원칙이 확립된 것이다. 이러한 시대적 배경은 〈화양연화〉 속 주 선생과 수리첸의 관계를 이해하는 중요한 열쇠가 된다.

영화의 배경인 1962년 홍콩은 일부다처제가 폐지되기 약 10년 전이지만, 도시화와 서구화가 진행되며 일부일처제적 가치관이 도덕적 규범으로 뿌리내리던 과도기였다. 극 중 주인공들이 서로에게 끌리면서도 끝내 불륜을 실행하지 못하는 이유는 단순한 개인의 성격 탓이 아니다. 그 이면에는 시대적 금기와 요동치는 제도적 변화가 깔려 있다.

1960년대는 첩 제도라는 구습과 일부일처제라는 신식 도덕이 공존하던 시기였으나, 영화는 이들의 관계를 결코 '두 번째 아내(첩)'의 가능성으로 다루지 않는다. 대신 철저하게 '불륜'으로 인식하며 그 경계를 넘지 않으려 애쓰는 모습을 보여준다. "우리는 그들과 다르잖아요"라는 강박적인 대사는 당대의 강제적 법규는 아니었을지라도, 그들 스스로가 내면화한 일부일처제라는 규범을 지키려는 의지에서 비롯된 것이다. 결국 〈화양연화〉는 낡은 관습의 시대가 가고 새로운 윤리의 시대가 도래하는 길목에서, 그 과도기의 진통을 가장 우아하고도 슬프게 담아낸 기록인 셈이다.

막장 치정극을 거부한 1962년, 양조위가 묻어둔 '비밀'

〈화양연화〉는 2000년에 제작된 1962년 홍콩 배경의 영화다. 그렇다면 실제 1962년의 홍콩 사람들이 실시간으로 극장에서 보던 멜로 영화들은 어땠을까? 제목의 결정적 계기가 된 가수 주선의 1940년대 곡 '화양적연화'를 가져올 만큼 당시 홍콩을 꼼꼼하게 연구한 왕가위 감독이 그 시대상을 모를 리 없다. 〈얼해유한〉(1962), 〈추엽명〉(1964) 등 당시 광동어로 만들어진 무수한 멜로물들은 주로 본처와 첩의 갈등을 다룬 드라마였다. 남성 주인공이 권력을 과시하려 여러 첩을 들이며 빚어지는 갈등, 혹은 첩으로 들어간 여성이 본처의 구박과 사회적 멸시 속에서 비극적 결말을 맞는 신파적 파국이 핵심이었다. 1960년대 배경은 아니지만, 허안화 감독의 〈경성지련〉(1984)이나 장만옥에게 베를린영화제 여우주연상을 안겨준 관금붕 감독의 〈완령옥〉(1992)에서도 그러한 시대적 공기가 잘 묘사되어 있다. 그 시절 남성은 주로 욕망에 휘둘리는 무능한 존재로, 여성은 전통적 가치와 신여성의 대비를 통해 사회적 전환기를 드러내는 존재로 그려졌다.

　　그러나 〈화양연화〉는 이 모든 관습을 거부한다. 전통적인 멜로 서사가 본처와 첩의 권력 투쟁이나 가족 내부의 신파에 집중했다면, 〈화양연화〉는 오로지 두 주인공의 내면에만 천착한다. 주 선생과 수리첸 각자의 배우자를 철저히 목소리로만 등장시킨 의도가 여기에 있다. 사실 이들의 만남은 '배우

자들이 불륜을 저지르고 있다'는 인지에서 시작되지만, 과연 그것이 사실인지는 끝내 확인되지 않는다. 어쩌면 배우자의 불륜은 서로에게 끌리던 두 사람이 선을 넘지 않기 위해 만들어낸 일종의 핑계 혹은 판타지였을지도 모른다.

실제로 촬영 현장에서 배우자의 목소리를 받아주며 연기한 것은 제3의 배우가 아닌 장만옥과 양조위 서로였다. 영화 속 인물들은 '이별 연습'을 하며 강박적으로 "우리는 그들과 다르잖아요"라고 되뇌는데, 이는 심리적 절제와 억눌린 욕망을 통해 팽팽한 긴장감을 형성한다. 이를 통해 수리첸은 첩도 본처도 아닌 주체적인 기혼 여성으로 거듭난다. 그녀는 다른 여성과 경쟁하는 대신, 오로지 자신의 욕망과 사회적 금기 사이에서 고귀한 절제를 선택한다. 그리고 이 선택이 가능했던 이유는 상대가 수리첸을 부추기거나 조종하려 들지 않는 주 선생, 즉 양조위였기 때문이다. 왕가위 영화에 등장한 수많은 인물 중 '공격적 욕망'이라는 단어와 가장 멀리 떨어져 있는 배우, 양조위이기에 가능했던 미학이다.

장국영의 적극성과 대비되는 양조위의 '소심함'이라는 미덕

돌이켜보면 〈화양연화〉는 "그와의 만남에 그녀는 수줍어 고개 숙였고, 그의 소심함에 그녀는 떠나가 버렸다"라는 오프닝 자막의 내용을 한 치도 벗어나지 않는다. 양조위는 이전 왕가위 영화에서는 볼 수 없었던, 특히 장국영과는 결코 어울리지 않았던 '소심함'의 정서를 완벽하게 구현한다. 장국영은 언제나 적극적이었고, 〈아비정전〉에서처럼 영화가 품은 비밀을 스스로 찾아 나서는 인물이었다. 반면 양조위는 〈해피 투게더〉에서는 테이프 레코더에, 〈화양연화〉에서는 앙코르와트의 벽구멍에 비밀을 알면서도 숨겨두는 쪽을 택한다.

만약 주 선생이 왕가위 특유의 '난봉꾼' 캐릭터였다면, 그는 수리첸을 유혹해 이혼하게 만든 뒤 자신의 첩으로 들여 결국 내쫓는 식의 복수를 감행했을 것이다. 실제로 당시 멜로 영화 중에는 그런 치정극이 꽤 많았다. 하지만 주 선생은 수리첸에게 그 어떤 강요도 하지 않으며, 두 사람은 끝내 서로를 떠나보내는 길을 택한다. 〈화양연화〉가 가족의 붕괴나 지저분한 치정 대신 숭고한 절제의 정서를 유지할 수 있었던 중심에는 양조위라는 배우가 있다. 〈아비정전〉이 한 명의 아비(장국영)를 바라보다 끝났고, 〈화양연화〉가 주 선생의 복수로 시작했다가 상대에 대한 동화로 끝난 데에는 다 이유가 있었던 셈이다.

이 모든 과정은 어쩌면 하나의 '꿈'과 같다. 〈중경삼림〉도 '캘리포니아 드리밍'과 '몽중인'을 OST로 활용해 현실 도피를 꿈꿨다면, 〈화양연화〉의 OST인 '유메지의 테마' 역시 그 증거다. 스즈키 세이준의 〈유메지〉(1991) 주제곡이었던 이 곡은 '꿈속의 길' 혹은 '두 개의 꿈'이라는 의미를 담고 있다. 이는 주 선생과 수리첸이 처한 상황에 대한 은유이자 정체성의 혼란을 드러내는 장치다. 왕가위가 1997년을 기점으로 그 앞뒤에 자리한 두 영화 모두에서 '꿈'이라는 컨셉에 이토록 매료 되었다는 사실은 의미심장하다. 그는 이 이별과 상실의 과정 이 마치 한낮의 꿈처럼 아름답고도 허망하게 기억되길 바랐던 것일까.

앙코르와트가 삼켜버린 풍경

〈화양연화〉는 〈아비정전〉의 배경인 1960년으로부터 2년이 흐른 1962년에서 시작된다. 그즈음 홍콩은 급속한 경제 성 장을 구가하고 있었고, 이러한 전환기의 모습은 영화 속 프로 덕션 디자인에 고스란히 투영되어 있다. 이를 상징하는 대표 적인 소품이 바로 주 선생과 수리첸이 골드핀치 레스토랑에 서 식사할 때 사용한 미국 브랜드 '파이어 킹(Fire King)'의 제 디트(Jadeite) 라인, 그중에서도 가장 유명한 '제인 레이(Jane Ray)' 찻잔과 접시다. 옥색의 오묘한 빛깔과 섬세한 빗살무늬 가 인상적인 이 식기는 지금까지도 빈티지 시장에서 활발히 거래되는 명품이다. 당시 홍콩이 동서양을 잇는 허브로 성장 하며 미국과의 무역량이 기존 영국을 앞질렀던 시대상을 보여 주는 대목이다.

또한, 일본 출장을 다녀온 수리첸의 남편이 당시 한국에 서도 큰 인기였던 이른바 '코끼리 밥통(조지루시)'을 사 오는 설 정은 묘한 향수를 자아낸다. 영화의 정서를 지배하는 '키사스 키사스 키사스(Quizás, Quizás, Quizás)' 역시 실제 왕가위의 어머니가 매우 좋아했던 곡으로, 당시 홍콩에 미국 대중문화가 깊숙이 스며들었음을 증명한다.

이러한 변화 속에서 홍콩 여성들의 삶도 바뀌기 시작했다. '유메지의 테마'가 흐르는 가운데 보온병을 들고 국수를 사러 가는 수리첸의 모습은 맞벌이 부부가 늘어나며 '테이크아웃' 문화가 일상이 된 풍경을 보여준다. 우메바야시 시게루가 작곡한 '유메지의 테마'는 인물의 심연 바닥까지 깔리는 듯한 선율로 관객의 마음을 흔들었는데, 이 곡에 애정이 깊었던 왕가위는 훗날 〈마이 블루베리 나이츠〉(2007)에 하모니카 버전으로 다시 싣기도 했다. 이 모든 변화의 핵심은 홍콩이 중국 본토와 별개라는 인식이 본격적으로 싹트기 시작했다는 점이다.

삭제된 풍경들: '이별 연습' 이면의 유쾌했던 순간들

과거에는 홍콩과 중국을 분리해서 보는 경우가 드물었으나, 언어의 경계와 경제적 격차, 그리고 홍콩만의 대중문화가 꽃피며 인식의 균열이 시작됐다. 특히 본토가 1966년부터 1976년까지 문화대혁명이라는 대격변에 휘말려 있을 때, 자유를 누리던 홍콩은 완전히 다른 시공간으로 접어들었다. 〈화양연화〉의 이야기가 1962년에 시작해 문화대혁명의 불길이 타오른 1966년에 마무리되는 것은 상징적이다. 왕가위는 중국 본토의 1966년이 곧 홍콩 화양연화의 끝이라고 본 것이다. 그날의 중국이 결국 1997년의 반환으로 이어지기 때문이다.

흥미롭게도 1962년은 왕가위가 상하이에서 홍콩으로 실제 이주한 해이기도 하다.

　　이러한 무거운 역사와 마주하며 영화의 구상은 끊임없이 변해갔다. 왕가위의 영화가 늘 그렇듯 살아있는 생명체처럼 요동칠 때, 그 '변덕'을 가장 너그럽게 받아준 배우가 바로 양조위였다. 해외 촬영이 무한정 길어지고 끝이 보이지 않는 일정 속에서도 주연 배우가 보여준 절대적 신뢰는 감독에게 큰 힘이 되었다. 어느덧 '왕가위가 시작하고 양조위가 끝을 맺는' 구도는 팬들에게도 익숙한 신뢰의 상징이 됐다.

　　이 구상의 변화는 영화의 최종적인 색채를 완전히 바꾸어놓았다. 완성된 〈화양연화〉는 절제된 대화가 주를 이루지만, 사실 왕가위는 촬영해놓고도 덜어낸 장면이 상당하다. 삭제된 장면들을 보면 두 사람이 유쾌하게 웃으며 호텔로 들어가고, 밀착해서 국수를 나눠 먹거나 흥겹게 춤을 추는 모습이 담겨 있다. 심지어 호텔 방에서 커다란 웍(Wok)을 들고 불을 피워 요리하다가 직원에게 지적받는 장면은 거의 주성치의 코미디처럼 느껴질 정도다. 최종판의 '이별 연습'이 애틋하고 슬프다면, 삭제된 장면들은 마치 '부부 연습'처럼 달콤하다. 이 장면들이 살아남았다면 우리가 아는 〈화양연화〉와는 전혀 다른 영화가 되었을 것이다.

　　팬들 사이에서 유명한 앙코르와트에서의 재회 장면 역시 결국 삭제되었다. 왕가위는 촬영을 이어가며 그런 노골적인 재회보다 침묵의 여백이 더 힘이 있다고 느꼈을 것이다. 마지막 촬영지가 캄보디아로 결정되고 양조위가 사원의 벽에 비밀을 속삭이는 장면에 이르러 영화는 비로소 완성됐다. 〈중경삼림〉이 시한부 인생을 살던 당시 홍콩의 은유였듯, 〈화양연화〉 역시 과거를 빌려 지금의 홍콩을 비춘다. 유년의 기억을 경유한 따뜻한 노스탤지어에 머물기에 1960년대의 홍콩은 너무나도 입체적이었다. 그것은 중국 본토, 나아가 아시아 전체의 역사와 떼려야 뗄 수 없는 운명 공동체였기 때문이다.

앙코르와트, 홍콩의 또 다른 자화상

〈해피 투게더〉와 〈화양연화〉 모두에 실제 뉴스 화면이 삽입되었다는 사실은 대단히 중요하다. 왕가위 감독이 자신의 탐미적인 미학과는 이질적인 보도 영상을 기어이 삽입한 데는 분명한 의도가 있다. 그것은 홍콩의 운명과 미래를 구체적인 역사의 시간 축 위에 위치시키려는 시도다. 〈해피 투게더〉가 아르헨티나라는 먼 타국에서 등소평의 사망 뉴스를 접하고 거꾸로 뒤집힌 홍콩 시내의 모습을 보여주었듯, 〈화양연화〉는 1966년 프랑스 드골 대통령의 캄보디아 방문 영상을 소환한다.

뉴스 속에는 드골 대통령이 프놈펜에서 시민들의 환호를 받으며 캄보디아 왕자와 왕비를 영접하는 장면이 담겨 있다. 당시 드골은 미군의 베트남 주둔을 강력히 비판하는 연설을 했는데, 그는 대만 국민당 정부 대신 중국 본토 공산당 정부를 합법 정부로 인정한 최초의 서구 지도자이기도 했다. 이듬해인 1967년에는 미국의 재키 케네디가 앙코르와트를 방문하는 등, 당시 캄보디아는 그야말로 격동하는 세계사의 중심이었다.

영화 속 1966년의 홍콩에서 수리첸은 옛 주인집인 손부인(반적화)의 집을 찾는다. 손부인은 홍콩의 장래가 걱정되어 딸아이가 미국으로 이민을 갔으며, 자신 또한 마작할 사람조차 남지 않은 홍콩을 떠나 미국으로 갈 계획이라 말한다. 이후 이 집에 돌아온 주모운(양조위) 위로 "그 시절은 지나갔고 이제 거기 남은 건 아무것도 없다"라는 자막이 흐르고, 무대는 캄보디아로 옮겨간다.

앙코르와트에 봉인된 비밀,
안개 속으로 사라진 홍콩의 시간

1966년으로 마무리되는 〈화양연화〉의 시대 배경은 이후 캄보디아에 닥칠 비극을 떠올릴 때 더욱 시사하는 바가 크다. 1969년부터 1972년까지 미국은 베트콩 보급로 차단을 명분으로 캄보디아에 무차별 폭격을 가해 수많은 민간인을 희생시켰다. 이는 극심한 반미 정서와 내전으로 이어졌고, 결국 폴 포트가 이끄는 크메르 루주의 집권이라는 파국을 불렀다. 1975년부터 시작된 '킬링 필드'는 약 200만 명이 학살당한 인류사 최악의 만행 중 하나다.

왕가위 감독은 공산 정권의 집권으로 참혹한 소용돌이에 휘말린 캄보디아, 그리고 화려했던 시절을 뒤로한 채 고대의 유물로 남겨진 앙코르와트를 보며 1997년, 나아가 2046년 이후 홍콩의 그림자를 보았을지도 모른다. 실제로 영화의 끝인 1966년은 중국 본토에서 문화대혁명이 시작된 해였고, 이듬해인 1967년은 홍콩에서 극심한 반영(反英) 시위가 일어난 가장 어두운 시기였다.

이러한 불길한 징후들 속에서 앙코르와트는 주모운과 수리첸의 비밀을 봉인한 사랑의 목격자인 동시에, 한 시대의 몰락을 지켜본 역사의 증인이 된다. 낡은 유물이 된 사원은 미래에 대한 불안이 깃든 홍콩의 또 다른 자화상이다. 또한 1997년 반환 직후에 프랑스 식민지였던 캄보디아의 유적지를 배경으로 택함으로써, 홍콩의 식민지 시절에 대한 작별 인사를 건네고자 했던 의도도 읽힌다.

이처럼 무거운 작별을 고하는 마음이 너무나 혼란스러웠기에, 주모운과 수리첸의 재회 장면은 끝내 영화에 어울리지 않았을 것이다. 비록 칸영화제 출품 시한에 쫓겨 급박하게 편집된 결말이라 할지라도, 왕가위는 이를 영화 속 두 인물의 운명 혹은 두 국가의 운명과 닮은 '영화적 숙명'이라 받아들였다. 운명은 언제나 명료하지 않은 법이다. "그는 지나간 날들을 기억한다. 먼지 낀 창틀을 통해 과거를 볼 수 있겠지만, 모든 것이 희미하게만 보였다"라는 마지막 내레이션의 모호함은 아마도 그 피할 수 없는 시대의 안개 때문이었을 것이다.

빌려온 시간의 끝에서 피어난 꽃

2010년대 들어, 홍콩영화계에서 신인 감독의 출현이 뜸해지며 생긴 갈증을 해소해준 이는 영화인이 아닌, 홍콩에서 나고 자란 소설가 찬호께이였다. 그의 소설 《13.67》은 대규모 반영 시위가 벌어졌던 1967년부터 우산혁명 직전인 2013년까지의 범죄 사건을 옴니버스 형태로 엮으며 홍콩이라는 도시국가의 변천사를 치밀하게 그려낸다. 이 소설의 마지막 단편인 〈빌려온 시간〉의 첫 문장은 강렬하다.

"알 수가 없다. 홍콩이 어쩌다 이렇게 변해버렸을까."

〈화양연화〉의 그 불길하고도 아름다운 엔딩은 바로 이 '빌려온 시간'이라는 다섯 글자로 온전히 설명된다.

1960년대 홍콩을 다루며 왕가위는 1997년 이후 자신의 미래를 예견한 듯하다. 그는 그 '빌려온 시간'을 이미 다 소진했다고 느꼈던 것은 아닐까? 〈아비정전〉의 흥행 참패를 〈동사서독〉으로 만회하려 했으나 더 큰 위기에 빠졌고, 〈중경삼림〉으로 겨우 기사회생했던 터였다. 직접 택동영화사를 차려 영화 외적인 살림살이까지 챙겨야 했던 그에게, 〈해피 투게더〉는 '이번이 아니면 언제 가능할까'라는 절박함으로 홍콩에서 가장 먼 곳으로 떠나 만든 영화였다. 30대의 끝자락에 촬영을 시작해 아르헨티나를 다녀오니 어느덧 40대가 되어 있었고, "다시 시작하자"던 내레이션이 무색하게 오랜 페르소나였던 장국영과는 작별을 고하게 되었다. 이제 그는 예술가이

자 제작사 대표라는 두 얼굴로 완전히 새로운 단계로 넘어가
야 했고, 그 지점에서 마주한 〈화양연화〉는 엄청난 도전이었
을 것이다.

흥행을 꿈꾸던 절박함, 예술이 되어 남다

결과적으로 역사적인 성공을 거두었기에 가려진 부분이지만,
40대의 왕가위가 처음 착수한 〈화양연화〉는 그만큼 힘들고
도 중요한 분수령이었다. 1997년 이후 자신의 미래가 이 영화
한 편에 달려 있었기 때문이다. 그래서 지금 보면 기이하고 우
스꽝스럽기까지 한 삭제 장면들을 보고 있자니, 왠지 모를 울
컥함이 밀려온다. '아, 왕가위가 이 영화로 정말 상업적인 성
공을 거두고 싶었구나. 장만옥과 양조위라는 스타가 있으니
그들의 달콤한 장면을 찍으면 흥행에 도움이 되리라 기대했구
나. 그런데 찍다 보니 이건 아니다 싶었구나'라는 생각에 이르
게 된다. 그 '꽁냥꽁냥'하던 장면들이 실은 흥행을 염두에 둔
몸부림이었다고 보면 충분히 납득이 간다.

　　프랑스 파리에 머무는 시간이 길었던 장만옥과 달리, 현
장에서 왕가위와 꾸준히 소통하며 묵묵히 자리를 지켜준 양
조위가 있었기에 이 걸작이 탄생할 수 있었다. 촬영 도중 양조
위가 던졌던 "수리첸을 향한 주 선생의 복수는 언제 시작되나
요?"라는 질문은 단순한 궁금증이 아니었을 것이다. 영화의
운명이 전혀 다른 행로를 향하고 있음을 직감한 배우의 예언
과도 같았다. '난봉꾼'과 '젠틀맨' 사이에서 갈팡질팡하던 왕

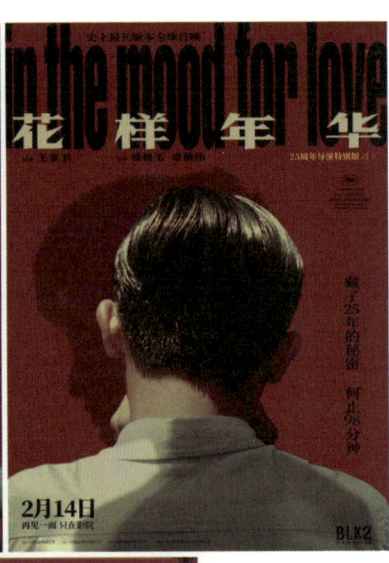

가위가 중심을 잃지 않게 곁을 지켜준, 든든하고 탁월한 예술가가 바로 양조위였다.

〈해피 투게더〉와 〈화양연화〉 사이에는 '1997년 홍콩 반환'이라는 거대한 기점이 존재한다. 반환 시점을 예술적 유통기한처럼 여기며 〈중경삼림〉과 〈해피 투게더〉를 만들었던 그에게, 〈화양연화〉는 '1998년 이후 나의 영화는 어떻게 될까'라는 근심의 발로였다. 왕가위가 사랑한 감독 중에는 〈하늘이 허락한 모든 것〉(1955)을 만든 더글러스 서크가 있다. 나치를 피해 미국으로 망명했던 서크처럼, 왕가위 역시 자신이 망명 감독이 될지도 모른다는 불안을 품었을 것이다. 당시 중국 본토는 엄격한 검열을 거치지 않은 영화들을 '지하전영(地下電影)'이라 부르며 탄압했다. 장위엔 감독의 퀴어 영화 〈동궁서궁〉(1996)이 오직 해외 영화제에서만 상영될 수 있었던 사례는 왕가위에게 남의 일이 아니었을 것이다.

지하전영 감독으로 살 것인가, 해외로 망명할 것인가. 막대한 제작비가 드는 그의 영화적 문법상 지하전영은 대안이 될 수 없을 터다. 그런 고민의 끝에서 그는 장만옥, 양조위와 함께 '인생에서 가장 아름답고 행복한 순간'을 뜻하는 〈화양연화(花樣年華)〉라는 제목을 들고 다시 홍콩의 1960년대로 향한 것이다.

물론 이 제목에 불길함만 담으려 했던 것은 아니다. 제목을 그대로 영어로 옮기면 'The Most Beautiful Days in Life'가 되겠지만, 공식 영어 제목은 〈In the Mood for

«
중국에서 재개봉할 당시의 〈화양연화〉 포스터들. 전화를 건 사람이 누구였는지, 앙코르와트에서 양조위의 속삭임이 누구에게 하는 말이었는지, 그림자로 보여주는 이미지가 무척 귀엽다.

Love〉다. 한자 제목이 이미 지나가 버린 과거를 회고하는 정
서가 강하다면, '사랑에 빠진 분위기'라는 뜻의 영어 제목은
바로 지금 이 순간, 현재진행형의 느낌을 준다. 그것은 어떤
방식으로든 희망을 놓지 않으려 했던 왕가위의 처절한 안간힘
이었을지도 모른다.

봉인된 목소리, 부재(不在)의 미학

마지막 촬영지에 대한 고민은 컸다. 영화 속 사건으로부터 다
소 거리를 두고 싶었기에 〈아비정전〉의 필리핀이나 〈해피 투
게더〉의 타이완처럼 완전히 다른 장소에서 영화를 끝내고자
했으나, 선뜻 결정을 내리지 못한 상황이었다. 시대 재현을 위
해 홍콩의 1960년대를 타이 방콕에서 촬영하는 기묘한 상황
속에서, 재키 팽 프로듀서가 캄보디아의 앙코르와트 사원을
마지막 장소로 추천했다. 왕가위는 그 순간 모든 퍼즐이 꿰맞
춰지는 기분을 느꼈다. 고대의 낡고 찬란한 유적 앙코르와트
를 보며, 언젠가 역사에서 사라져 그렇게 기억될지도 모를 홍
콩의 운명을 겹쳐 본 것이다. 여기에 "아직 영화에 한 번도 등
장하지 않은 곳"이라는 재키 팽의 한마디는 결정적이었다.
　　앞서 이야기했듯, 〈중경삼림〉의 미드레벨 에스컬레이
터나 타이베이 모노레일처럼 이제 막 생긴 장소, 혹은 〈아비
정전〉의 시무어 테라스와 구룡성채, 〈중경삼림〉의 중경 빌딩
처럼 이제 곧 사라질 장소는 왕가위가 언제나 사랑해온 공간

이었다. 옛것과 새것, 사라지는 것과 태어나는 것, 멈춰진 것과 움직이는 것 사이의 대비와 경계는 왕가위 영화에서 가장 강력한 시네마틱한 감흥을 만들어낸다. 고대의 유적 앙코르와트는 지금까지 그의 영화에 등장한 그 어떤 장소보다 그 경계를 초월하는 느낌을 주었으며, 불투명한 미래를 근심하는 왕가위의 예술적 망명지로도 더없이 어울리는 곳이었다. 그리고 이 충돌하는 유니버스에서 중심을 잃지 않을 존재는 오직 양조위뿐이었다.

　　〈화양연화〉의 앙코르와트는 〈해피 투게더〉에서 세상의 끝이라는 느낌을 주었던 이구아수 폭포나 우수아이아 등대에 필적할 만한 장소였다. 그 세상의 끝에서 모든 기억을 잊고자 했던 것처럼, 그 시기의 왕가위는 절대적인 무(無)의 이미지에 이끌렸다. 실제로 그는 앙코르와트가 최종 촬영지로 정해지기 전까지, 평소 존경해 마지않는 미켈란젤로 안토니오니의 〈일식〉(1962) 마지막 장면처럼 텅 빈 광장에서 영화를 끝내고 싶어 했다. 〈일식〉에서 주인공 빅토리아(모니카 비티)는 주식중개인 피에로(알랭 들롱)와 사랑에 빠지지만, 더 깊은 관계로 나아가기 힘들다는 것을 깨닫는다. 마지막 장면에서 카메라는 두 사람이 만나기로 한 장소로 향하지만, 그들은 나타나지 않는다. 카메라는 마치 살아있는 사람처럼 텅 빈 빌딩과 거리, 퇴근하는 직원들과 버스에서 내리는 사람들의 얼굴을 일일이 확인하며 그 자리에 서 있을 뿐이다.

　　모더니즘 영화의 걸작이라 불리는 〈일식〉의 마지막 장

면은 그처럼 인물들이 지워진 채 도시의 고독과 권태만이 남은 파격적인 결말이다. 두 사람은 부재하지만, 그 거리와 카메라의 시선은 직전까지 그들이 추구해온 사랑의 목격자로 남는다. 사람이 아닌 사물과 공간이 정서의 주체가 된 것이다. 〈화양연화〉의 주 선생과 수리첸도 〈일식〉의 연인들처럼 약속한 것은 아니었으나, 앙코르와트는 바로 그런 엇갈린 사랑의 관찰자가 되어 존재한다. 과거 〈일식〉의 한국 개봉 제목은 〈태양은 외로워〉였다. 만남의 무대가 될 뻔한 텅 빈 거리가 주인공이라면, 그들을 비춰줄 조명인 태양은 할 일이 없어 외롭다는 뜻이었을 텐데, 왠지 자신의 연출 의도를 알아준 것 같아 안토니오니가 좋아했을 법한 제목이다. 하지만 〈일식〉과는 달리 마지막에 '양조위는 외로워' 같은 느낌으로 등장한 주 선생은, 앙코르와트의 한구석에 대고 속삭이듯 자신의 이야기를 봉인한다.

주 선생은 앙코르와트에서 아무 말도 하지 않았다

"옛날에는 뭔가 말 못 할 비밀이 있으면 어떻게 했는지 아세요? 산에 가서 나뭇가지로 구멍을 만들어 말하고 진흙으로 봉인했어요." 주 선생이 어렵게 꺼낸 말에 직장 동료 아병은 "잠이나 더 자겠다"며 핀잔을 준다. 이 장면은 〈아비정전〉에서 장국영이 '발 없는 새' 이야기를 꺼냈을 때 유덕화가 보여준 리액션과 겹친다. 장국영이 삶의 끝을 이야기할 때나 양조위가 사랑의 끝을 이야기할 때, 주변 사람들은 철저히 무관심하다.

왕가위는 두 배우가 담아낸 그 '진심'의 무게를 강조하기 위해 굳이 이런 이질적인 반응을 배치했다. 왕가위 영화 전체를 통틀어 가장 결정적인 순간, 그들의 힘겨운 '헤어질 결심'은 주변의 핀잔 속에서 홀로 완성된다. 왕가위 영화의 페르소나가 장국영에서 양조위로 완전히 옮겨갔음은 이 닮은 듯 다른 상황의 반복을 통해서도 선명히 드러난다. 그렇게 주 선생과 수리첸이 헤어진 후인 1963년 싱가포르를 지나, 양조위는 앙코르와트에 가서 그 비밀을 영원히 가슴에 묻는다.

　양조위가 속마음을 봉인하는 장치는 〈해피 투게더〉에도 있었다. 장이 세상의 끝인 우수아이아에 간다고 하자 요휘는 실연당한 사람들이 슬픈 기억을 버리러 가는 등대가 그곳에 있다고 말한다. 그러자 장은 카세트 레코더를 꺼내 세상 끝에 묻어줄 테니 무슨 말이든 해보라고 제안한다. 이는 〈동사서독〉의 기억을 잊게 하는 술 '취생몽사(醉生夢死)'와 같은 맥락의 장치다. 사진이 아닌 소리로 누군가를 기억하겠다는 발상은 신선하다. 사진은 언제든 찍을 수 있지만, 그 순간의 상황과 감정을 담은 목소리는 오직 그때만 가능하기 때문이다. '순간의 영원성' 측면에서 녹음은 더 적절한 행위이며, 요휘가 묵은 감정을 털어내길 바라는 장의 배려이기도 하다.

　한편으로 그것은 "언제 다시 만날 수 있을지 모르지만, 한 가지 확실한 건 그가 보고 싶으면 어디서 만날 수 있을지 안다는 것이다"라는 요휘의 마지막 내레이션과 대구를 이룬다. 나중에 꼭 다시 만날 것을 이미 전제한 행동인 셈이다. 요휘는 장의 제안으로 앙코르와트의 주 선생처럼 울먹이며 어떤 말을 길게 녹음한다. 장의 입장에서는 요휘가 주방 전화기로 보영과 통화하던 모습을 지켜봤던 것과 별반 다르지 않은 상황이다. "입을 보여주지 않아 무슨 말을 했는지 알 수 없다"는 장의 내레이션이 이어진다. 나중에 우수아이아 등대에 간 장은 그 테이프를 들어보지만, 녹음이 잘 되지 않아 알아들을 수는 없다.

관객 역시 카세트 레코더나 손에 가려져 요휘가 진짜 무슨 말을 했는지 알 수 없다. 〈화양연화〉도 마찬가지다. 그는 어쩌면 아병의 말이 떠올라 자신의 행동이 부질없다 느끼고 그냥 가만히 서 있다 돌아갔을지도 모른다. 그런데 〈해피 투게더〉와 〈화양연화〉에서 각각 카세트 레코더와 앙코르와트 사원의 벽면을 통해 양조위의 입이 움직이는지 알 수 없게끔 가려서이기도 하지만, 그 장면들을 다시 마주할 때마다 양조위는 애초에 아무 말도 하지 않았던 것 같다는 생각이 든다. 1997년 홍콩 반환을 기준으로, 앞에 만들어진 〈해피 투게더〉와 뒤에 만들어진 〈화양연화〉 사이에서 '무엇이 달라진 것인가'라는 질문에 아무 말도 하고 싶지 않다는 왕가위의 '노코멘트의 미학'이 투영됐다면 지나친 말일까. 때로는 세상에 대해 아무 말도 하고 싶지 않다는 마음이 '침묵의 배우' 양조위를 통해 투영됐다고 느낀다. 그 침묵은 장국영보다 양조위에게 더 어울린다. 중요한 것은 들려주지 않음으로써 더 간절하게 들려주려 하는 〈해피 투게더〉와, 보여주지 않음으로써 더 깊게 보여주려 하는 〈화양연화〉의 결정적 순간을 양조위라는 존재가 완성하고 있다는 사실이다.

떠나려는 장국영과 돌아가려는 양조위

왕가위의 영화는 데뷔작인 〈열혈남아〉, 그리고 시대극인 〈동사서독〉과 〈일대종사〉를 제외하면 언제나 홍콩이 아닌 타지에서 끝을 맺는다. 〈중경삼림〉 역시 '캘리포니아 드리밍'이라는 노래를 빌려 홍콩을 떠난 것이나 마찬가지다. 40대라는 나이를 기점으로 왕가위 영화의 가장 중요한 화두는 '홍콩을 떠나는 것'이었고, 그 중심에는 불멸의 아이콘 장국영이 있었다. 다소 가볍게 표현하자면 '집 떠나면 고생'이라는 테마의 희생양이 바로 장국영이었던 셈이다. 〈아비정전〉, 〈동사서독〉, 〈해피 투게더〉로 이어지는 이른바 '장국영 3부작'의 키워드는 '유배'였다. 유배당한 장국영은 극 안에서 언제나 죽거나, 사라지거나, 혹은 버림받았다. 그렇기에 〈동사서독〉에서 구양봉(장국영)이 읊조리는 "누구나 산을 보면 그 너머엔 뭐가 있나 궁금해한다. 막상 산 너머에 가보면 별것도 없다는 걸 알게 되고 차라리 여기가 낫다고 여긴다"는 회한은 더없이 쓸쓸하고 울컥한 감흥을 준다.

　　바로 그 '차라리 여기가 낫다'는 정서의 주인공이 양조위다. 장국영 3부작의 주된 정서가 '유배'였다면, 〈중경삼림〉을 기점으로 〈해피 투게더〉, 〈화양연화〉, 〈일대종사〉로 이어

지는 왕가위의 또 다른 '양조위 3부작'의 키워드는 '귀향'이
다. 이 영화들 속에서 양조위는 언제나 혼자 집에 남겨진 자이
거나, 따뜻한 고향으로 돌아가길 갈망하거나, 애초에 집 밖으
로 떠날 생각조차 하지 못하는 인물로 그려진다. 심지어 〈동사
서독〉에서도 맹무살수(양조위)는 복사꽃이 만개한 고향으로 돌
아가 부인을 만날 날만을 꿈꾸는 남자였다. 이처럼 40대 이후
왕가위 영화의 핵심 화두는 '홍콩으로 돌아가는 것'으로 변모
했고, 그 중심에는 양조위가 서 있었다. 떠나려는 장국영과 돌
아가려는 양조위. 어쩌면 이 대비야말로 왕가위 영화의 스타
일과 미학에 대한 논의를 초월하는 가장 근원적인 정서일 것
이다.

　　미켈란젤로 안토니오니의 〈일식〉처럼 영화를 끝내고
싶었음에도 〈화양연화〉의 마지막 장면에 기어이 양조위만을
남겨둔 이유도 여기에 있다. 돌아가려는 홍콩이 비록 예전의
모습이 아닐지라도, 기어코 돌아가고야 말겠다는 그 간절한
마음. 그것은 〈중경삼림〉에서 그토록 집착했던 '유통기한' 따
위는 전혀 중요하지 않다는 뒤늦은 깨달음이기도 하다.

〈화양연화 특별판〉
주 선생과 수리첸의 헤어지지 않을 결심

〈화양연화〉(2000)는 주 선생이라 불리는 주모운(양조위)이 앙코르와트 사원의 구멍에 가서 속삭이는 장면으로 끝맺음된다. 끝내 입 밖으로 꺼내지 못한 비밀을 봉인하는 장면인데, 그가 무슨 얘기를 했는지는 알 수 없다. 어쨌건 그 장면은 왕가위가 칸영화제 경쟁부문 마지막 상영 일정에 맞추기 위해 편집 시간의 제약 속에서 완성한 결말이었다. 심지어 영화제 카탈로그에는 '제목 미정의 왕가위 영화'로만 표기되어 있었고, 겨우 도착한 〈화양연화〉는 사운드 믹싱 작업이 완전히 끝나지 않은 가편집 상태로 상영됐다. 놀랍게도 왕가위가 완성본을 최초 점검하는 '기술시사'를 칸에서 한 것이나 다름없다. 그런 작품에 남우주연상(양조위)을 안겨준 건 실로 놀라운 일이다. 한편, 경쟁부문 상영이 취소될 뻔한 초유의 사태를 겪은 칸영화제는, 이후 다시는 그런 식으로 작품을 받지 않게 된다. 칸영화제의 규정을 바꿔버린 영화라고나 할까.

이후 〈화양연화〉의 삭제 장면과 또 다른 결말이 인터넷에 돌아다녔는데, 〈화양연화〉 DVD와 블루레이에서도 볼 수 있다. 바로 앙코르와트에서 주 선생과 수리첸이 우연히 재회하는 장면이다. 수리첸이 주 선생에게 "나에게 한 번이라도 전화한 적 있나요?"라는 질문을 던진다. 영화에도 나오지만, 그는 그런 적 있었다. 〈화양연화〉 개봉 25주년 기념 〈화양연화

특별판〉이 4K 버전으로 중국 본토에서 개봉했을 때, 홍보 포
스터가 그러했다. 주 선생이 앙코르와트 사원에서 속삭이는
반대편에 수리첸의 그림자가 있고, 수리첸이 받을까 말까 고
민하는 전화기 뒤로 수화기를 든 주 선생의 그림자가 있었다.
맨 처음 그 포스터를 봤을 때, 그들의 엇갈리는 상황을 너무나
도 친절하고 직관적으로 표현하고 있어서 크게 웃었던 기억이
있다. 아무튼 그 또 다른 결말에서, 주 선생이 침묵으로 감정
을 감춰왔던 오리지널 결말과 달리 마음을 직접적으로 드러내
고 있어, 그들의 재회가 반가우면서도 당황스럽긴 했다. 다시
한번 '역시 오리지널이 낫구나' 하는 생각만 했다.

　　25년 동안 숨겨두었던 미공개 에피소드가 포함된 〈화
양연화 특별판〉이 담고 있는 세 번째 결말은 2001년을 배경
으로 한다. 우리가 알고 있는 오리지널 본편이 끝나면, 양조위
와 장만옥이라는 주연배우는 같되 〈화양연화 2001〉이라는
제목까지 붙은 채, 완전히 시공간이 다른 9분 분량의 영상이
마치 새로운 단편영화처럼 이어진다. 주 선생이 일하는 가게
에 매일 밤 수리첸이 찾아온다는 내용인데, 〈화양연화〉의 배
경이 1960년대였으니 배우와 역할도 같지만, 완전히 다른 단
편이라 보면 된다. 시대나 공간적 배경을 보자면, 〈중경삼림〉
에서 미드나잇 익스프레스를 중심으로 펼쳐지던 양조위와 왕
페이의 에피소드와 여러모로 흡사하다. 즉, 우리가 알고 있는
오리지널 본편에 삭제 장면이 더해지거나 해서 새로이 편집한
것이 아니라, 그 본편이 끝나고 〈화양연화 2001〉이라는 단편

이 마치 긴 이스터 에그처럼 이어지는 것이다. 왕가위는 이전에도 〈동사서독〉(1994)을 20여 년 만에 새롭게 재편집해 자막, 내레이션 등 구성 전체를 바꾼 〈동사서독 리덕스〉(2013)를 내놓은 바 있는데, 그때와 완전히 다른 방식인 것이다. 도대체 왜 이런 일이 벌어진 걸까. 본편의 감상이 훼손될 정도는 아니지만, 그 연출 의도가 궁금해진다. 이에 대해 왕가위는 "본래 의도에 가장 가깝게 완성된 버전"이라고 했다. 진정?

40년의 엇갈림, 주 선생과 수리첸

중요한 것은 〈화양연화 2001〉이 〈화양연화〉 오리지널 본편보다 먼저 촬영됐다는 사실이다. 왕가위가 얘기한 '의도'가 바로 거기 있다. "당신 영화에서 양조위와 내가 한 번도 만난 적 없는데, 둘이 이뤄지는 이야기는 어때요?"라는 장만옥의 제안으로 시작한 〈화양연화〉에서도 결국 둘의 사랑은 이뤄지지 않았다. 돌이켜보면, 두 사람의 어긋남의 역사는 무려 40여 년 전인 1984년까지 거슬러 올라간다. 앞서 이야기한 것처럼 배우로서 첫 만남인 TVB 드라마 〈84신찰사형〉에서 두 사람은 연인이었지만 결국 이뤄지지 않았고, 이어 만들어진 〈신찰사형속집〉에서도 양조위가 장만옥을 잊지 못해 괴로워하는 설정이었다. 심지어 그때도 마치 〈화양연화〉처럼 머뭇거리는 양조위를 두고 장만옥이 홍콩을 떠나는 설정이었다. 〈화양연화〉 이후 곧바로 만난 장이모우 감독 〈영웅〉(2002)에서는 또 어땠나. 흔들림 없는 관계라고 생각했던 파검(양조위)과 비설(장만옥)은 서로에 대한 질투심을 극복하지 못하고 너무 허무하게 무너지고 만다. 결국 비참한 결말을 맞게 되면서, 파검은 "둘 다 어리석었구나"라는 말을 남긴다. 〈화양연화〉의 주 선생과 수리첸의 모습도 그와 별반 다르지 않았다.

그런데 장만옥의 제안을 들은 왕가위의 첫 번째 의도는, 바로 주 선생과 수리첸의 사랑이 비로소 이루어진다는 걸 보여주고 싶었다는 것이다. 본편보다 먼저 촬영하면서, 두 사람이 과거가 아닌 현재의 시점에서 사랑이 이루어지는 이야기를 만들고자 했다. 물론 그러다 무언가에 꽂히면 애초의 구상과 캐스팅마저 아랑곳없이 직진해버리는 왕가위 스타일 그대로 1960년대의 이야기로만 〈화양연화〉가 만들어지게 됐지만, 최초의 의도는 세월이 흘러 9분짜리 〈화양연화 2001〉로 만들어진 것처럼 '주 선생과 수리첸의 헤어지지 않을 결심'을 그리는 것이었다. 〈2046〉(2004) 이후 한참 시간이 걸려 만들어지게 된 〈일대종사〉(2013) 역시 궁이(장쯔이)와 엽문(양조위)의 '헤어질 결심'을 그린 작품이었으니, 언제나 멜로영화를 만들어왔다고 할 수 있는 왕가위는 체질적으로 헤어질 결심에 더 이끌리는 예술가였다.

왕가위가 애초에 〈화양연화〉를 두 사람의 사랑이 이뤄지는 이야기로 구상했다는 점은 굉장히 중요하다. 그것이야말로 '화양연화'라 생각한 것이고, 무엇보다 〈아비정전〉 때부터 작품의 역할 이름으로 등장한 자신의 '애착 캐릭터' 주모운과 수리첸에게 마침내 '정확한 사랑의 결실'을 선물하고자 했기 때문이다. 비록 맨 처음 촬영한 그 장면들을 버리고 〈화양연화〉가 완성됐지만, 그들이 앙코르와트에서 재회하는 장면까지 기어이 촬영하고 담아내고자 했던 걸 떠올려보면, 왕가위가 마지막 순간까지 주모운과 수리첸을 다시 만나게 하려고 얼마나 안간힘을 썼는지 알 수 있다. 그것이야말로 〈아비정전〉 때부터 함께 한, 심지어 〈아비정전〉에서는 통편집하여 사실상 버리다시피 했던 주모운(양조위)과, 요크(장국영)에게 버림받고 경찰(유덕화)과의 새로운 사랑도 허락하지 않았던 수리첸(장만옥)과 아름답게 이별하는 것이라 생각했을까. 주모운, 수리첸과 함께 한 10년의 시간을 정리하고 근사하게 이별하는 것이야말로 자신의 '화양연화'의 마침표였을 수 있다. 주모운과 수리첸 두 사람에게는 미안하지만, 작품을 위해 그 장면이 필요하지 않다고 본 감독 왕가위의 단호한 선택. 그것은 한 예술가의 힘겹고도 위대한 결심이 아닐 수 없다.

왕가위 영화에 '2000년대'라는 시간대는 없다

두 번째 의도는 왕가위가 자신의 영화에서 처음으로, 1997년 홍콩 반환 이후의 홍콩을 담아내겠다는 것이었다. 미래의 판타지를 그린 〈2046〉과 해외에서 작업한 〈마이 블루베리 나이츠〉(2007)를 제외하면, 왕가위는 언제나 1997년 이전의 홍콩만을 카메라에 담아왔다. 〈아비정전〉(1990)과 〈화양연화〉는 1960년대 홍콩이 배경이었고, 〈동사서독〉과 〈일대종사〉(2013)는 각각 김용 작가의 원작과 엽문이라는 실존 인물을 다

론 시대극이었으며, 데뷔작 〈열혈남아〉(1988)를 포함해 〈중경
삼림〉(1994)과 〈타락천사〉(1995)는 현대 홍콩이 배경이었으나
모두 1997년 이전 영화였다. 1997년이라는 시대의 경계 위
에 있는 〈해피 투게더〉도 그 직전에 마무리되는 이야기였다.
즉, 왕가위는 1997년 중국 반환 이후의 홍콩을 그린 적이 없
다. 2023년 방영된 왕가위 최초의 TV 드라마인 30부작 〈번
화〉도 1990년대의 중국 상하이를 배경으로 삼고 있다.

　　말하자면, 왕가위 영화에 '2000년대'라는 시간대는 없
다. 〈중경삼림〉에서 그토록 '유통기한'에 집착하고, 모든 작품
에 강박적으로 시계를 등장시켰던 그가, 1997년 이후 홍콩의
시간은 멈춰버렸다고 생각한 것일까. 아니면, 그 이후의 홍콩
을 묘사하는 것이 두려운 것일까. 그래서 〈화양연화 특별판〉
은 1997년 이후의 홍콩이 담긴 최초의 왕가위 영화다. 그런데
그는 왜 이제야 그런 결정을 내렸을까, 비록 25년이 지나버린
과거의 영상이긴 하나, 왕가위가 새로운 시대와 만나고 싶다
는 간절한 바람처럼 보였다. 그래서 〈번화〉 이후의 '왕가위 유
니버스'가 진정으로 궁금하다. 그가 영화로 '현재 홍콩'과 마
주하게 될 날이 올까.

　　장만옥을 향한 선물

세 번째 의도는, 1990년대 〈아비정전〉부터 지금까지 변함없
이 영화적 동반자로서 '홍콩영화의 화양연화'를 함께 한 양조
위에게 존경을 바치고, 어느덧 배우 활동을 완전히 접은 것이

나 다름없는 장만옥에게 새로운 '신작'을 선물하는 것이었다. 잠깐 딴 얘기를 하자면, 장국영의 유작은 뭘까. 누구나 〈이도공간〉(2002)이라 얘기할 테지만, 공식 크레딧으로는 〈동사서독〉을 재편집한 특별판 〈동사서독 리덕스〉(2013)가 그의 신작이 된다. 그 또한 〈화양연화 특별판〉처럼 극장에서 정식 상영했으니 '신작 개봉'이라 해도 맞는 말이다. 〈동사서독 리덕스〉로 부산국제영화제를 찾은 왕가위 감독을 인터뷰했을 때, 그는 과거 〈해피 투게더〉를 완전히 마무리 짓지 못하고 서둘러 이별한 것 같은 장국영에 대한 미안함을 갖고 있었다. "〈해피 투게더〉 이후 장국영과 새로운 작품을 하고 싶다는 마음은 언제나 있었다. 하지만 그가 세상을 떠나고 그것은 불가능한 일이 됐다"며, "〈동사서독 리덕스〉를 24절기로 나눠 재편집한 것은, 24절기가 지나고 그와 다시 만나고픈 마음을 담은 것이고, 무엇보다 그의 얼굴로 마지막 장면을 끝내고 싶었다"고 했다. 그렇게 〈동사서독 리덕스〉의 마지막 장면은, 1994년 오리지널 작품과 달리 구양봉(장국영)의 정지된 화면이었다. 덧붙여 그는 〈동사서독 리덕스〉에 대해 "장국영에게 바치는 선물"이라고 했다.

　　〈화양연화 특별판〉을 보면서도 '어쩌면 장만옥에게 바치는 선물'이 아닐까, 하는 생각이 들었다. 올리비에 아사야스의 〈클린〉(2004)으로 칸영화제 여우주연상을 수상한 뒤, 사실상 은퇴한 장만옥에게 〈화양연화 특별판〉은 무려 20년 만의 신작이 된다. 그런 생각을 굳힌 이유 중 하나는, 앞서 2023

년 베니스영화제에서 양조위가 평생공로상을 수상했을 때, 홍콩 TVB가 '광영리적양조위(빛과 그림자 속의 양조위)'라는 특집 편성으로 〈84신찰사형〉 40부작 전편을 재방영한 일이었다. 2023년 9월 2일 양조위가 베니스에서 눈물을 흘리며 수상하자마자, 4일부터 바로 TVB의 클래식 채널 및 심야 시간대를 통해 순차적으로 전편을 재방영했다. 〈84신찰사형〉에서 양조위가 연기한 풋풋한 경찰 '아걸'이 40년 뒤 그처럼 멋지게 성장한 것이다. 그런데 〈84신찰사형〉에서 양조위는 장만옥과 연인 사이로 출연했기에, 홍콩 시청자 입장에서는 정말 오랜만에 장만옥을 함께 보는 즐거움을 누렸다. 물론 유가령도 〈84신찰사형〉에 양조위의 이복동생으로 출연했기에 많은 젊은 시청자들은 양조위, 유가령 부부의 첫 만남이 어떠했는지 볼 수 있는 기회이기도 했다. 그처럼 최근 몇 년간, 홍콩에서는 〈84신찰사형〉 재방영에 이어 〈화양연화 특별판〉의 2025년 개봉을 거치며, 장만옥의 컴백을 기대하는 팬들의 목소리가 높아졌다. 그래서 〈화양연화〉 특별판의 마지막 의도는 장만옥을 향한 선물이자, 불러내는 주문이 아닐까.

양조위가 마주한 '미래'

이제 중요한 건, 미래의 시간이다. '인생에서 가장 아름답고 행복한 순간'을 뜻하는 '화양연화(花樣年華)'라는 제목은 과거형처럼 들리지만, 공식 영어 제목은 앞서 말한 것처럼 '화양연화'를 고스란히 영어로 옮긴 'The Most Beautiful Days in Life'가 아니라, 지극히 현재적 느낌의 〈In the Mood for Love〉다. '사랑에 빠진 분위기'라는 영어 제목은 〈화양연화 2001〉에 너무나도 잘 어울린다. 그 또한 왕가위가 애초에 꿈꾼 것이다. 1997년 이후의 홍콩을 다루며 미래로 나아가고 싶다는 바람이랄까. 그래서 〈화양연화 특별판〉이 25년 전의 풋풋한 양조위와 장만옥을 뒤늦게 소환한 추억의 답습이기보다는, 오래도록 왕가위 유니버스와 함께한 이들을 향해 새로운 미래로 함께 가자는 손짓으로 보였다. 오리지널 〈화양연화〉 마지막 장면에서, 주 선생이 앙코르와트 사원에 비밀을 봉인하기 전 돌벽 구멍에 손가락을 넣어 만질 때는 분명히 비어 있었는데, 나중에 그가 떠나고 난 다음에는 흙으로 채워져 있고 싹이 나 있다. 주 선생은 분명 잠시 머문 것일 뿐일 텐데 마치 몇십 년이 흐른 것 같은 설정이다. 말하자면 왕가위는 그 마지막 장면을 통해, 이미 1997년 이후일지도 모를 미래의 시간을 보여준 것이다. 주 선생의 평행우주라고 하면 지나친 표현일까. 그처럼 양조위는 '왕가위의 시간'에서 모든 시간대를 산 유일한 배우라는 것을 넘어, 왕가위도 경험하지 못한 미래에서 살아가는 배우가 되었다.

4부. 마지막 홍콩배우

11장

무간지옥의 두 남자
〈무간도〉

잊힌 시간 속에서 홍콩을 지키다

"고음은 부드럽고 중음은 맑고 저음은 강하죠." 〈무간도〉
(2003)에서 운명이 뒤바뀌어 삼합회의 일원으로 살아가고 있
는 진영인(양조위)과 경찰이 된 유건명(유덕화), 그 두 사람이 삼
수이포의 오디오숍 '오디오 스페이스'에서 성인이 되어 처음
만난다. 친구의 오디오숍을 잠시 봐주던 중 양조위가 유덕화
에게 앰프와 케이블을 함께 끼워팔기 위해, 한마디로 '소리
가 명료하다'며 앰프의 특징을 저렇게 이야기할 때, 왠지 자신
의 연기 스타일을 요약해 말해주는 느낌이었다. 부드럽고 맑
은 가운데 때때로 강한 양조위랄까, 양조위라는 배우의 특징
을 정확하게 요약하는 말이었다. 이어 양조위가 "이 진공관 앰
프를 써보세요. 국산인데 겨우 만 달러예요"라거나 "이 케이
블도 국산인데 유럽 제품만큼이나 좋아요"라고 말하는데, 그
걸 받아서 유덕화도 전시된 제품 중 다른 케이블을 가져오더
니 "이걸로 연결해보시죠. 구형이지만 최고입니다"라고 말한
다. 그렇게 두 사람은 함께 앉아 '잊힌 시간들'이라는 뜻을 가
진 채금의 노래 '피유망적시광(被遺忘的時光)'을 들으며 지그시
눈을 감는다.

　　원래 맥조휘 감독의 초고에서는 진영인(여문락)과 유건
명(진관희)이 각각 성인 배우인 양조위와 유덕화가 된 뒤로 딱
한 번만 마주치는 것으로 되어 있는데, 유위강 감독은 엇갈리
는 운명이라는 주제를 극대화하고 관객의 공감을 끌어내기 위

«
〈무간도〉에 등장한
오디오숍 '오디오
스페이스'. ⓒ주성철

해, 본격적인 첫 장면부터 만나게 했다. 그 연출도 절묘하다.
오디오숍에 들어간 손님 유덕화가 스피커 뒤에서 일하고 있는
양조위를 몰라보는 설정이다. 이는 영화 내내 정체를 숨긴 채
어둠 속에서 살아가야 하는 양조위의 운명을 암시하는 슬픈
복선과도 같다. 무엇보다 '피유망적시광'이 흐르는 순간, 서로
정반대의 삶을 사는 두 사람이 같은 취향과 정서를 공유하고
있다는 사실은 묘한 아이러니를 자아낸다. 그렇게 이 장면은
앞으로 펼쳐질 두 남자의 엇갈린 운명을 예고하며, 결코 잊을
수 없는 오프닝으로 남게 되었다.

»
〈무간도〉 오프닝에
등장하는 만불사.
ⓒ주성철

특히 두 사람이 나누는 첫 대화가 인상적이다. '국산이지만 외제 못지않고, 구형이지만 성능은 최고'라는 오디오 케이블에 대한 평가는, 마치 당시 홍콩영화계를 변함없이 지키고 있던 두 배우의 마지막 자존심처럼 들렸다. 2000년대 초반은 성룡, 주윤발 같은 간판 배우들은 물론 오우삼, 서극 등 주요 감독들마저 대거 할리우드로 떠나며 '홍콩영화의 전성기가 끝났다'는 자조가 공공연하던 시기였다.

그런 황량한 홍콩영화계를 묵묵히 지키던 두 배우가 의기투합해 만들어낸 걸작이 바로 〈무간도〉였다. 가수 활동이라는 또 다른 무대가 있던 유덕화와 달리, 오직 '영화'라는 외길만 걸어온 '바보' 양조위에게 〈무간도〉의 성공은 더욱 각별한 울림으로 다가왔을 것이다.

영화 속 진영인과 유건명은 타인이 결정한 운명의 굴레에서 벗어나지 못한다. 이는 1997년 반환 이후, 정체성의 혼란 속에서 불안한 미래를 감당해야 했던 2000년대 홍콩의 슬픈 자화상이기도 했다. 황 국장(황추생)에게 "도대체 언제 복귀할 수 있냐"며 따져 묻는 양조위의 모습은 유통기한에 집착하던 〈중경삼림〉(1994)의 금성무를 연상시킨다. 하지만 금성무는 적어도 그 기한을 알고 있었던 반면, 기약 없는 기다림 속에 갇힌 〈무간도〉의 양조위는 얼마나 더 깊은 절망을 견뎌야 했을까. 그래서인지 "무간지옥에 빠지면 죽지 않고 영원히 고통받는다"는 오프닝 자막은 곱씹을수록 섬뜩하게 다가온다.

무간지옥에서 엇갈린 두 운명

사실 〈무간도〉는 투자 단계부터 험난한 길을 걸었다. 기존 흥행 홍콩 누아르 영화들과 비교해 그 결이 완전히 달랐기 때문이다. 일단 홍콩 누아르 장르의 전매특허와도 같은 스타일리시한 총격전이 전혀 없다. 게다가 양조위와 유덕화가 출연함에도 멜로적 설정이 전혀 없다. 오롯이 양조위와 유덕화의 심리 묘사를 따라가는 영화다. 오히려 관객만 알고 두 사람은 모르는 깜짝 놀랄만한 진실을 찾기 위한 게임을 숨막히게 연출하며, 그 절묘한 서스펜스만으로 승부를 건다. 영화는 엇갈린 운명의 굴레에 갇힌 인물들의 복잡한 심리를 섬세하게 포착해내는 한편, 조직과 경찰 내부의 스파이를 색출해가는 과정의 긴박함을 교차시키며 홍콩 누아르 특유의 비장미를 완벽하게 부활시켰다.

　무엇보다 〈무간도〉의 가장 큰 성취는 명쾌한 선악의 이분법에 기대던 기존 장르의 공식을 과감히 탈피했다는 데 있다. 진혜림에게 '내가 좋은 사람인지 나쁜 사람인지' 묻는 양조위의 고뇌는, 읽고 있는 소설 속 주인공의 선악을 구분할 수 없다는 유덕화의 연인 정수문의 대사와 절묘한 대구를 이룬다.

　이처럼 '정체성의 혼란'이라는 묵직한 테마를 설득력 있게 지탱한 것은 오롯이 양조위, 유덕화 두 배우의 압도적인 내공이었다. 도입부의 대사처럼, 그들은 '구형이지만 성능은 최고인', 대체 불가능한 배우의 가치를 몸소 증명해낸 셈이다.

　〈무간도〉는 언제나 영화에서 상승 욕망을 지닌 채 살아가는 유덕화와 늘 머뭇거리고 주저하는 양조위라는 배우의 특징을 절묘하게 대비시킨다. 이미 10년 전 〈첩혈속집〉에서 언더커버를 연기한 바 있는 양조위를 다시 언더커버로 출연시키는 것이 부담될 수 있었겠으나, 공동감독 유위강과 맥조휘는 '언더커버 양조위' 캐릭터를 더 발전시킬 수 있다고 판단한 것 같다. 일단 정신과 치료를 받는 조폭이라는 설정이 자연스럽다. 심지어 결혼한 옛 여자친구까지 만나게 한다. 언젠가 언더커버 임무가 끝난 뒤 청혼하고자 했던 여자친구였겠으나, 지금도 자신의 정체를 말할 수 없는 처지다. 그처럼 〈무간도〉의 가장 큰 갈등은, 유덕화는 절대 삼합회로 돌아갈 생각이 없고 양조위는 애타게 경찰로 돌아갈 날만을 기다리는 데서 온다. 경찰 조직 내에서 입지를 굳힌 유건명에게 조직의 연락은 이

제 부담일 뿐이다. 마약 거래 실패의 책임을 묻는 듯한 전화에 그는 노골적으로 거부감을 내비친다. 마침 그가 '이사' 중이었다는 설정은 무척 의미심장하다. 그의 정체성이 이미 삼합회에서 경찰로 거처를 옮겼음을 암시하기 때문이다.

이를 간파한 듯 보스 한침(증지위)은 사적인 통화임에도 "이제 네 살길만 찾는군, 유 경위"라며 굳이 그의 경찰 직함을 불러 거리를 둔다. 비록 뒤이어 "넌 내가 가장 믿는 놈이야"라고 덧붙이지만, 이미 벌어진 틈 사이로 그 신뢰의 말은 공허하게 흩어질 뿐이다.

오직 상승하기만을 바라는 유덕화와 달리, 늘 무간지옥에서 살아가는 양조위의 연기가 가장 뛰어나다고 느낀 장면은, 삼합회 조직 내 친동생이나 다름없는 두문택이 늘 믿고 따랐던 형 양조위가 언더커버라는 것을 눈치채고서도 모른 척하려는 장면이었다. 황국장이 조직 내 첩자를 만나고 있었을 바로 그 시간에 자리에 없었던 자가 첩자인데, 그는 양조위가 의심받을 상황을 만들지 않으려고 마치 쭉 같이 있었던 것처럼 거짓말을 한다. 다 죽어가는 두문택의 그런 얘기를 들으면서 양조위는 아무런 대사를 하지 않는다. 염려하고 미안해하고 속죄하는 대사를 했다면 그 감정은 완전히 깨져버렸을 것이다. 언더커버 장르 영화에서 자신의 정체가 발각되는 그 클라이맥스의 순간, 말하자면 '오직 그 순간만을 기다렸다'고 할 수 있을 정도로 관객 모두 숨죽여 기다려왔을 그 감정 최고조의 순간에, 양조위는 말없이 눈빛과 표정으로만 이야기한다.

원래 유덕화도 진영인 역할을 탐냈다고 하지만, 양조위가 진영인이어야 했던 이유가 바로 거기에 있다. 양조위의 그 거친 생각과 불안한 눈빛과 그걸 지켜보는 두문택이 만들어내는 최고의 명장면이라고나 할까.

쇼브라더스의 막내, 〈무간도〉라는 탑을 쌓다

〈무간도〉의 놀라운 성공 이후, 유위강 감독은 〈영웅〉의 장이모우 감독과 나란히 홍콩영화감독협회로부터 감독상을 수상했다. 당시 감독협회장이었던 장동조 감독(〈재전강호〉, 〈서기의 빅 대디〉 연출)은 유위강에게 상을 수여하며 다음과 같이 말했다.

"우리의 선정 기준은 금상장이나 금마장과는 다르다. 박스오피스에서의 성과는 우리에게 매우 중요한 기준 중 하나다. 유위강은 잊힌 장르에 생명력을 불어넣었을 뿐 아니라, 지금의 홍콩영화가 그보다 훨씬 먼 전통과도 새로이 맞닿아 있음을 증명했다."

결국 〈무간도〉 시리즈는 홍콩영화계의 급격한 흥망성쇠를 겪어온 유위강이 '하고 싶은 것'(홍콩판 〈대부〉의 완성)과 '할 수 있는 것'(전형적인 스튜디오 감독으로서의 위치) 사이에서 명확한 접점을 찾아낸 사례라 할 수 있다.

〈무간도〉 시리즈의 팬이라도 3부작 중 어느 편을 가장 사랑하는가에 대한 답은 분명하게 갈린다. 그중 2편을 최고로 꼽는 이들은 대개 과거 홍콩 누아르 영화에 대한 짙은 향수를 가

«
구룡반도 토콰완에 있던,
〈무간도2〉 보스들의
회합장소였던 훠궈집
홍복(鴻福). 지금은
사라졌다(위). 영화 촬영
당시 기념 사진이 내부에
있었다(아래). ⓒ주성철

진 사람들이다. 그만큼 〈무간도2: 혼돈의 시대〉(이하 〈무간도2〉,
2003)는 시리즈 중에서도 홍콩 누아르가 선배 세대의 무협영화
에 빚지고 있던 의협(義俠)의 세계, 그리고 토종 홍콩 누아르 특
유의 끈끈한 우애와 가족애를 가장 극적으로 그려낸 작품이다.

　　홍행에 대한 우려에도 불구하고 유덕화나 양조위라는
당대 최고의 스타 대신 황추생(황 국장), 증지위(한침), 오진우(예영효)를 전면에 내세운 것 역시 야심 찬 모험이었다. 유위강 스스로도 2편을 가장 사랑한다고 밝힌 바 있는데(참고로 맥조휘는 3편을 가장 좋아한다고 한다), 기술적인 완성도를 떠나 시리즈 중에서 "자신의 느낌과 정서가 가장 잘 담긴" 영화라는 이유에서다.

배경도 그러하거니와 정서적으로도 〈무간도2〉는 시리즈 중 가장 과거 지향적인 영화다. 그곳엔 1997년 홍콩 반환을 앞둔 불안감과 일말의 희망이 교차한다. 중요한 점은 이 영화가 2002년에 만들어졌다는 사실이다. 유위강은 시간이 한참 흐른 뒤에도 2편을 마치 1997년 이전에 만든 것처럼 완성해냈다. 그는 홍콩영화계의 유행을 주도하는 순간에도 마치 과거에 머물러 사는 사람처럼 보였다.

유위강을 논할 때 종종 간과되는 점은, 그가 상업적 야심과 더불어 꾸준히 선배들의 유산을 끌어안으려 노력했다는 것이다. 〈무간도2〉에 등장하는 예영효 누나 역의 혜영홍은 과거 유가량 감독의 영화들에 단골로 출연했던 쇼브라더스 스튜디오의 대표적인 무협 여성 배우 중 한 명이었다. 유위강 감독이 쇼브라더스에 입사해 막내로 현장을 구르던 시절, 혜영홍은 그가 맨 처음 촬영부 조수로 일했던 유가량 감독의 〈십팔반무예〉(1982) 속 여주인공이었다.

캐스팅을 살펴보면 이런 예우는 더 발견된다. 가령 〈불사정미〉(2001)에서 여명의 아버지로 등장한 진혜민은 과거 양 어깨의 독수리 문신으로 유명했던 실제 격투기 챔피언 출신의

액션 배우였다. 영화 속 그의 집에 붙어 있는 옛날 사진들 역
시 실제 그의 경력을 담은 사진들이었다. 〈철권〉이라는 제목
으로 출시됐던 〈권신〉(2001)의 경우엔 홍금보와 함께 원표를
캐스팅하기도 했다. 맥조휘 감독은 "영화 출연을 오래 쉬었던
노장 배우들이라도 유위강의 제의에는 흔쾌히 응하는 편"이
라고 말했다. 홍콩영화계 내에서 유위강이 점하고 있는 위치
를 쉽게 짐작해볼 수 있는 대목이다. 이에 대한 유위강의 대답
은 의외로 간단하다.

　　"영화라는 것은 기록이고 지나간 세월에 대한 흔적이
다. 영화에서 과거가 없으면 현재가 없고, 현재가 없으면 미래
가 없는 것과 마찬가지다."

　　"오직 현장에 있어야 살아있음을 느낀다"
1960년 홍콩에서 태어난 유위강은 어릴 적부터 영화 촬영에
관심이 많았다. 하지만 가정 형편상 중학교밖에 마치지 못했
기에 이른바 '영화 학교'를 다녀본 경험은 전무했다. 그는 촬
영감독이라기보다는 무작정 쇼브라더스에 들어가 촬영장에
서 물건을 나르는 막내 일부터 시작했다. 맨 처음 변변찮은 일
이나마 크레딧에 이름을 올린 영화가 앞서 언급한 〈십팔반무
예〉였고, 이후 〈홍금보의 대나팔〉(1986)을 통해 촬영감독으로
데뷔하게 된다.

　　그는 현장에서의 실습을 통해 영화에 관한 모든 것을
배웠다. 쉬지 않고 독학에 열중했고, 궁금한 것이 생기면 망설

임 없이 선배들에게 조언을 구했다. 어깨너머로나마 쇼브라더스의 대감독들을 접할 수 있었던 것은 그에게 중요한 자산이 되었다. 그가 장철이나 호금전보다 더 큰 영향을 받았다고 꼽는 인물은 바로 이한상 감독이다. 이한상은 〈양산백과 축영대〉(1963), 〈대군벌〉(1972) 등 쇼브라더스 시스템 안에서만 무협영화를 포함해 23편을 만든 당대 최고의 흥행 감독 중 한 명이었다. 이한상 역시 유위강처럼 특별한 교육 기관을 거치지 않았지만, 영화 현장에 관한 통솔력과 테크닉을 완벽하게 꿰뚫고 있던 장인이었다. 유위강이 장철이나 호금전이 아닌 이한상을 언급한다는 것은 이후의 그를 설명하는 데 있어 매우 중요한 키워드가 된다.

유위강은 1990년 드디어 〈붕당〉(국내 비디오 출시명 〈의혈남아〉)으로 감독 데뷔를 한다. 역시 쇼브라더스에서 인연이 닿았던 배우 이수현이 제작한 영화다. 감독 데뷔 전, 그는 이미 촬영감독으로서 최고의 인기를 누리고 있었다. 불과 2년 사이 임영동의 〈용호풍운〉(1987), 유관위의 〈영환선생〉(1987), 왕가위의 〈열혈남아〉(1988), 황지강의 〈천라지망〉(1988) 등 굵직한 작품들의 촬영을 모두 유위강이 도맡았다. 하지만 "내가 찍고 싶은 것이 있어도 감독이 안 된다고 하면 끝이다. 결국 난 내가 찍고 싶은 것을 찍고 싶어서 감독이 됐다"는 단순하고도 강력한 열망이 그를 연출의 길로 이끌었다.

그럼에도 그는 촬영감독으로서의 경력을 결코 포기하지 않았다. 〈붕당〉 이후 곧바로 임정영 주연의 〈강시지존〉

(1991)을 연출하면서도 동시에 〈여락〉(1991), 〈호문야연〉(1991), 〈요수도시〉(1992) 등의 촬영을 병행했다.

감독과 촬영감독으로서의 필모그래피만 대충 훑어봐도 당시 그의 스케줄은 가히 살인적이었다. "오직 촬영 현장에 있어야 살아있음을 느낀다"는 그의 말로 모든 것이 설명된다. 홍콩영화 연구서 《플래닛 홍콩》을 쓴 영화학자 데이비드 보드웰은 무협영화가 중심이 된 과거 홍콩영화 산업의 한 단면을 설명하며 "낭비가 오히려 고결한 전통이었다"고 말한다. 무협영화는 여타 장르와 달리 같은 세트에서 여러 배우를 데리고 별차이 없는 액션 신을 적당히 연출하며 여러 편의 영화를 동시에 찍어낼 수 있었다. 그 과정에서 몇몇 감독들은 수작과 졸작을 급격하게 오가며 장인으로서의 재능을 발휘했다.

데이비드 보드웰은 현대 홍콩 감독들 중에서 유위강이 바로 그러한 '다작 관행의 전통'을 잇는 인물이라고 지적한다. 실제로 그는 아침에 자신이 연출하는 A라는 영화를 찍고, 오후에는 다른 감독이 연출하는 B라는 영화의 현장에 가서 촬영을 맡기도 했다. 심지어 〈무간도3〉를 연출하던 중에도 절친한 동료인 진가상 감독의 〈천방지축〉(유덕화, 장백지 주연) 촬영감독을 맡아주었을 정도다.

〈고혹자〉의 거친 거리에서 〈무간도〉의 심연까지

유위강의 살인적인 작업 속도와 자기만의 비전이 멋지게 결합한 첫 번째 작품이 바로 〈고혹자〉(1996) 시리즈였다. 당시 그는 당대의 흥행사 왕정 감독, 배우 출신 제작자이자 시나리오 작가인 문준과 의기투합해 '최가박당 영화사'를 설립했다.

밑바닥 인생을 사는 어린 삼합회 갱스터들의 거친 삶을 담아낸 〈고혹자〉 시리즈는 1996년 한 해 동안 무려 3편이 제작되었고, 1998년까지 연달아 3편이 더 만들어지는 기염을 토했다. 거의 TV 시리즈물을 방불케 하는 이러한 속도는 과거 〈아미비검협〉(1950) 시리즈나 〈황비홍의 구해종사〉(1953) 시리즈를 줄기차게 쏟아냈던 왕천림 감독을 떠올리게 한다. 왕천림은 전성기였던 1950년부터 1973년까지 무려 120편이 넘는 영화를 만든 가공할 다작 감독이었다. 흥미롭게도 왕정 감독의 아버지이기도 한 그는 〈고혹자6: 동경용호투〉(2000)에 직접 출연하기도 했으니, 참으로 묘한 인연인 셈이다.

유위강은 1990년대 이후 할리우드 진출 붐이 일 때도 묵묵히 홍콩의 영화 현장을 지켰다. 그는 "애초에 1997년이라는 시간 자체가 형체가 없는 것이었다. 단지 당시 중국과의 사이에 있었던 몇몇 불미스런 사건들 때문에 위기감이 과장됐을 뿐이다. 그때 이민을 갔던 많은 사람이 지금 속속 되돌아오고 있다. 아마도 외국에서의 생활이 더 힘들었을 것이다"고 말한다. 이것이 당시를 회상하는 그의 담담한 소회다.

감독으로서 유위강이 첫 번째로 이뤄낸 성취인 〈고혹자〉 시리즈 또한 그러한 세계관과 무관하지 않다. 1편인 〈고혹자: 인재강호〉는 다음과 같은 자막으로 시작한다. "1956년 대

«
〈무간도3〉 베이징 월드
프리미어 현장의 양조위.
ⓒ주성철

화재로 인해 섹킵메이는 이재민 구호 차원에서 특별 지구로
선포됐고 급속도로 성장해 수만 가구로 늘어났다. 하지만 부
모의 무관심으로 청소년 문제가 대두됐다." 여기서 오우삼으
로 대변되는 홍콩 누아르의 신화적 모티프나 폭력 미학으로
격상된 유려한 총격전의 율동은 찾아볼 수 없다.

　　　　인기 만화를 원작으로 한 〈고혹자〉 시리즈는 정이건과
진소춘을 새로운 스타덤에 올려놓았고, 그렇게 과거의 주윤발
이나 유덕화와 단절함으로써 주인공들의 연령대를 대폭 낮췄
다. 또한 다큐멘터리 같은 거친 질감, 만화적인 편집 기법, 핸
드헬드 중심의 카메라 워크로 생생하고 불안한 현실감을 그대
로 반영했다. 총격전의 묵직한 파열음 대신 귀에 거슬리는 날
렵한 칼 소리가 전편을 지배했다. 액션 연출 또한 의도적이고
계산된 합이 아니라, 마치 거리 어디선가 일상적으로 일어날
법한 막싸움에 가까웠다.

말 그대로 그것은 선배들과 완전히 결별하는, '고혹자'를 굳이 '건달'이나 '양아치'로 번역한다면 바로 그런 '양아치 영화'였다. 이는 홍콩과 마카오를 오가는 실제 삼합회 갱단들의 권력 투쟁에서 영감을 얻은 결과물이었다. 영화평론가 토니 레인즈는 당시 엄청난 열풍을 일으켰던 〈고혹자〉 시리즈를 두고 "홍콩영화의 흥행과 창의성의 회복을 알리는 조짐 중 하나"라고 평하며, "이 시리즈를 둘러싼 윤리적 문제들은 그 자체가 하나의 연구 주제가 될 만큼 충분히 복잡하다. 이러한 저예산 영화 제작 붐이 유망한 신인 감독과 배우들에게 기량을 갈고닦을 수 있는 좋은 토대가 될 것"이라고 예견했다. 그리고 〈무간도〉는 바로 그 토대 위에서 탄생했다.

거리의 건달들, '무간지옥'으로 걸어 들어가다

〈무간도〉 시리즈는 〈고혹자〉 시리즈를 통해 얻은 경험을 바탕으로 유위강이 자신의 새로운 단계를 증명해낸 작품이다. "좀 더 자유롭고 전작들과 전혀 다른 영화를 만들고 싶다"는 욕심에 자신의 사단을 이끌고 홀로 '베이직필름'을 설립한 뒤 만든 첫 영화이기도 하다. 이전 〈고혹자〉 시리즈가 영화 속 주인공 진호남(정이건)의 말처럼 "감옥과 죽음에 양다리를 걸치고 살아가는 사람들"의 이야기였다면, 〈무간도〉 시리즈는 바로 그 경계 위에서 살아가는 〈고혹자〉들의 후일담이자, 그보다 더한 무간지옥에 빠진 사람들의 이야기로 완성되었다.

특히 〈무간도2〉에서 집중적으로 그려지는 어린 유건

«
양조위가 통화하며 걸어
내려오는 〈무간도3〉
영화 속 장면(위)과
실제 촬영지인 포팅어
스트리트. ⓒ주성철

명(진관희)과 진영인(여문락)의 서사는 〈고혹자〉 스토리의 변주
라 할 수 있다. 〈무간도2〉가 〈무간도〉의 프리퀼이었던 것처럼,
〈고혹자〉 시리즈의 프리퀼 형식으로 제작된 〈신고혹자: 소년격
투편〉(1998)에서 이미 유사한 시도가 있었기 때문이다. 〈무간
도〉 시리즈에서 여문락이 양조위, 진관희가 유덕화의 젊은 시
절을 연기한 것과 마찬가지로, 〈신고혹자: 소년격투편〉에서는
사정봉이 정이건, 이찬삼이 진소춘의 어린 시절을 연기했다.
    국내에 저 멀리 〈강시지존〉으로 처음 소개된 감독이라

는 사실이 새삼스러울 정도로, 〈무간도3〉에 이르러서는 보다 광범위한 테마를 다룬다. 1, 2편과 비교해도 낯설 정도의 '폼생폼사' 무드로 가득 차 있기도 하다. 진영인(양조위)이 죽은 뒤 유건명(유덕화)은 한직으로 쫓겨나고, 경찰 조직 내에 양금영(여명)이 혜성처럼 등장하며 정체불명의 존재 심등(진도명)이 그들의 주변을 맴돈다.

'액션을 버리고 드라마를 취하겠다'는 의지는 3편에서 극대화된다. 〈고혹자〉 시리즈의 인장과도 같았던 핸드헬드 기반의 거친 호흡, 혹은 〈풍운〉을 위시해 '스피드가 기술'이라며 과장된 CG에 열중하던 유사 SF 영화들의 잔상은 완전히 사라지고 없다. 오히려 유위강과 맥조휘의 미학적 야심이 돋보인다고 말할 수 있을 정도로 영화는 어둡고 비장한 정서를 전편에 깔고 있다.

유위강은 〈고혹자〉 시리즈로 저예산 액션 영화의 흐름을 이끌었고, 그 흐름의 유산은 〈무간도〉 시리즈에 고스란히 담겼다. 무엇보다 양조위와 유덕화라는 두 배우를 통해 홍콩 누아르의 부활과 변주가 여전히 상업적 가치가 있음을 증명했다는 것, 이것이 바로 〈무간도〉가 지닌 가장 중요한 의미일 것이다.

'베끼기의 제왕' 왕정, 홍콩영화의 활력을 증명하다

당시 홍콩영화 팬들에게 〈무간도〉의 성공은 실로 감격스러운 사건이었다. 누군가 "요즘 홍콩영화 어때요?"라고 물었을 때,

홍콩영화계의 현황을 단적으로 보여줄 수 있는 재미있는 지표가 하나 있다. 바로 '베끼기의 제왕' 왕정 감독이 활발하게 활동하고 있다면, 그것이 곧 홍콩영화계가 활력을 되찾고 있다는 증거다.

알다시피 왕정 감독은 과거 오우삼으로 대표되던 일련의 홍콩 누아르 영화들에 기대어 〈지존무상〉(1989), 〈정전자〉(1989) 등 '카지노 무비'라는 트렌드를 만들어냈다. 또한 서극의 〈황비홍〉(1991)과 〈동방불패〉(1991) 이후에는 〈녹정기〉(1992) 시리즈와 〈황비홍 철계투오공〉(1993)이라는 뻔뻔한 모방작을 내놓기도 했다. 이후 그는 단 한 해도 연출을 쉰 적이 없지만, 정이건을 발굴하다시피 한 〈신영웅본색〉(1994), 유덕화의 〈천장지구〉 시절 향수를 자극하는 〈용재강호〉(1998), 주성치를 불러들인 〈천왕지왕 2000〉(1999) 정도를 제외하고는 별다른 창조 없이 자기 복제를 거듭하는 난관에 봉착해 있었다. 그런 그가 〈무간도〉를 기점으로 다시 과거의 왕성한 '베끼기 실력'을 되찾았으니, 그때가 홍콩영화의 새로운 부흥기라 해도 틀린 말은 아니었다.

왕정의 가장 뻔뻔하면서도 영리한 면모는 원작을 모방하되 원작의 배우들을 그대로 기용한다는 점이다. 가령 〈황비홍 철계투오공〉을 만들면서 '황비홍' 이연걸을 그대로 캐스팅했고, 〈무간도〉의 언더커버 설정을 차용한 〈흑백삼림〉(공동연출 맥자선, 2003)에서는 〈무간도〉의 황 국장 역을 맡았던 황추생을 거의 동일한 캐릭터로 출연시켰다.

주성치의 〈쿵푸허슬〉(2004)을 모방한 〈쿵푸마작〉(공동연출 종소웅, 2005) 역시 마찬가지다. 〈쿵푸허슬〉의 돼지촌 주인 부부로 나온 원화와 원추를 데리고 와 마치 스핀오프 시리즈인 것처럼 포장했다. 참고로 〈쿵푸마작〉의 원제는 '마작의 성인'이라는 뜻의 〈작성(雀聖)〉인데, 이 또한 자신의 히트작 〈도신〉 시리즈와 주성치의 메가 히트작 〈도성〉을 패러디한 제목이다. 말 그대로 〈쿵푸허슬〉을 공공연히 패러디한 B급 코미디물인 셈이다. 이후 〈흑백삼림〉의 흥행에 힘입어 만든 〈흑백전장〉(공동연출 종소웅, 2005)에는 〈무간도〉의 주역인 증지위와 여문락을 캐스팅하기도 했다.

이처럼 왕정 감독이 모방작들을 활발히 쏟아낸다는 것은 홍콩영화계의 자본과 인력이 잘 돌아가고 있다는 방증인데, 과거 〈지존무상〉의 경우처럼 뜻하지 않게 수작이 탄생하기도 한다. 가령 〈흑백삼림〉은 황 국장(황추생) 캐릭터를 비틀어 활용하면서 마치 〈무간도〉의 변주된 후일담 같은 인상을 준다. 영화는 〈무간도〉에서 유덕화에게 배신당한 증지위와 유덕화에게 덜미가 잡힌 양조위, 그들의 자식들이 각각 성장해 유덕화(를 연상시키는 인물)에게 복수하는 내용이라 할 수 있다.

이처럼 왕정은 〈무간도〉가 크게 성공하자 이때다 싶어 유사한 작품들을 연이어 제작했는데, 맥자선 감독이 연출하고 왕정이 제작과 각본을 맡은 〈와호〉(2006)가 그 결정판이라 할 만하다. 제목인 '와호(臥虎)'는 '보이지 않는 곳에 엎드려 있는 호랑이'라는 뜻으로, 자신의 정체를 숨기고 위장 잠입한 첩자,

즉 '워디(臥底, 언더커버)'를 의미한다. 〈흑백삼림〉이 〈무간도〉
의 후일담 격이라면, 〈와호〉는 〈무간도〉의 '인해전술 버전'이
다. 홍콩 경찰이 삼합회 조직을 일망타진하기 위해 한두 명이
아니라 수십 명의 언더커버를 침투시킨다는 설정이다. 그러다
보니 조직의 보스들은 주위의 누가 경찰의 끄나풀인지 도무지
알 수 없는 극도의 공포와 불신에 휩싸이게 된다. 이 소란스러
운 복제품들의 등장은 홍콩영화가 〈무간도〉라는 새로운 피를
수혈받아 다시금 뜨겁게 박동하고 있음을 알리는, 거칠지만
분명한 생존 신고였다.

태생적으로 선한 얼굴, 그 가면을 깨뜨리기 위한 장치들

〈무간도〉의 유위강 감독과 양조위는 몇 년 뒤 〈상성: 상처받은
도시〉(이하 〈상성〉, 2007)에서 재회한다. 영화는 홍콩 빅토리아
피크에서 내려다본 화려한 야경으로 문을 연다. 형사 유정희
(양조위)의 장인인 억만장자 악화가 살해당하자, 사설탐정이 된
후배 아방(금성무)이 조사에 나선다. 아방은 과거 자신의 아내
가 자살한 사건을 트라우마로 안고 살아가는 인물이다.

한편, 유정희의 아내는 누군가 계속 자신을 미행하고 엿
보고 있다고 호소하지만, 유정희는 이를 믿지 않는다. 그러던
어느 날, 아내가 아방과 함께 있던 중 괴한이 집에 방화를 시
도하는 사건이 벌어지면서 그 불안은 현실이 된다. 아방은 사
건을 파헤칠수록 믿었던 선배 유정희가 연관되어 있다는 의심

»
〈상성〉 속 양조위와
금성무의 2층
테라스 대화
장면(위)과 실제 촬영
장소인 소호거리
스탠튼바(아래).
©주성철

을 품게 된다. 많은 매체가 '〈무간도〉를 잇는 작품'이라는 수
식어를 붙였던 만큼, 〈상성〉 역시 두 남자의 대립 구도가 선명
하다. 마치 양조위가 〈무간도〉의 유덕화(내부의 적) 역할을 이어

받고, 반대로 금성무가 양조위(비극적 추적자) 역할을 이어받은 듯한 기시감이 든다.

〈상성〉은 〈무간도〉 시리즈와 〈이니셜 D〉(2005)에 이어 유위강, 맥조휘 콤비의 매끈한 호흡을 다시금 확인할 수 있는 작품이다. 장르적으로는 스릴러에 가깝지만, '모든 걸 잃어버린 남자'를 그리고 있다는 점에서 〈무간도〉의 정서적 맥락과 닿아 있다. 또한 두기봉의 〈익사일〉(2006)이나 유위강이 제작하고 두문택이 주연한 〈이사벨라〉(2006)처럼, 마카오를 홍콩과의 운명공동체로 바라보며 새로운 영화적 공간으로 끌어들였다는 점에서도 당시의 어떤 경향을 보여준다. 간결하고 절묘한 음악 사용 등 〈상성〉은 〈무간도〉나 〈흑사회〉 같은 작품들이 보여주었으나 종종 간과되곤 했던 홍콩영화 음악의 질적 도약을 증명하는 사례이기도 하다.

무엇보다 〈상성〉에서 양조위는 〈무간도3: 종극무간〉(2004)에서 살짝 비쳤던 차가운 악한의 얼굴을 본격적으로 드러낸다. 마카오를 주요 무대로 설정했다는 점, 그리고 양조위가 악역을 맡았다는 점에서 '양조위 최초의 악역 연기'로 화제가 되었던 유달지 감독의 〈암화〉(1998)를 떠올리게 한다. 포르투갈 통치가 끝나는 1999년을 앞두고 혼란에 빠진 마카오, 카지노 운영권을 노리는 갱단과 결탁한 부패 경찰 역을 당시 양조위가 맡았었다. 실제로 당시 마카오는 치안 공백으로 각종 범죄가 기승을 부렸는데, 〈상성〉에서도 부패한 경찰이 마카오에서의 살인 사건을 묵인하는 설정이 등장한다.

　　흥미로운 사실은 〈암화〉나 〈무간도3: 종극무간〉 등 '양
조위의 악역 연기'가 거론되는 영화들에는 약속이라도 한 듯
그가 병으로 사람을 내리치는 장면이 삽입되어 있다는 점이
다. 유리병은 아니지만, 〈첩혈속집〉(1992)에서도 위장 잠입한
조직원 양조위가 경찰인 주윤발의 뒤통수를 총으로 후려치는
장면이 나온다. 양조위라는 배우의 마스크에 악마성을 부여하
기 위해서는 그런 구체적이고 물리적인 '타격 행위'가 필수적
이라는 듯이 말이다.

　　이후 〈색, 계〉(2007)에서도 양조위와 탕웨이의 폭력적
인 첫 정사 신에서 그가 허리띠를 풀며 채찍처럼 휘두르니, 역
시 어떤 강렬한 '행위'가 필요한 셈이다. 〈상성〉에 이르러서
는 직접적인 폭력 대신 살짝 색깔이 들어간 안경을 활용해 이
미지 변신을 시도했는데, 이는 양조위 본인의 아이디어였다고
한다. 〈무간도〉에서 콧수염을 길렀던 것처럼 말이다. 어쨌든
그는 무엇인가를 더해야만 했다. 그냥 맨얼굴로는 안 된다는
듯이. 어쩌면 양조위의 얼굴은 태생적으로 '악인'이 될 수 없
는 운명을 타고난 것인지도 모른다.

〈상성〉 속 양조위.

12장

경계를 넘은 위험한 눈빛
〈색, 계〉

숨기려는 마음, 타오르는 육체

리안 감독은 〈브로크백 마운틴〉(2005)을 마친 후 돌연 〈색,
계〉(2007)에 매료되었다. 두 작품의 공통점이라면 시대와 공
간은 다르지만 각각 애니 프루와 장아이링이라는 두 여성 작
가의 원작 소설을 바탕으로 하고 있다는 점 정도다. '욕망'을
뜻하는 색(色)과 '금기'를 뜻하는 계(戒)가 결합된 제목은 표면
적으로 '금지된 사랑을 향한 강렬한 열망'을 의미한다. 그렇게
영화는 '계'에 압도당할 수밖에 없었던 시대의 침울한 공기 속
에서 '색'에 탐닉한 두 주인공의 필연적인 고통을 그려낸다.

2차 세계대전이 발발하자 홍콩으로 건너간 왕치아즈(탕
웨이)는 홍콩대학교 연극부에 가입한다. 연극을 통해 애국심을
고취하려는 급진파 광위민(왕리홍)을 흠모하게 된 그녀는 자연
스레 그가 주도하는 항일 단체에 몸담는다. 이들의 목표는 친
일파의 핵심 인물인 이(양조위)를 처단하는 것이다. 왕치아즈는
신분을 위장해 '막 부인'이라는 새로운 역할을 맡고, 이의 아내
(조안 첸)에게 접근해 환심을 산다. 신중하고 경계심 강했던 이
는 갑작스레 다가온 여인을 의심하면서도 조금씩 유혹에 빠져
든다. 왕치아즈 역시 그를 사랑하는 연기를 하던 중 스스로 그
감정에 매몰되기 시작하고, 언제나 살해 위협에 시달리던 이는
그녀가 자신을 노리는 자일지도 모른다고 의심하면서도 끝내
거부하지 못한다. 마치 〈브로크백 마운틴〉의 연인들처럼, 이 사
랑의 진실이 밝혀지는 순간 자신의 존재가 지워질 것을 알면서

도 이미 '계'를 넘어서버린 자신을 부정할 수 없게 된 것이다.

　　리안 감독은 2차 세계대전 항일운동 시기 홍콩과 상하이를 잇는 대서사 속에서도 시대의 무게에 눌리지 않고 157분이라는 긴 시간 동안 자신의 주제 의식을 집요하게 파고들었다. 〈색, 계〉를 보고 있으면 문득 왕가위의 〈화양연화〉(2000)가 떠오른다. 두 영화는 시대와 배경은 다르지만, 양조위라는 공통된 주인공을 세워 꽉 막힌 시대의 공기 속에서 금지된 사랑을 나누는 인물들을 조명한다는 점에서 묘하게 닮아 있다.

　　그러나 결정적인 차이가 존재한다. 왕가위는 양조위와 장만옥의 정사 장면을 촬영할 계획이었지만 최종적으로 그만두었다. 택시 안에서 손을 잡는 모습만으로 밤을 함께 보낼 것이라는 암시를 남겼을 뿐이다. 당시 왕가위는 "어느 순간 갑자기 두 사람의 정사를 보고 싶지 않다는 생각이 들었다. 내가 원한 것은 당시의 은근한 분위기를 재현하는 것이었고, 완성된 영화를 보니 굳이 보여줄 필요가 없었다"고 회상했다. 결국 〈화양연화〉는 감정을 표현하는 법이 아니라, 그것을 '어떻게 숨기는가'에 관한 영화였던 셈이다.

　　〈색, 계〉는 바로 그 정반대의 지점에서 시작한다. 장아이링의 짧은 원작 소설에는 성애 묘사가 전혀 없는데, 영화를 본 관객들이 원작을 읽고 당황하게 되는 이유도 여기에 있다. 장아이링의 오랜 팬이었던 리안은 원작자가 던져놓은 단서들 사이의 빈 공백을 채우는 것을 목표로 삼았다. 그는 사랑과 죽음이라는 테마를 다루기에 이보다 탁월한 원작은 없다고 판단했고, 그간 자신의 작품 세계에서 다뤄온 주제들을 이 영화를 통해 훨씬 강도 높게 실험해나갔다.

살의(殺意)와 사랑 사이, 〈색, 계〉의 정사신이 품은 진실

〈화양연화〉의 주 선생(양조위)이 캄보디아 앙코르와트의 사원 틈새로 자신의 비밀을 속삭이며 영원히 봉인하고자 했다면, 〈색, 계〉의 이(양조위)는 왕치아즈와의 매 만남이 마치 마지막이라도 되는 것처럼 격정적으로 '색(色)'에 취한다. 리안 감독은 인물들이 감정을 드러내는 단계를 넘어, 그 감정을 주체하지 못하는 지점까지 집요하게 지켜본다. 자신의 필모그래피 중 섹슈얼리티의 문제를 가장 직접적으로 다룬 이 영화는 감정을 어떻게 극단으로 표현할 것인가에 관한 기록이다. 이 때문에 〈색, 계〉는 미국 개봉 당시 NC-17 등급을 받았고, 중국에서는 30분가량이 삭제된 채 상영될 수 있었다. 11일 동안 촬영된 정사 장면은 감독과 주연 배우, 그리고 소수의 필수 스태프만이 참여한 가운데 진행되었으며, 이들은 동작 하나하나에 담긴 동기와 감정의 결을 세밀하게 새겨 넣었다.

영화 속 정사 장면은 크게 세 단계의 서사로 나뉜다. 첫 번째 정사는 지극히 가학적인 풍경으로 펼쳐진다. 이는 두 사람의 관계에서 이가 절대적인 권력자임을 선포하는 행위이자, 철저한 경계를 유지하기 위해 왕치아즈가 자신을 보지 못하게 하는 억압이기도 하다. 때문에 나중에 우연히 눈이 마주쳤을 때 이는 크게 당황한다. 이때 왕치아즈의 반응이 핵심이다. 관계가 끝난 후 그녀는 미세한 미소를 짓는데, 이는 쾌락의 결과가 아니라 '막 부인'이라는 자신의 연기가 철저히 먹혀들었다는, 즉 임무 수행의 만족감에서 비롯된 웃음이다.

두 번째 정사부터는 비로소 감정의 교류가 시작되며 진짜 연인의 관계처럼 변모한다. 〈색, 계〉가 결국 '색'이 '계(戒)'를 넘어서는 과정이라면, 이때야말로 색과 계가 동일 선상에 놓이는 순간이다. 마침내 세 번째 정사에 이르면 두 사람은 진심으로 서로를 사랑하는 것처럼 보인다. 여기서 결정적인 장면은 왕치아즈가 옆에 놓인 권총을 힐끗 쳐다보는 대목이다. 이를 살해해 임무를 완수할 수 있는 절호의 기회임에도 그녀는 망설인다. 관계가 끝난 뒤 그녀가 흘리는 눈물은 중의적이다. 막 부인으로서 완벽한 연기를 펼치는 데 성공했지만, 연기자 본체인 왕치아즈는 이를 사랑하게 되어버린 파국을 직면했기 때문이다.

이러한 감정의 묘사는 '연극성'의 문제와 맞물리며 독특한 흐름을 형성한다. 여기에는 리안 감독의 자전적 체험이 투영되어 있다. 1970년대 대만 타이베이의 예술아카데미 시절, 무대 공연을 마친 그는 한동안 몸을 떠나지 않던 격렬한 에너지에 전율하며 삶에 대한 모방으로서의 연기와 실제 인간의 행위를 어떻게 구분할 것인가에 대해 깊이 고민했다. 장아이링의 원작 소설 역시 왕치아즈가 공연 직후 느낀 감정을 '가라앉지 않는 폭풍과도 같은 격렬함'이라 묘사한다.

» 〈색, 계〉의 두 주인공이 처음으로 데이트할 때 등장하는 카페 '더 베란다'. 홍콩 리펄스 베이에 위치해 있다. ⓒ주성철

따라서 〈색, 계〉는 그 격렬함을 체험한 아마추어 연기자 왕치아즈가 '이'라는 거대한 벽이자 더 큰 무대를 만나 자신의 연기를 꽃피우는 이야기로 읽힌다. 영화는 항일 운동가로서의 처지를 잊고 적과 동침한 여성의 고뇌를 넘어선다. '이것은 연기일 뿐'이라는 연기자로서의 자존심, 즉 임무를 완벽히 수행하겠다는 '계'의 이성이 어느덧 서로의 영혼까지 탐하려는 '색'의 본능으로 전이된 것이다.

왕치아즈는 자신의 연기를 극단적인 상황 속에서 실험

한다. 인간의 성행위 자체가 하나의 공연이 아니라고 누가 단언할 수 있을까. 상대의 마음을 얻기 위해 쾌락을 연기하고 거짓 오르가즘을 표현하는 과정에서 그녀는 혼란에 빠진다. 연기라고 믿었던 일이 자신의 실재가 되어가고 있음을 깨닫는 순간의 충격이다. 나중에 광위민이 왕치아즈를 바라보는 눈길은 어쩌면 승승장구하는 동료 배우를 향한 부러움일지도 모른다. 영화가 인생의 축소판이듯, 많은 이들은 이와 왕치아즈를 통해 자신의 모습을 본다. 영화 속 여러 차례의 정사 중 어느 것이 거짓 연기이고 어느 것이 진실한 사랑인지 분간하기란 불가능하다. 결국 사랑조차 하나의 연기일 수 있기 때문이다.

장아이링의 〈색, 계〉와 리안의 〈색, 계〉

'홍콩 사람들이 가장 사랑하는 작가' 장아이링은 1940년대 상하이에서 전성기를 누렸던 베스트셀러 작가이자, 루쉰과 더불어 중국 근대문학을 대표하는 거장으로 추앙받는다. 1921년 상하이의 명문가에서 태어났으나 그녀의 유년은 그리 행복하지 않았다. 아버지는 아편과 마작에 빠져 가세를 기울게 했고, 어머니는 그런 남편을 떠나 영국으로 유학을 떠난 뒤 끝내 이혼했다. 이후 장아이링은 〈색, 계〉의 왕치아즈처럼 홍콩의 대학으로 진학해 폭넓은 교분을 쌓았다.

　　1942년 상하이로 돌아온 그녀는 잡지 연재를 시작으로 〈금쇄기〉, 〈심경〉 등을 잇달아 발표하며 필명을 날렸다. 그녀

»
리펄스베이에 있는
장아이링 추모공원에
비치된 사진. ⓒ주성철

의 소설은 주로 1930~40년대 상하이를 배경으로 청춘남녀
의 복잡한 사랑 이야기를 다뤘는데, 섬세한 심리묘사와 개성
적인 문체가 특징이었다. 특히 상류층의 풍속을 정교하게 묘
사하면서도 급변하는 사회 속에서 몰락해가는 인간의 허무를
포착해 큰 인기를 끌었다. 흥미로운 점은 그녀의 실제 삶이 소
설 〈색, 계〉와 겹친다는 사실이다. 장아이링의 첫 남편이었던
호난성은 소설 속 '이'처럼 친일 왕정위 정권에 부역한 인물이
었다. 이후 상하이가 공산당 치하에 놓이자 1952년 홍콩으로
이주했고, 1960년 다시 미국으로 건너가 서른 살 연상의 작
가 페르디난드 메이어와 재혼했다. 그녀는 1995년 향년 76세
로 세상을 떠날 때까지 꾸준히 저술 활동을 이어갔다.

장아이링의 작품은 허안화의 〈경성지련〉(1984)과 〈반생연〉(1997), 관금붕의 〈레드 로즈 화이트 로즈〉(1996) 등으로 영화화되었는데, 홍콩을 대표하는 두 배우 주윤발과 양조위가 각각 장아이링 원작의 주인공이 되었다는 사실은 꽤 흥미로운 지점이다.

영화 〈색, 계〉가 원작과 가장 차별화되는 지점은 빌런 '이'에 대한 묘사다. 원작 속 이는 볼품없고 초라한 외모의 남자로 그려진다. 그런 자와 사랑에 빠져 임무를 망각한다는 설정도 의미심장하지만, 리안 감독이 원작에 없는 파격적인 성애 묘사를 전면에 배치하며 '색'에 빠져드는 스파이의 서사를 설득력 있게 풀어낼 수 있었던 것은 전적으로 양조위라는 배우 덕분이다. 현실의 양조위처럼 첫눈에 반할 만큼 매력적인 외모를 지녔다는 사실은 이 영화의 핵심적 장치가 된다. 소설과 달리 짧은 러닝타임 안에 왕치아즈의 마음이 흔들리는 과정을 보여줘야 하는 영화로서는 필수적인 선택이었을 것이다.

리안 감독은 양조위의 첫 등장에서 그의 가장 강력한 무기인 눈빛을 가리는 방식을 택한다. 가짜 신분으로 이의 아내에게 접근한 왕치아즈가 그의 집을 드나들 때, 카메라는 차창 밖으로 이의 하관만을 보여준다. 관객은 저 배우가 양조위라는 사실을 이미 알고 있지만, 감독은 관객을 오직 그의 목소리만을 들어야 하는 왕치아즈의 자리에 가두어버린다. 이러한 정보의 차단은 영화 전체의 긴장감을 유지하는 중요한 동력이 된다.

이는 왕가위의 〈중경삼림〉(1994)에서 양조위가 등장하는 방식과 정반대다. 〈중경삼림〉은 건물 벽 앞에서 업무를 보던 경찰 양조위가 간식을 사러 다가오는 모습을 정면으로 비추고, 모자를 벗는 순간 그의 얼굴을 빅 클로즈업으로 들이민다. 이는 양조위의 시선을 도저히 피할 길 없는 페이(왕페이)의 시선에 관객을 일치시키는 방식이다. 〈색, 계〉와 〈중경삼림〉 모두 양조위라는 배우의 존재감을 이미 알고 있는 관객을 각기 다른 방식으로 시험에 들게 한다. 그리고 어떤 방식이든, 일단 그의 세계에 발을 들인 이상 거기서 빠져나갈 방법은 없다.

악역의 얼굴 뒤에 숨겨진 끝없는 슬픔

이미지로만 보자면 〈색, 계〉의 등장인물들은 누가 봐도 지나칠 정도로 전형적이다. 왕리홍은 순정만화 속 꽃미남처럼 생겨 대학 신입생이 동경할 법한 남자 선배의 전형이고, 왕치아즈의 첫 경험 상대가 되는 남자 동료는 누가 봐도 함께 잠자리를 하고 싶지 않게 생겼다(공교롭게도 원작 소설에 등장하는 '이'의 이미지에 가장 가까운 인물로 느껴지기도 한다). 이의 집에서 마작을 즐기는 귀부인들의 모습 역시 마찬가지다. 그런데 이 전형적인 역사물의 구조 안에서 균열을 일으키는 인물이 바로 '이'를 연기하는 양조위다. 리안이 장아이링의 원작에서 강렬한 인상을 받았던 지점은 애국주의와 섹슈얼리티를 결합하는 방식이었다. 리안은 원작을 영화화하며 양조위를 캐스팅하는 것만으로도 이 복잡한 문제를 자연스럽게 해결했다. 양조위는 누가봐도 악인의 이미지와 거리가 멀뿐더러, 설령 악인을 연기하더라도 남모를 사연을 품고 있을 것만 같은 분위기를 자아내기 때문이다.

〈색, 계〉 개봉 당시 리안 감독은 인터뷰를 통해 이에 대해 명확히 밝힌 바 있다. 그는 "모두가 증오하는 공공의 적이지만, 동정심을 자아내게 하는 인물을 만드는 데 있어 양조위말고 다른 선택이 있을까"라고 반문하며, "악역이지만 항상두려움을 지니고 있고 양심의 가책도 느끼는, 사실은 모든 것을 두려워하는 섬세한 인물을 연기할 수 있는 사람은 양조위밖에 없다. 그의 눈빛을 보고 있으면 그가 악역을 연기하더라도 언젠가 마음이 바뀔 거라고 생각할 수밖에 없다"고 극찬했다.

한 번도 보지 못한 양조위의 얼굴

양조위가 늘 선한 역할만 맡았던 것은 아니지만, 표정만으로 악한 기운을 드러내기 힘든 배우인 것만은 분명하다. 그래서 그가 악역 혹은 그와 비슷한 느낌으로 등장할 때면 늘 첫 장면부터 강렬한 각인을 남기곤 했다. 유위강의 〈무간도3: 종극무간〉(2003)에서는 피투성이가 된 채 싸움을 벌이다 상대의 머리를 병으로 내려치는 모습을 보여주었고, 시간을 더 거슬러그의 최대 변신이라 불렸던 유달지의 〈암화〉(1998)에서 부패 경찰을 연기할 때도 역시 상대의 머리를 병으로 내려쳤다. 그처럼 병을 깨는 행위나 〈색, 계〉에서 정사를 시작하며 자신의 허리띠를 풀어 헤치는 행위처럼, 의식적인 '행위'를 덧대지 않으면 양조위라는 얼굴에 악마성을 부여하는 일은 거의 불가능에 가깝다.

언어를 달리했다는 점도 중요하다. 과거 〈비정성시〉(1989) 출연 당시 북경어 연기가 힘들어 청각장애인 설정을 빌려야 했던 것과 달리, 〈색, 계〉에서는 드디어 광동어가 아닌 북경어로 연기했다. 이는 배우로서 언어에 대한 도전이기도 했지만, 새로운 발성과 톤을 통해 기존의 이미지를 탈피하는 효과가 더 컸다. 여기에 분장을 통해 때로는 무서워 보이게, 때로는 주름을 만들어 실제보다 더 나이 들어 보이게 연출했다.

〈브로크백 마운틴〉에 이어 다시 합을 맞춘 로드리고 프리에토 촬영감독은 이의 냉혈한 같은 면모를 강조하기 위해, 둥근 반사판에 전구를 여러 개 달아 그의 얼굴을 차갑고 섬뜩하게 부각했다. 리안과 로드리고의 목표는 '한 번도 보지 못한 양조위의 얼굴'을 보여주는 것이었다. 그러나 딱 한 번 이런 조명 방식을 버린 장면이 있다. 후반부에 이가 왕치아즈에게 반지를 선물하며 쳐다볼 때의 눈빛이다. 리안은 양조위에게 "이 남자를 어떻게든 살려야겠다는 생각이 들게끔, 진심으로 선한 눈빛을 보여달라"고 요구했다. 또한 움직임이나 걷는 모습에서도 그 시대의 딱딱한 공무원 같은 느낌을 요구했는데,

«
〈색, 계〉 속 '이'의
저택 실제 장소(외관).
ⓒ주성철

«
〈색, 계〉 '이'의 저택
촬영 당시의 사진들을
모아놓은 박물관.
ⓒ주성철

리안은 어느 날 문득 양조위에게서 공무원이셨던 자신의 아버
지 모습을 발견하기도 했다고 회상했다.

　　동시에 〈색, 계〉 속 양조위의 얼굴에서는 할리우드 고전
배우 험프리 보가트의 그림자가 읽히기도 한다. 〈카사블랑카〉
(1942)에서 혼란스러운 전쟁 중 연인을 위해 여권을 준비하는
릭의 모습이나, 〈고독한 영혼〉(1950)에 등장하는 냉소적이고
괴팍한 작가 딕슨의 어두운 내면이 양조위의 모습에 투영되어

있다.

　그럼에도 지워지지 않는 양조위 고유의 아우라는 〈색, 계〉의 정서를 지배하는 본질이다. 영화 속 양조위는 공공의 적이라는 선명한 육체 위에 불균질한 눈빛을 지니고 살아가는 인물이다. 그가 누군가를 고문하고 나와 손에 묻은 피를 닦는 그 끔찍한 순간에도, 그의 변함없는 눈빛은 관객을 묘하게 안심시킨다. 양조위는 언제나 영화 속에서 말을 아끼고 상대의 반응을 유심히 관찰하며, 주변의 공기마저 정지시키는 것 같은 침묵의 순간을 창조해낸다.

　관금붕과 오우삼, 허우샤오시엔과 트란 안 홍, 그리고 왕가위를 거쳐 리안에 이르는 아시아의 거장들이 그를 통해 상처와 연민, 무한의 슬픔을 담아내려 했던 이유는 자명하다. 그는 마치 형언할 수 없는 우울과 슬픔을 태생적으로 안고 살아가는 사람처럼 보인다. 그렇게 양조위는 영화가 기어이 '계'를 깨뜨리고 '색'에 빠져들 수밖에 없는 절대적인 이유가 된다. 그는 배우를 규정하는 모든 기준을 넘어서는 초월적 존재가 된 것이다.

〈색, 계〉가 불러온 홍콩 멜로의 노스탤지어

시대적 배경으로 보건대 〈색, 계〉가 소환하는 과거 홍콩영화의 리스트는 꽤 방대하다. 엄호의 〈홍진〉(1991)이나 구정평의 〈하일군재래〉(1991) 같은 작품들은 〈색, 계〉처럼 시대의 상흔

을 아로새긴 멜로 서사시다. 여기서 더 거슬러 올라가면 1954
년생인 리안 감독이 유년 시절 즐겨 봤던 1950~60년대 캐
세이(Cathay)와 쇼브라더스 스튜디오의 멜로 영화들이 그 뿌
리에 닿아 있다.

　　1970년대 무협 영화가 대세를 이루기 전까지 당시 홍
콩과 대만의 극장가는 멜로 영화가 장악하고 있었다. 흥미로
운 점은 이 시기가 이전이나 이후와 달리 북경어로 멜로와 뮤
지컬 영화가 제작되던 황금기였다는 사실이다. 리안이 번거로
움을 무릅쓰고 양조위에게 생애 첫 북경어 연기를 시킨 것은
바로 이러한 시대적 노스탤지어의 발로였을 것이다.

　　배우들의 면면에서도 이러한 전통은 이어진다. 탕웨이
는 영화 속에서 기구한 운명을 짊어지고 살았던 당대의 여성
멜로 스타 방염분, 백연, 이려하의 현대적 변주라 할 만하다(장
만옥에게 베를린영화제 여우주연상을 안겨준 〈완령옥〉의 실제 모델 완령
옥은 이들보다 훨씬 이전 시대의 배우다). 또한 일본 군인과 관료들
로 가득한 일식집에서 왕치아즈가 중국 전통 음악을 노래하는
장면은 당시 유행했던 '황매조(黃梅調) 영화'를 강렬하게 연상
시킨다. 황매조란 경극을 응용한 형태로, 우리 판소리 가락과
유사한 중국 전통 성악곡이 삽입된 뮤지컬 영화 형식을 말한
다. 일제강점기 일식집 다다미방 위에서 펼쳐지는 불륜의 황
매조 가락은 당시로서는 꽤 혁명적인 연출이었을 것이다. 이
는 〈와호장룡〉에 호금전의 〈대취협〉(1966) 주연이었던 정패패
를 캐스팅했던 것처럼, 리안이 홍콩영화의 위대한 전통에 바

치는 사적인 오마주이기도 하다.

이처럼 〈색, 계〉는 〈와호장룡〉 이후 리안이 선보인 새로운 중국어 영화지만, 그 내면에는 훨씬 복합적인 층위가 자리 잡고 있다. 리안은 이민 세대가 아닌 아시아 출신 감독임에도 할리우드 내에서 '타자'라는 자의식이 거의 없는 유일무이한 예술가다. 〈와호장룡〉을 만든 해, 〈타임〉지는 그를 미국 최고의 감독으로 선정하며 이렇게 묘사했다. "리안은 어느 문화에나 편안하게 다가가면서도 신랄한 시선을 잃지 않는 코스모폴리탄이자 카멜레온이다."

실제로 〈색, 계〉는 홍콩 멜로의 전통에 기대면서도 히치콕의 스릴러, 험프리 보가트가 출연했던 필름 누아르, 그리고 감독이 직접 언급한 베르나르도 베르톨루치의 〈파리에서의 마지막 탱고〉(1972) 같은 성정치학적 요소들을 곳곳에서 드러낸다. 제작진과 출연진의 구성 또한 우연이라 보기 힘들 만큼 다국적이다. 촬영의 로드리고 프리에토(멕시코), 음악의 알렉상드르 데스플라(프랑스)를 비롯해 홍콩의 양조위, 대만의 왕리홍, 중국의 탕웨이, 미국 이민자인 조안 첸에 이르기까지 다양하다. 이는 전통에 기대면서도 결코 그 틀에 얽매이지 않는 코스모폴리탄으로서의 리안을 상징한다. 특히 조안 첸은 〈색, 계〉에 직접적인 영향을 준 〈순응자〉(1970)의 감독 베르톨루치의 또 다른 명작 〈마지막 황제〉(1987)에 출연한 배우이기도 하다. 이처럼 양조위와 리안, 두 사람 모두는 특정한 곳에 머물기를 거부하며 끊임없이 경계를 넘나드는 예술가들이다.

"왕치아즈가 곧 탕웨이", 주인공이 되기까지

탕웨이가 〈색, 계〉(2007)를 통해 보여준 연기는 그 누구도 그녀가 신인이라는 사실을 믿지 못하게 할 만큼 압도적이었다. 일제강점기라는 격동의 세월과 그 안에서 흔들리는 욕망의 그림자는 오직 탕웨이의 표정과 몸짓에 응축되어 나타난다. 그녀는 영화 내내 전혀 흔들림 없는 표정으로 자신에게 닥친 가혹한 현실을 묵묵히 견뎌낸다.

이미 세계적인 스타로 발돋움해 있던 장쯔이보다 한 살이 많았던 탕웨이는 10대 시절부터 모델로 활동하며 기본기를 다졌다. 베이징중앙연극학원에서 착실히 연기 수업을 쌓았고, 2004년에는 미스 유니버스 대회에도 참가했다. 이후 여러 TV 영화와 드라마에 출연하던 중, 국내에는 〈탕웨이의 투캅스〉라는 제목으로 소개된 〈경화연자〉(2006)로 CCTV 영화 채널 수여 최고 여배우상을 받으며 〈색, 계〉에 합류할 발판을 마련했다.

〈색, 계〉의 오디션은 그녀 인생에서 결코 놓칠 수 없는 기회였다. 베이징과 홍콩을 오가며 무려 다섯 번의 오디션을 치른 탕웨이는 마음을 비우고 항저우의 고향 집으로 돌아가 시간을 보냈다. 그러던 어느 날 한 통의 전화가 걸려왔다. 아버지와 함께 산을 오르던 중이었던 그녀는 빨리 홍콩으로 오라는 소식을 들었다. 여섯 번째 오디션이겠거니 생각하며 다시 홍콩으로 향했지만, 막상 도착해보니 분위기가 달랐다. 리안 감독은 그녀를 조용히 카메라 앞에 세웠고, 그 순간 탕웨이는 자신이 비로소 왕치아즈가 되었음을 직감했다. 원작 소설과 비교하자면, 양조위는 캐릭터와 아주 달랐고 탕웨이는 소설 속 인물과 무서울 정도로 닮아 있었기에 이들의 만남은 그 자체로 기대를 모으는 작업이었다.

하지만 리안 감독에 대한 신뢰와 대선배 양조위와의 만남이라는 영광 뒤에는 수위 높은 정사신을 소화해야 한다는 두려움이 도사리고 있었다. '이'와 '왕치아즈'는 말로 표현할 수 없는 감정을 몸으로 증명해야 하는 인물들이었기 때문이다. 왕치아즈는 흠모하던 광위민의 마음을 얻기 위해 암살 임무를 수락하지만, 그 과정에서 타깃인 '이'와 사랑에 빠진다. 부모의 부재와 혼란스러운 세상 속에서 결핍을 안고 살던 그녀는 비록 육체적 관계가 먼저였을지언정 '이'가 내비치는 따뜻함에 쉽게 불타오르고 만다. 11일 동안 세 차례에 걸쳐 정사신을 촬영했는데, 리안 감독은 특이하게도 배우들이 캐릭터에 깊이 몰입하기 전인 촬영 초반부에 이 모든 장면을 먼저 끝냈다. 이는 준비되지 않은 채 혼란스러운 마음으로 임무를 수행해야 하는 왕치아즈의 심리 상태를 배우가 자연스럽게 표현하도록 의도한 연출이었다.

나름대로 캐릭터를 분석한 탕웨이는 첫 번째 정사신에서 눈물을 흘리고자 했다. 원치 않는 임무를 수행해야 하는 처지에 대한 비애감이 눈물로 표현되어야 한다고 믿었기 때문이다. 하지만 막상 슛이 들어가자 의도한 대로 눈물이 나오지 않앉고, 그녀는 선배 양조위를 찾아가 고민을 털어놓았다. 이때 양조위는 "〈색, 계〉의 왕치아즈와 현실의 탕웨이는 결국 한 사람"이라며 그녀를 다독였다. 두 사람 모두 같은 상황에 놓인 신인 배우나 다름없기에, 왕치아즈가 울지 않았다면 탕웨이도 울지 않은 것이고, 반대로 탕웨이가 울지 않았다면 왕치아즈 역시 울지 않은 것이니 전혀 신경 쓸 필요가 없다는 조언이었다. 배우로서 무엇이 맞고 틀린지 단정 지을 수 없으므로, 의도한 대로 감정이 터지지 않았다고 해서 실망할 필요가 없다는 선배 양조위의 따뜻한 위로였다.

장학우가 부른 '왕치아즈의 테마'

〈색, 계〉 출연 이후 중국 정부의 제재로 사실상 활동이 중단되었던 탕웨이가 홍콩 시민권을 취득하며 배우 생활을 재개할 수 있었던 복귀작은 홍콩영화 〈크로싱 헤네시〉(2010)였다. 세월이 흘러 탕웨이는 이때의 인연을 바탕으로 남편 김태용 감독의 영화 〈원더랜드〉(2024)에 배우 포기정을 추천하기도 했다. 당시 포기정은 〈크로싱 헤네시〉에서 탕웨이의 상대역이었던 장학우의 이모로 출연한 바 있다. 장학우는 탕웨이의 홍콩 생활에 많은 도움을 주었을 뿐만 아니라, 알렉상드르 데스플라가 음악을 맡은 〈색, 계〉 OST 중 '왕치아즈의 테마'를 몹시 아꼈다.

　　사라 브라이트만이 엔니오 모리코네의 〈미션〉(1986)

» 〈색, 계〉의 강렬함을 벗고 소탈한 이웃으로 돌아온 탕웨이가 장학우와 함께 출연한 영화 〈크로싱 헤네시〉(위). 아래는 실제 카페의 모습. ⓒ주성철

OST 중 '가브리엘의 오보에'에 가사를 붙여 '넬라 판타지아'를 불렀던 것처럼, 장학우 역시 '왕치아즈의 테마'에 가사를 붙여 '엄몰(淹沒)'이라는 곡을 발표했다. (참고로 사라 브라이트만이 자신의 곡에 가사를 붙일 수 없다며 완강히 거부하던 모리코네에게 3년에 걸쳐 2개월마다 편지를 보내 결국 허락을 받아냈다는 일화는 유명하다.) 장학우는 그만큼의 험난한 과정 없이 순조롭게 곡을 완성

했으나, '물속에 가라앉다'라는 뜻의 제목 '엄몰'에 담긴 정서
는 자못 비장하다.

　　장학우가 부른 '엄몰'의 가사는 대략 다음과 같다.

　　"어두운 밤 가는 빗줄기의 장막이 드리우고, 꽉 막힌 방
안의 한 줄기 불빛, 창 앞의 빗방울이 사방으로 도망치네. 마
음속 깊은 곳의 일기는 몇 번인가 호흡 속에 섞여들었지만, 기
억의 앞뒤를 가로막는 벽에 부딪혀 울리는 공허한 메아리가
귓가에 쌓이는 것을 막을 수 없어, 과거가 끊임없이 기어들어
오네. 재앙이라는 것은 이미 알고 있었건만, 숨을 수 있을 거
라 생각했는데, 이것은 의외였어. 아마도 하늘의 뜻이었겠지.
(중략) 기억이 끊임없이 비집고 들어오네. 분명히 모든 게 변해
버렸으니 이전에 품었던 사랑보다는 내가 존재할 수 있기를
원해. 부디 떠돌지 말아줘. 올 테면 와 봐, 그저 한 차례 재앙일
뿐이니까. 바다처럼 깊게, 바다처럼 깊게, 바다처럼 깊게."

　　이 가사는 보석상에서 이를 떠나보낸 뒤 하염없이 길을
걷던 왕치아즈의 공허한 심경을 그대로 대변한다. 영화에는
가사 없는 선율만이 흐르지만, 장학우는 그 마음을 물속으로
서서히 가라앉는 '엄몰'의 상태로 묘사했다. 더구나 이와 사랑
에 빠지게 된 연유를 '재앙'이나 '하늘의 뜻'이라 부르고, '올
테면 와 봐'라고 외치는 가사는 원작자 장아이링의 의도를 정
확히 꿰뚫고 있다. 평소 "연애할 때가 전쟁이나 혁명을 할 때
보다 더 진실하다"고 말해온 장아이링의 철학이 녹아 있기 때
문이다.

단편 〈색, 계〉는 장아이링의 전성기가 한참 지나고 1972년 미국 로스앤젤레스에서 은둔을 시작한 이후, 1995년 세상을 떠나기까지의 기간 중 첫 번째로 쓰인 작품이다. 즉, '이'의 모델인 친일파 유부남 후란청과 1944년 비밀리에 결혼하고 1947년 이혼했던 과거를 수십 년이 지난 뒤 회고하며 쓴 것이다. 따라서 이 작품에는 지난날의 결정에 대해 후회하지 않으며, 그때나 지금이나 자신의 생각은 변함없다는 장아이링의 단단한 마음이 담겨 있다.

탕웨이의 주연작이라는 공통점 때문일까, 영화 〈헤어질 결심〉(2022)의 마지막 바닷가 장면에 이 곡 '엄몰'을 겹쳐 보았다. '바다처럼 깊게'라는 가사와 멜로디는 그 장면과 놀랍도록 잘 어우러졌다. 만약 장아이링이 살아있어 〈헤어질 결심〉을 보았더라도 무척 좋아했을 것이라는 확신이 든다.

13장

남방의 자부심 〈적벽대전〉,
무림에 남은 마지막 정신 〈일대종사〉

〈적벽대전〉, 양조위가 빚은 남방의 자부심 주유

〈적벽대전: 거대한 전쟁의 시작〉(이하 〈적벽대전〉, 2008)은 서기 208년, 위·촉·오 3국이 대립하던 시기를 배경으로 하고 있다. 위의 조조(장풍의)는 막강한 군사력을 바탕으로 대륙의 반 이상을 차지하고, 유비 진영은 조자룡(후준)이 유비의 하나뿐인 아들을 구해오는 대활약 속에서도 퇴각에 퇴각을 거듭한다. 이에 유비의 책사 제갈량(금성무)은 강남 지역의 최고 실력자 손권(장첸)과의 동맹을 제안한다. 제갈량은 손권의 마음을 움직이기 위해 손권 휘하 명장 주유(양조위)의 마음을 먼저 얻는 데 주력한다. 한편, 강남을 공격하는 조조의 마음속에는 주유의 아내인 소교(린즈링)를 차지하겠다는 욕망도 있다. 그렇게 조조 군대와 유비, 손권의 연합군대는 적벽에서 대치하게 된다.

　　오우삼 감독은 같은 해 앞서 개봉한 이인항 감독의 〈삼국지: 용의 부활〉(2008)을 보면서 어떤 생각이 들었을까? 같은 원작을 바탕으로 '선수를 친' 작품이기도 하지만 유덕화를 조자룡으로 캐스팅했다는 것은 치명적이었다. 게다가 〈영웅본색〉(1986)을 함께했던 적룡이 관우로 출연했다는 사실도 절망적이었을 것이다. 실제로 그는 장철 감독 영화의 조감독으로 일하던 시절부터 흠모했던 적룡을 두고 '관우와 같은 신의를 지닌 사람'이라고까지 말한 적 있다. 그런 그가 이인항 감독의 영화에 실제 관우로 출연한 것이다. 게다가 이인항은 오우삼의 영원한 스승이나 다름없는 장철 감독을 두고 가장 존

《
〈적벽대전〉 속 양조위.

경하는 감독이라 말하는 사람이기도 하다. 그만큼 〈삼국지: 용
의 부활〉은 동일한 원작의 영화화라는 사실 이상으로 오우삼
에게 여러모로 부담이 됐을 것이다.

　　오우삼은 〈적벽대전〉을 연출하면서 그에 대한 정면 돌
파와 우회라는 상반된 전략을 적절히 구사했다. 먼저 오우삼
역시 초반부의 결정적 시퀀스로 장판교 전투를 설정했다. 조
자룡이 적진에서 유비의 아들을 구해오면서 조조의 주목을 받
게 되는, 그러니까 원작에서 가장 인상적인 장면 중 하나인 이
대목을 비껴갈 수 없었다. 아시아 관객 입장에서 보자면, 지명
도 면에서 배우 후준이 여러모로 유덕화의 카리스마와 비교된
다는 것을 알지만, 오우삼의 영원한 테마라 할 수 있는 '의리'
라는 측면에서 빠질 수 없는 장면이기 때문이다. 대신 그 시퀀
스를 마무리하는 것은 조자룡이 아니라 관우(파삼찰포)다. 마치
관우 초상화에서 그대로 뛰쳐나온 듯한 붉은 얼굴의 관우가

마음껏 개인기를 펼친다. 적룡이 중화권에서 많은 사람들로부터 실제 '관우처럼 인정받는' 풍모의 배우라면, 오우삼은 무명배우를 그냥 캐스팅한 대신 원작에서 묘사되는 관우와 똑같은 메이크업을 해서 등장시킨다. 누구나 알 만한 대충 적당한 중견배우를 캐스팅해서는 결코 적룡과 승부할 수 없음을 그 역시 잘 알고 있었기 때문이다.

반면 〈적벽대전〉 역시 유비, 관우, 장비 세 사람의 비중을 축소했다는 점에서는 〈삼국지: 용의 부활〉과 유사하다. 이전까지 영화화되거나 TV 시리즈로 제작된 대부분 〈삼국지〉의 첫 장면을 떠올려보면 언제나 그 유명한 세 사람의 도원결의 장면이었다. 그런데 〈삼국지: 용의 부활〉이 조자룡을 내세웠다면 〈적벽대전〉은 〈삼국지: 용의 부활〉에서 존재조차 없던 주유에 방점을 찍고 있다. 심지어 〈적벽대전〉의 경우 의도적으로 양조위, 금성무, 장첸의 스타성에 비해 전혀 이름 없는 배우들을 유비, 관우, 장비로 등장시켜 극명하게 대조시키는 전략을 썼다. "《삼국지연의》라는 원작 소설보다 정사에 충실했다"는 오우삼의 말처럼, 유비는 전장의 혼란 속에서 짚신을 만들고, 관우는 아이들에게 글을 가르치며, 장비는 과격한 목소리와 함께 몸으로 부딪혀 말을 쓰러트린다.

질투의 화신을 지우고 '미주랑'을 새기다

〈적벽대전〉의 주인공은 단연 강남의 주유와 강북의 조조라고 할 수 있다. 이러한 남북 대치(?) 상황은 이후 왕가위가 〈일대종사〉(2013)에서도 양조위를 통해 활용한 방식이다. 아무튼 영화에서 개인의 감정을 토로하거나 고뇌를 담은, 자기만의 단독 신을 가진 인물은 오직 그 둘뿐이다. 소교까지 더하여 그들의 삼각관계가 〈적벽대전〉 1편과 2편의 핵심이다. 특히 주유는 방대한 원작을 간략하게 처리해야 하는 가운데에도, 물소를 잃어버리고 탄식하는 한 노인의 '일대일' 민원까지 꽤 긴 시간을 들여 해결해주는 자애로운 인품으로 등장한다.

오우삼 영화의 영원불멸한 테마가 서로 다른 영역에 속해 있던 남자들의 연대와 우정이라면 〈적벽대전〉은 바로 주유와 제갈량의 만남에 관한 영화다. 〈중경삼림〉(1994)의 팬들이라면 1부와 2부로 나뉘어 있어 만나지 못했던 양조위와 금성무가 만난 것 같은 느낌도 받을 것이다.

오우삼 영화에는 선문답을 주고받으며 한 컷에서 서로를 응시하는 두 남자가 언제나 등장하는데, 〈적벽대전〉에서는 바로 양조위와 금성무가 그렇게 등장한다. 막대한 규모의 동맹을 맺어야 할 두 사람이 그 어떤 서류 교환이나 토론의 과정 없이 오직 악기 연주만으로 서로의 마음을 읽는다. 〈윈드토커〉(2002)에서 나바호족 군인 벤 야지(애덤 비치)와 조 엔더슨(니콜라스 케이지)이 각자의 악기로 합주를 하며 우정을 나눴던 장면을 떠올려보면 될 것이다. 알다시피 오우삼 영화의 주인공들은 하모니카건 색소폰이건 언제나 악기 하나쯤은 능숙하게 다룰 줄 안다. 오우삼 영화에서 아군과 적군을 구분하는 방법 또한 그것이다. 그게 바로 오우삼 영화의 남자들이 그 어떤 논리에도 구애받지 않고 서로 교류하는 방식이다.

그럼에도 역시 〈적벽대전〉의 진정한 주인공은 주유 역의 양조위다. 오나라에서 손견을 섬기다 그가 죽은 뒤 아들 손책을 섬기고, 또 손책이 죽은 뒤에는 그의 동생 손권을 섬긴 주유는 '의리'라는 관점에서, 오우삼이 존경하지 않을 도리가 없는 인물이다. 오우삼은 제갈량의 탁월한 논리와 지략에 대해 묘사하는 것을 희생하면서까지, 주유에게 집중한다. 소설 《삼국지연의》의 주유는 제갈량의 라이벌로서 '질투의 화신'처럼 묘사된다. 제갈량의 천재성을 돋보이게 만들려고 희생된 인물이기도 하다. "하늘은 이미 주유를 낳았는데, 어찌하여 또 제갈량을 낳았단 말인가!"라는 소설 속 주유의 시기심 가득한 대사 "旣生瑜, 何生亮(기생유 하생량)"은 워낙 유명하다. 그런데 "정사에 충실했다"는 오우삼의 의도는 양조위를 캐스팅한 것으로 이미 완성됐다. 일단 주유는 소설과 정사를 초월하여 '삼국지'를 대표하는 미남이어서 '미주랑(美周郎)'이라 불린 '초엘리트 장군'이었다. 젊고 빼어난 귀공자를 친근하게 높여 부르는 표현인 '랑(郎)'을 성 뒤에 붙인 것으로도 모자라 '미(美)'까지 더한 것인데, 아마도 현실의 양조위는 '미양랑(美梁郎)' 정도 되지 않을까.

주유와 주윤발, 그리고 양조위

그리고 실제 역사 속의 주유는 소설과는 정반대로, 영화에서 묘사하는 것처럼 너그럽고 겸손하고 기품 있는 완전무결한 명장이었다. 소설에서는 제갈량이 신묘한 솜씨로 바람을 빌려와 이긴 것처럼 묘사되지만, 실제 역사에서 조조의 대군을 물리친 전략의 핵심은 주유의 지휘와 결단력이었다. 적벽대전의 진짜 주인공이 바로 주유였다고나 할까. 게다가 역시 영화에도 잘 드러나지만, 주유는 악기 연주도 뛰어난 천재적인 예술가였다. '술에 취했어도 연주가 틀리면 주랑이 반드시 알아본다'는 뜻의 '주랑고곡(周郎顧曲)'이라는 사자성어까지 있을 정도다. 그야말로 지덕체를 갖춘 명장이었다.

중국 강남의 오나라와 주유는 광동 및 홍콩 사람들에게 인기가 높다. 중국의 전통극을 북방의 '경극(京劇)'과 남방의 '월극(粵劇)'으로 나눈다면(보통 경극보다 월극이 좀 더 서정적이고 감정 표현이 풍부하다고 얘기된다), 실제로 광동 및 홍콩을 대표하는 월극에는 주유를 주인공으로 한 작품이 꽤 많고 인기도 높다. '주유를 세 번 화나게 한 제갈공명'이라는 뜻의 〈주유삼기공명(周瑜三氣孔明)〉이 가장 유명하고, 주유와 그의 아내 소교의 로맨틱한 이야기를 담은 〈소교가주(小喬歌奏)〉, 주유의 마지막 순간을 그린 〈주유귀천(周瑜歸天)〉 등이 대표적이다. 원작 소설이 주유를 질투의 화신으로 다룰 때, 월극은 그에 반발하듯 완벽하고 낭만적인 영웅상으로 묘사해온 것이다. 흥미로운 사실은, 주윤발이 주유의 실제 직계 후손으로 알려져 있어 좀 더 특별한 사랑을 받기도 한다는 점이다. 그 스스로 주유의 후손임을 자랑스러워했고, 그 자체로도 '미주랑'이라 할 수 있으니 얼마나 흥미로운 일인가. 이처럼 주유와 주윤발, 그리고 양조위로 이어지는 삼각관계는 홍콩의 자부심이다. 게다가 〈적벽대전〉의 주유는 역시 양조위가 연기한 〈일대종사〉(2013) 의 엽문으로도 이어진다. 불산에서 홍콩으로 건너온 엽문 또한 주유 못지않게 남쪽 사람들이 아끼는 인물인 것이다. 베니스영화제 황금사자상을 수상한 〈색, 계〉(2007) 이후, 주유와 엽문을 모두 연기하며 마침내 양조위는 주윤발 못지않은 위엄을 가진 홍콩의 국민배우로 발돋움하게 된다.

〈일대종사〉, 왕가위가 양조위에게 보내는 헌사

〈일대종사〉(2013)는 왕가위 감독 고유의 색채와 새로운 변화의 흐름을 동시에 읽을 수 있는 작품이다. 오랜 파트너였던 크리스토퍼 도일은 곁에 없지만, 영원한 페르소나 양조위가 남아 엽문을 연기했다. 양조위가 실제 무술에 능한 배우인지 아닌지는 중요하지 않았다. 그는 마치 태초부터 한 몸이었던 것처럼 엽문의 세계로 유영하듯 빠져들었다. 영화의 도입부, 화려한 컴퓨터 그래픽 이미지들이 느릿하게 이어진다. 〈동사서독 리덕스〉(2008)에서 보았던, 세월의 흔적이 켜켜이 새겨진 듯한 이미지들이다.

안타까운 장국영의 죽음과 다소 실망스러웠던 〈마이 블루베리 나이츠〉(2007)를 거치며, 많은 이들은 우리가 열병처럼 앓았던 왕가위의 세계가 이제는 돌아오지 않을 것이라 서둘러 단정 짓곤 했다. 하지만 오랜 기다림에 화답하듯, 〈일대

〈일대종사〉 실제 촬영
세트가 있는 광저우
카이핑 주감영시성 방문
당시 사진. ⓒ주성철

종사〉는 역시 '왕가위 영화' 그대로였다.

　　영화가 시작되면 억수같이 퍼붓는 빗속에서 처절한 싸
움이 벌어진다. 이내 술잔을 기울이며 엽문(양조위)이 툭 던지
는 충고는 이 영화의 핵심이다.

　　"네 쿵푸 실력을 함부로 내세우지 마라. 너의 문파가 최
고라 말하지 마라. 쿵푸, 그것은 오직 하나의 수직과 수평의
만남일 뿐."

　　〈일대종사〉는 실력의 우위보다 그 자신이 서 있는 본연
의 자리에 대해 이야기한다. 하지만 엽문의 충고가 무색하게,
수직으로 쏟아지는 빗줄기를 뚫고 수평으로 달려드는 수많은
사내들의 기합과 비명은 빗물과 함께 씻겨 내려간다. 무술감

독 원화평의 솜씨이기에 당연하겠지만, 이 장면은 〈매트릭스〉 시리즈에서 네오(키아누 리브스)가 빗속에서 벌였던 결투를 연상시킨다.

　　다만 여기에는 왕가위만의 흔적이 선명하게 덧입혀진다. 엽문의 모자 챙 위로 떨어지며 잘게 튀어 오르는 물방울, 뒤엉킨 인파가 만들어내는 물결과 거대한 회오리. 과장된 동작을 절제하는 영춘권 특유의 동선을 따르듯, 엽문을 중심으로 세상이 회전하고 사내들은 나가떨어진다. 이는 어떤 거대한 세상의 흐름 속에서도 결코 자신의 자리를 잃지 않겠다는 왕가위 자신의 다짐처럼 들리기도 한다. 수직으로 서 있는 승자와 수평으로 쓰러진 패자, 쿵푸의 대결이란 결국 그 단순한 수직과 수평의 교차만을 보여줄 뿐이다.

　　이 문장은 영화의 마지막 대사이기도 하다. 한 시대에 한 명 나올까 말까 한 위대한 스승을 일컬어 '일대종사(一代宗師)'라 부른다. 왕가위도, 원화평도, 양조위도 홍콩영화계의 일대종사라 불리기에 부족함이 없다. 결국 〈일대종사〉는 왕가위가 원화평에게, 그리고 자신과 긴 시간을 함께해온 양조위라는 배우에게 바치는 헌사다. 그것은 '페르소나'라는 수식어를 넘어선, 한 예술가가 동료에게 건네는 최고의 예우다.

6명의 촬영감독이 빚어낸 빛과 그림자

〈일대종사〉 역시 수십만 장의 필름을 소모했던 그의 전작들,

즉 〈동사서독〉(1994), 〈해피 투게더〉(1997), 〈2046〉(2004)
처럼 기나긴 촬영 기간을 거쳐 완성되었다. 제작 과정에서는
〈중경삼림〉을 끝으로 은막을 떠났던 임청하가 엽문의 아내
역할로 복귀한다는 소문이 돌기도 했으나, 그 자리는 결국 한
국 배우 송혜교의 몫이 되었다. 송혜교가 촬영을 위해 홍콩으
로 떠난 뒤 한동안 소식이 끊기기도 했고, 엽문의 실제 아들
인 엽준 선사로부터 무술을 배우는 양조위의 실력이 좀처럼
늘지 않는다는 가십성 기사가 보도되기도 했다. 그러나 가장
큰 변화는 왕가위 스타일의 핵심이라 할 수 있는 촬영감독 크
리스토퍼 도일의 부재였다. 그는 촬영이 아무리 길어지고 감
독의 변덕이 심해도 곁을 지키던 현장의 야전 사령관이었다.
　　도일이 없는 상황에서 왕가위는 필립 르 소드 촬영감독
을 필두로, 〈황비홍〉 시리즈와 〈용호문〉(2006) 등을 작업한
고조림, 송소비, 조만강 등 무려 6명의 촬영감독을 번갈아 투
입하는 고육책을 택했다. 또한 실화를 바탕으로 한 만큼 탄탄

한 시나리오가 필요했기에, 당시 국내에는 생소했던 신예 서
호봉 감독과 각본을 공동 집필했다.

　　서호봉은 이후 〈사부: 영춘권 마스터〉(2015)와 〈도배장
신〉(2017) 등으로 국제적인 명성을 얻으며 사실주의 무협의
새로운 지평을 열었는데, 그의 재능을 미리 알아본 왕가위의
안목이 돋보이는 대목이다. 이처럼 〈일대종사〉는 이전 작품들
이 그러했듯 수많은 억측과 우여곡절 속에서 태어났다.

금루의 등불과 사라진 나뭇잎

영화는 1930년대 일제 침략기, 혼란스러운 정세 속에서 중국
쿵푸의 세대교체 중심에 선 엽문(양조위)을 비춘다. 전국 무술
계를 통합한 궁(宮)가의 궁대인(왕경상)은 후계자를 물색하던
중, 실력은 출중하나 공격성이 지나친 제자 마삼(장진)에게 "네
칼은 너무 날카로우니 칼집에 잘 숨겨야 한다"며 경고한다. 대
신 남방 무술의 실력자 엽문을 눈여겨보는데, 이에 반발한 궁
대인의 딸 궁이(장쯔이)가 엽문에게 대결을 청한다. 이 과정에
서 궁이는 엽문의 실력뿐 아니라 인품에 매료된다. 하지만 엽
문은 이미 가정을 꾸린 몸이다. 사려 깊은 아내(송혜교)는 말실
수로 타인에게 상처를 줄까 봐 말을 아끼며 남편을 보필한다.
아내는 귀가한 남편을 물수건으로 닦아주고, 남편은 아내의
지친 발을 씻겨주는 애틋한 장면은 이전 왕가위 영화에서 보
기 힘들었던 안락한 가정의 풍경이다. 하지만 불산이 일본에
점령당하며 고난이 시작되고, 엽문은 결국 홍콩에 정착해 영

춘권을 전파하기에 이른다.

엽문(1893~1972)의 삶은 이미 엽위신 감독과 견자단의 〈엽문〉(2008) 연작을 통해 널리 알려져 있었다. 엽문은 이소룡의 스승이자 무림의 위대한 스승인 '일대종사'로 추앙받는 인물이다. 〈일대종사〉 역시 그의 중년기를 다루지만, 기존 영화들과 확연히 차별화되는 지점이 있다. 바로 무림의 의사결정 기구인 '금루(金樓)'라는 공간 묘사와 가공의 인물인 궁이의 존재다. 1936년 불산의 공화루, 즉 금루는 광동 지역 최초로 현대식 엘리베이터가 설치된 장소이자 '왕자를 거지로 만든다'는 말이 돌 만큼 화려한 향락의 공간이다. 허우샤오시엔의 〈해상화〉(1998) 속 유곽을 연상시키는 이 공간은 겉모습과 달리 무림 고수들이 모여 대사를 논하는 장소였다. 왕가위는 이곳을 통해 엽문을 무림의 계보 안에 위치시키고, 남북 무술의 통합을 통해 본토와 홍콩의 관계라는 역사적 층위까지 담아내려 노력했다.

무엇보다 왕가위의 야심이 투영된 캐릭터는 원작이나 실화에는 존재하지 않는 팔괘장의 고수 궁이다. 그녀를 통해 엽문이라는 캐릭터에 왕가위 특유의 회한이 새겨진다. 이는 〈화양연화〉의 절제된 사랑보다는, 〈동사서독〉에서 멀리 떨어진 채 재회하지 못하며 무상한 그리움을 품었던 구양봉(장국영)과 자애인(장만옥)의 관계에 더 가까워 보인다. 고증을 넘어, 엽문이 모진 세파 속에서 자신의 고독과 어떻게 대면했는지를 보여주는 효과적인 장치다. "인생에 후회가 없다면 재미가 없을 것"이라며 회한에 젖어드는 양조위와 장쯔이의 모습에는 왕가위 특유의 멜로적 감수성이 진하게 배어 있다. 수많은 등불과 기녀들을 배경으로 두 사람이 바로크풍 회화처럼 자리한 장면은 압권이다. 특히 금루 곳곳을 누비며 춤추듯 합을 겨루는 대결 장면은 〈해피 투게더〉의 탱고 장면만큼이나 에로틱한 긴장감을 자아낸다. 중국식 간체자 자막이 주었던 초기 이질감은 어느덧 영화 속 떨어지는 나뭇잎처럼 사라진다. 〈일대종사〉는 분명 낯선 시대를 다루고 있지만, 그럼에도 부정할 수 없는 왕가위와 양조위의 영화다.

왕가위의 세계에 내린 첫 '눈'

〈일대종사〉에는 왕가위 영화에서 처음으로 등장하는 요소가 하나 있다. 바로 '눈(雪)'이다. 궁이가 살고 있는 북쪽의 풍경은 매섭기 그지없으며, 그녀가 등장하는 장면은 대개 한겨울을 배경으로 한다. 의도적이라 느껴질 만큼 궁이의 곁에는 눈 쌓인 집과 나무, 얼어붙은 강, 그리고 눈보라가 휘날리는 기차역이 상징처럼 깔린다. 이는 엽문이 살고 있는 남쪽 광동 지역이나 후반부 홍콩의 분위기와는 사뭇 다르다. 실제로 궁이는 남쪽의 기후와 음식에 끝내 적응하지 못한 채 '고향에 돌아가고 싶다'는 말을 입버릇처럼 내뱉는다.

이러한 설정은 왕가위 영화 세계에 완전히 새로운 정서를 불어넣는다. 〈아비정전〉의 요크(장국영)가 친모를 찾아 필리핀으로 가고, 〈화양연화〉의 주 선생(양조위)이 비밀을 봉인하려 캄보디아 앙코르와트로 떠나며, 〈해피 투게더〉의 보영(장국영)과 아휘(양조위)가 홍콩의 지구 반대편인 아르헨티나로 향했듯, 왕가위는 〈일대종사〉를 통해 처음으로 중국의 추운 북방으로 발을 들였다. 〈동사서독〉의 구양봉(장국영)이 중국 본토 서쪽 사막으로 가긴 했으나 그곳 역시 뜨거운 열기로 가득한 곳이었음을 상기하면, 〈일대종사〉에서 느껴지는 북방 본토의 서늘한 냉기는 매우 이례적이다.

하지만 여기서도 홍콩이라는 공간은 여전히 핵심적인 지지대 역할을 한다. 동북 지방 출신의 궁이와 광동성 불산 출신의 엽문 모두 원래 홍콩 사람이 아니기 때문이다. 홍콩 밖의 외지인들이 타향인 홍콩으로 건너와 만나고 헤어지는 이야기라는 점에서, 〈일대종사〉는 〈첨밀밀〉(1996)의 또 다른 변주라고도 볼 수 있다. 사실 이는 왕가위 영화에서 매우 흔한 설정이다. 〈열혈남아〉의 소화(유덕화)와 아화(장만옥)는 각각 홍콩 외곽의 티우겡렝과 란타우섬에 살던 이들이다. 당시 란타우섬은 도시 홍콩과는 거리가 먼 원주민들의 터전이었고, 티우겡렝은 국공내전 당시 대만으로 가지 못한 국민당 사람들이 모여 살던 곳이었다. 〈아비정전〉의 요크는 어머니가 필리핀 사람이고, 수리첸(장만옥)은 마카오에서 일자리를 찾아 홍콩으로 온 이방인이었다. 상하이가 고향인 왕가위 자신처럼, 그의 영화에는 늘 홍콩 사람이 아닌 이들이 홍콩에서 겪는 이방인의 정서가 중요하게 작동한다. 장르와 로케이션은 달라졌을지언정 〈일대종사〉를 온전한 '왕가위 영화'라 부를 수 있는 근거가 바로 여기에 있다.

또 다른 '일대종사', 궁이

흥미로운 대목은 영화가 중반부에 접어들며 무게중심이 서서히 궁이에게로 옮겨간다는 점이다. 영화에는 '광동 사람 양조위'를 지지하는 선량한 고수들이 등장하는 반면, 궁이 주변의 남자들은 하나같이 편협하고 못됐다. 그들은 "그냥 시집이나 갈 것이지"라는 식의 대사를 서슴없이 내뱉으며 궁이를 압박한다. 〈일대종사〉의 백미 중 하나인 눈 쌓인 기차역에서의 대결은 이러한 억압에 대한 궁이의 응답이다.

과거 궁보삼(왕경상)은 궁가의 비기인 '64수'가 자식 대에 이르러 완성되기를 바랐으나, 딸 궁이만을 얻어 그 꿈을 이루지 못할 것이라 낙담했다. 여자가 무예의 대를 이을 수 없다는 것이 당대의 완고한 인식이었기 때문이다. 그러나 궁이는 어려서부터 어깨너머로 아버지의 무공을 보고 익혀 완벽하게 제 것으로 만들었다. 배신자 마삼(장진)은 궁이가 정혼을 하면 더 이상 궁가 사람이 아니기에 후계자가 될 수 없다는 궤변을 늘어놓으며, 딸은 자식도 원조도 될 수 없다고 비아냥거린다.

하지만 궁이는 궁가의 무술을 탐욕스럽게 가로채려던 마삼을 향해, 과거 아버지가 마삼을 무릎 꿇릴 때 썼던 똑같은 수(양손을 브이 자 형태로 만드는 기술)를 구사해 그를 물리친다. 이는 궁이가 이미 아버지와 같은 무도가의 경지에 올랐음을, 그리고 궁가의 64수를 진정으로 완성한 계승자임을 보여주는 최고의 한 수였다. 패배한 마삼이 "궁가의 것을 가져가라, 돌려줄 테니"라고 구차하게 굴 때, 궁이가 "말은 똑바로 해야지. 네가 돌려준 게 아니라 내가 되찾아온 거다"라고 일갈하는 대목은 실로 통쾌하다. 이 지점에서 궁이 역시 '일대종사'라 불리기에 한 점 부족함이 없는 인물로 우뚝 선다.

어쩌면 〈일대종사〉의 진정한 주인공은 엽문이 아닌 궁이일지도 모른다. 여기서 왕가위 영화 사상 처음으로 등장하는 요소가 하나 더 발견된다. 바로 '플래시백'을 통한 유년기의 묘사다. 이 영화에서 엽문의 어린 시절은 나오지 않지만, 궁이의 어린 시절은 상세히 그려진다. 왕가위의 전작들에서 인물의 유년기를 이토록 직접적으로 보여준 적이 있었던가. 결국 〈일대종사〉라는 제목의 주인은 엽문일 수도, 혹은 궁이일 수도 있는 것이다.

〈일대종사〉, 홍콩영화의 화양연화

〈일대종사〉의 주된 정서는 사라져가는 것들을 향한 애틋한 그리움이다. 궁이는 결혼도 하지 않았고 무술을 전수하지도 않은 채 고독하게 생을 마감했다. 그녀는 〈화양연화〉의 주인공들처럼 낡은 사원의 헤진 벽에 자신의 마지막 말을 남긴다. 그렇게 딸로서 아버지로부터 물려받은 절세무공인 궁가의 64수는 역사 속으로 사라졌다. "세상의 모든 만남은 세월이 아무

»
〈일대종사〉의 촬영지
카이핑 거리. ©주성철

리 흘러도 꼭 다시 만난다"고 했으나, 엽문과 궁이는 끝내 다
시 마주하지 못했다. 왕가위의 영화 속에서 모든 인물은 이처
럼 만나고 헤어짐을 반복한다. 왕가위가 무림의 마지막 일대
종사 엽문을 통해 들여다보는 당대 중국의 근대사 역시 그 궤
적을 같이한다. 도장의 한 구석에서 엽문이 마치 〈중경삼림〉
(1994)의 경찰(양조위)처럼 고독하게 앉아 있고, 주변 인물들이
재빨리 휙휙 지나가는 장면은 〈중경삼림〉 이후 수많은 영화가
패러디했던 왕가위 전매특허의 시각적 언어다. 〈중경삼림〉의
홍콩과 〈일대종사〉의 홍콩은 20년의 세월을 사이에 두고 양
조위라는 매개체를 통해 그렇게 조우한다.

〈일대종사〉가 그려낸 것은 이제는 홍콩영화에서도 좀 처럼 보기 드문 정통 맨손 권법의 세계. 홍권, 팔괘장 등 익숙한 권법 용어들이 엽문의 성장과 함께 세밀하게 드러난다. 플래시백을 통해 엽문의 스승으로 등장하는 진화순은 영춘권의 상징적 존재인 양찬의 제자인데, 이 역할은 영화의 무술감독인 원화평이 직접 특별 출연해 맡았다. 원화평은 양찬보다 시대를 더 거슬러 올라가 영춘권의 창시자로 불리는 엄영춘(양자경)을 주인공으로 한 〈영춘〉(1994)을 만든 바 있으니, 그에게도 감회가 남다른 작업이었을 것이다.

또한 영화 초반부 엽문이 봉으로 못을 박는 장면이 등장하는데, 이는 실제 역사에서 양찬을 길러낸 스승 황화보가 소림 봉술의 대가 양이제와 만나 기술을 교류하며 봉술이 영춘권에 편입된 배경을 반영한 것이다. 왕가위는 이처럼 오랜 제작 기간만큼이나 충실한 고증을 거쳐 당대의 권법 지형도를 꼼꼼하게 묘사해냈다.

이러한 풍경을 묘사함에 있어 양조위는 왕가위의 영화 세계에서 처음으로 어떤 '위계질서' 안에 놓이게 된다. 지금까지 왕가위의 영화에서 '후계' 혹은 '승계'라는 개념이 등장한적이 있었던가. 무협 소설을 원작으로 한 〈동사서독〉조차 무림의 선후배 개념은 희박했다. 하지만 일제강점기를 지나며 근본이 뒤틀리기 전까지, 당대 중국은 화려한 권법의 세계를 구가하고 있었다. 말하자면 '일대종사'라는 표현 자체가 그 시기를 지나며 사라져버린 품격의 단어인 셈이다. 권법의 찬란

했던 날은 저물고 일대종사의 역사도 막을 내렸다. 그것은 왕
가위가 보기에 이제는 추억으로만 남은 '홍콩영화의 화양연
화'이기도 하다.

　　그렇기에 〈일대종사〉라는 제목은 이제는 지나가 버린
〈화양연화〉라는 제목의 또 다른 변주이며, 양조위가 엽문을
연기한 것은 피할 수 없는 운명처럼 느껴진다. 엽문은 평생
간판을 걸지 않은 채 영춘권을 전파하며 살았다. 고향인 불산
으로 끝내 돌아가지 않고 홍콩에 남았던 엽문의 삶은, 상하이
에서 태어나 새로운 고향 홍콩에 터를 잡은 왕가위의 자화상
처럼 다가온다. 결국 〈일대종사〉는 홍콩영화의 정신과 향수
를 결코 잊지 않고 살아가겠다는 왕가위의 비장한 다짐과도
같다.

엽문과 이소룡, 그리고 마지막 홍콩배우 양조위

왕가위는 홍희관, 곽원갑, 황비홍 등 중국 역사 속의 무수한
무도가들 중 왜 유독 엽문에 매료되었을까. 사실 엽문은 중국
과 홍콩을 아우르는 지난 100년의 역사 속에서 우리가 짐작
하는 것 이상으로 중요한 인물이다. 그의 삶에는 중국 근대화
의 화려한 역사가 고스란히 읽히며, 무림의 세계 또한 그때
가 진정한 황금시대였다. 영화 〈일대종사〉는 '영춘권의 대가'
나 '이소룡의 스승'이라는 단편적인 수식어를 넘어, 엽문이라
는 한 개인의 면모를 깊숙이 들여다본다. 유복한 가문에서 태

어나 마흔 살까지 단 한 푼도 제 손으로 벌어본 적 없던 사내
가 전쟁이라는 풍파를 맞닥뜨리며 모든 것을 잃어가는 과정,
그러나 삶의 끝에서 오직 육신 하나만 남은 상황에서도 끝내
꺾이지 않았던 의지. 영화는 그 인생을 통해 민국 시대의 무림
정신과 굴곡진 중국 근대사를 그려낸다.

그동안 엽문이라는 캐릭터는 일제강점기라는 역사적
특수성 탓에 지나치게 이상화되거나 영웅주의적으로 소비되
어왔다. 이미 엽위신 감독과 무술 실력 면에서 양조위와 비교
할 수 없는 고수인 견자단에 의해 두 번이나 영화화되어 큰 성
공을 거두기도 했다. 왕가위로서는 막중한 부담감을 안고 출
발할 수밖에 없었을 테지만, 〈일대종사〉는 정작 그런 비교에
는 무관심해 보인다. 왕가위의 조사에 따르면, 엽문이 중국의
자긍심을 세우기 위해 일본인이나 서양인 고수와 싸웠다는 일
화들은 대부분 허구였다. 근대 중국의 무도가로서 엽문의 유
일한 목표는 윗세대로부터 계승한 가치를 온전히 이어나가는
것이었으며, 그 수호의 주무대는 바로 홍콩이었다. 즉, 〈일대
종사〉 프로젝트는 본질적으로 사라져가는 홍콩에 대한 기록
작업인 셈이다.

왕가위는 액션에 능숙하지 않은 양조위를 캐스팅한 이
유에 대해 "무도가로서의 엽문에는 큰 관심이 없었다"고 잘라
말했다. 그가 파악한 엽문은 전형적인 무술인의 모습이 아니
라, 그 안에 교수나 문인 같은 기질을 품은 인물이었다. 중화
권에서 그런 절제된 기질을 가장 잘 표현할 배우는 양조위뿐

이었다. 감정을 안으로 다스리며 겉으로 쉽게 드러내지 않는 양조위의 실제 면모가 엽문과 무척 닮았기에, 왕가위는 오히려 무술을 모르는 양조위에게 무예를 익히게 하는 것이 훨씬 적절하다고 판단했다.

사라져가는 홍콩의 프리퀄

〈일대종사〉의 배경은 본토에서 홍콩과 대만으로 대규모 피난이 시작된 1949년에서 멈춘다. 그런 의미에서 이 영화는 새로 형성되기 시작한 거대 도시 '홍콩'에 대한 프리퀄이라 할 수 있다. 광동 불산에서 태어나 홍콩에서 생을 마감한 엽문을 통해 우리는 광동인의 자부심과 홍콩에 대한 변함없는 애정, 나아가 중국 본토와의 상생을 읽는다. 영화 속 대사처럼 "권(拳)에는 남과 북이 따로 없다." 홍콩과 중국은 이제 남북을 아울러 통합의 길목에 서 있다. 〈일대종사〉는 전통 무술의 명맥이 홍콩에서 부단히 이어지고 있음을 역설하는데, 이는 영화 산업의 현실과도 일맥상통한다. 오늘날 홍콩영화는 본토 자본 없이는 제작이 힘들고, 새로운 시장을 고려해 영화를 만들 수밖에 없는 처지다. 권법이 통합된 것처럼 영화도 마찬가지다. 중국과 홍콩영화가 만나 '홍콩영화'라는 개별적 개념은 희미해졌고 거의 멸종 단계에 접어들었지만, 그럼에도 '홍콩 정신'은 살아남았다. 그리고 그 정신을 육화한 인격체가 바로 양조위다. 결국 〈일대종사〉는 홍콩을 중심에 두고 바라본 중국 근대사의 기록이다.

과거 서극 감독의 〈황비홍〉(1991)은 영어 제목을 'Once Upon A Time In China'라 붙였다. 이는 홍콩이 근대 중국의 관문이라는 거시적인 자부심의 표현이자, 반환을 앞두고 '홍콩 없이는 지금의 중국도 없다'는 선언이었다. 〈일대종사〉의 영어 제목은 'The Grandmaster'이지만, 부제를 붙인다면 'Once Upon A Time In Hong Kong'이 적절할 것이다. 왕가위가 엽문과 궁이의 마지막 만남에 세르조 레오네의 〈원스 어폰 어 타임 인 아메리카〉(1984) 속 '데보라의 테마'를 삽입한 것만 봐도 알 수 있다. 뉴욕의 첫사랑을 떠올리듯, 왕가위는 언젠가 사라져버릴 홍콩에 대한 연민을 그 선율에 실어 보낸다.

영화의 끝머리에는 의미심장한 자막들이 흐른다.

"1953년 궁이는 홍콩에서 병사했고 끝까지 맹세를 지켰다."

"1960년 장영성이 병사했고 엽문은 죽을 때까지 불산에 가지 않았다."

두 주인공은 그렇게 제2의 고향인 홍콩에서 생을 마감했다. 특히 "1953년 엽문은 홍콩 신분증을 가진다"는 자막은 〈해피 투게더〉의 오프닝에서 홍콩을 떠나던 요휘(양조위)의 재외영국인 여권을 떠올리게 한다. 왕가위 영화에서 '영국령 홍콩'의 신분증과 여권을 마지막까지 손에 쥐고 있던 이는 언제나 양조위였다.

또한 영화의 진정한 마지막은 실제 엽문의 제자인 이

소룡이 어린 시절의 모습으로 등장하는 장면이다. 이는 카메오 이상의 의미를 지닌다. 이소룡은 홍콩영화, 더 나아가 중국어 영화를 세계에 알린 독보적인 존재다. 이소룡 이전에도 쇼브라더스의 장르 영화들이 있었으나 그 파급력은 차원이 달랐다. 즉, 〈일대종사〉의 결말은 중국 무술의 황혼이 아니라, 그 무술이 '영화'라는 동적인 예술로 승화되어 전 세계로 뻗어 나가는 홍콩영화의 위대한 시작점을 보여준다. 이소룡으로 시작된 홍콩영화의 연대기를 양조위가 마무리하는 느낌이라고나 할까. 〈일대종사〉가 드러내는 홍콩의 땅과 정신의 현신은 다름 아닌 양조위다. '마지막 홍콩배우'라는 수식어는 바로 그 지점에서 탄생했다.

14장

영원한 배우

〈풍재기시〉가 되감은 홍콩의 아픈 시간

영어 제목 'Once Upon a Time in Hong Kong'인 〈풍재기시〉(風再起時, 2022)는 "이건 30년에 걸친 이야기다"라는 양조위의 내레이션으로 시작한다. 〈화양연화〉와 같은 시대적 배경을 공유하고 있는 1960년대 영국령 홍콩. 삼합회와 경찰 조직을 장악해 비즈니스 제국을 설계하려는 엘리트 경찰 남강(양조위)은 신분 상승을 꿈꾸는 인력거꾼 출신의 거친 경찰 여락(곽부성)을 만나게 된다. 남강은 금수저 출신 형사로, 탁월한 영어 실력을 바탕으로 홍콩 경찰 상층부의 영국인 경찰과 소통하며 승승장구해왔다. 여락은 청년 시절 상인들을 '삥뜯는' 다른 부패 경찰들에게 얻어맞을 정도로 정의로웠으나, 특정한 일을 계기로 그 또한 비리 경찰이 된 뒤 남강과 함께 더 거대한 야망을 품기 시작한다. 머리 잘 쓰는 비리 경찰 남강과 들 끓는 야망을 품은 여락은 홍콩 전역에서 힘 있는 경찰이자 파트너로 승승장구한다. 하지만 그들이 세운 제국이 몸집을 키울수록 여락의 욕망은 선을 넘고, 결국 충돌이 잦아지다 급기야 서로에게 총구를 겨누게 된다.

남강(藍剛)과 여락(呂樂)은 1950년대 이후 1980년대에 이르기까지 경찰 비리로 몸살을 앓았던 홍콩 사회를 대표하는 실존 인물이다. 중요한 분기점을 이루는 사건은, 1956년 10월 10일 중화민국의 건국일인 쌍십일에 발생한 쌍십폭동(Double Tenth Riots)이다. 이는 홍콩의 단순한 치안 부재를 넘어, 국공내전의 여파가 홍콩이라는 영국령 식민지 안에서 폭발한 사건이다. 국민당 지지자들이 신해혁명을 기념하기 위해 내건, 중화민국(대만) 국기인 청천백일기를 홍콩 경찰이 강제로 찢으며 시작됐는데, 당시 홍콩에서 수시로 갈등을 빚던 국민당 세력과 공산당 세력이 가장 크게 충돌한 사건이었다. 중화민국의 삼민주의 만세를 외치는 시위대를 향해 막무가내로 달려드는 여락에게, 남강은 "국민당과 방화 약탈범을 어떻게 구분하지?"라며 비판적 균형을 지키려고 한다. 언제든 개입할 준비가 되어 있는 영국군을 향해 "그럴 때 우리는 피신해야 한다"고도 말한다. 공산당원은 공산당원대로 오성홍기를 흔들며 '대만의 해방을 반대한다'고 외친다. 남강은 딱히 어느 쪽의 편도 들지 않고 사실상 양쪽 모두를 폭도로 규정하는 것처럼 균형을 잡으려 한다. "방화약탈자를 잡고 싶은 거지, 시위대와 싸우고 싶은 게 아니"라고 연설하는 남강은 시위 주모자에게 다가가 "큰아버지, 아버지, 외삼촌 모두 국민당인데 여러분들이 다치는 거 보고 싶지 않습니다"라고 귓속말한다. 그렇게 시위는 잦아든다.

영국 식민 정부는 초기에 이 사태를 제대로 진압하지 못해 사망자가 59명에 이르는 큰 피해를 냈는데, 중국 본토가 아닌 식민지 홍콩도 두 정치 세력의 '대리 전쟁터'가 될 수 있음을 보여줬다. 시위가 대규모 폭동으로 이어진 데는 삼합회 조직의 개입이 있었기에, 이후 홍콩 경찰은 군대식 진압 부대의 필요성을 절감하고, 홍콩 누아르 영화에 언제나 등장하는 경찰기동대(PTU, Police Tactical Unit)의 전신을 창설해 폭동 대응 능력을 대폭 강화했다. 삼합회라는 범죄 조직이 정치적 명분 아래 사회를 얼마나 혼란에 빠뜨릴 수 있는지 확인하는 계기도 됐다. 이처럼 홍콩이 중국 본토의 정치적 이해관계로부터 결코 자유로울 수 없다는 것, 삼합회가 더욱더 세력화하여 사회 깊숙이 침투하게 될 것을 보여주는 상징적인 사건이었다. 바로 그 중심에 양조위가 연기하는 남강이 '관찰자'처럼 존재했다.

여기서 관찰자라는 위치가 중요하다. 일단 남강과 대립하는 여락은 홍콩영화에 심심찮게 등장한 인물로, 그가 등장하면 언제나 다리가 불편해 지팡이를 짚고 다닌 홍콩의 유명한 '마약왕' 파호가 꼭 세트처럼 등장했다. 두 사람은 의형제를 맺고 1960년대 이후 홍콩의 매춘, 도박, 마약 3대 산업을 독점해 나가다 파멸에 이르렀다. 최근작 중에서는 유덕화가 여락, 견자단이 파호를 연기한 〈추룡〉(2017)이 있으며, 그전에는 역시 유덕화가 여락을 연기한 〈여락〉(1991)과 여량위가 파호를 연기한 〈파호〉(1991)가 같은 해 만들어진 바 있다. 〈여락〉은 속편까지 2부작으로 완성됐으며, 〈파호〉는 당시 홍콩영화로서는 드물게 상영시간이 2시간 넘는 대작이었다. 그만큼 두 인물은 홍콩의 현대사를 이야기할 때 꼭 필요한 인물이었다. 흥미로운 사실은, 당시 〈여락〉에서 여락의 아들을 연기한 곽부성이 〈풍재기시〉에서는 여락으로 출연한다는 점이다.

부패의 시대를 기록한
'피카레스크 3부작'과 관찰자 남강

그럼 왜 〈풍재기시〉를 통해 여락과 파호를 다시 불러냈을까, 그리고 그 서사에서 늘 주변인처럼 존재하던 남강을 왜 주인공으로 만들었을까, 그리하여 양조위가 관찰자적인 남강을 연기하면서 얻게 되는 효과가 무얼까, 하는 궁금증이 생긴다. 흥미롭게도 2020년대 들어 양조위는 할리우드로 진출해 마블 시네마틱 유니버스의 슈퍼히어로로 영화 〈샹치와 텐 링즈의 전설〉(2021)을 촬영하고, 돌아와 환갑의 나이를 돌파하며 〈풍재기시〉와 〈무명〉(2023), 〈골드핑거〉(2024)까지 숨 가쁘게 세 편의 대작에 출연하면서 일종의 악역을 연기했다. 작품 배경의 시간 순으로 보면, 〈색, 계〉(2007)와 비슷한 1940년대 일제강점기를 배경으로 한 〈무명〉을 시작으로 각각 1970년대와 1980년대의 홍콩을 다룬 〈풍재기시〉와 〈골드핑거〉로 이어진다.

도덕적 결함을 지닌 악인을 주인공으로 내세워 이야기를 이끌고, 그 주인공의 악행을 비판하지도 않으며 도덕적 옹호도 하지 않는 문학 장르를 '피카레스크' 형식이라 한다면, 이들 세 작품은 '양조위의 피카레스크 3부작'이라 할 수 있다. 어느덧 환갑의 나이가 된 그가 불현듯 과거 홍콩 역사의 중요한 세 국면을, 모두 악인의 자리에서 연기한 것이다.

"홍콩 정부는 6월 8일 영국으로 도주한 고드버 총경사의 재판 소환에 실패했습니다." 〈풍재기시〉는 한 영국인의 홍콩 송환 사건으로 시작한다. 홍콩 현대사에서 빼놓을 수 없는 인물인 피터 고드버는 홍콩이 영국 식민지였던 시절, 경찰 고위 간부인 총경사였다. 그가 재직하던 1950~1970년대는 경찰과 삼합회가 결탁하여 홍콩 사회의 부정부패가 만연하던 시절이었다. 그러다 1973년, 피터 고드버가 430만 홍콩 달러를 횡령하고, 홍콩에서의 출국금지를 무시한 채 영국으로 도망친 사건이 발생했다. 당시 430만 달러는 지금의 가치로 환산하면, 한화로 거의 100억에 육박하는 어마어마한 돈이었다. 홍콩 사람들의 평균 월급이 천 달러도 안 되던 시절이었다. 분노한 홍콩 사람들은 '고드버를 잡아와라(Catch Godber!)'라는 구호와 함께 일제히 시위를 벌였다. '반영시위'라 할 수 있는 1967년 67폭동 이후 다시 한번 홍콩이 뜨거워진 것이다. 고드버를 당장 데려오라고 시작한 시위는 이내 불합리한 사회 구조와 영국의 억압적인 식민지 정책에 대한 불만으로까지 이어졌다. 결국 피터 고드버는 1974년 4월, 영국에서 체포돼 1975년 1월 홍콩으로 송환되었고, 재판 후 징역 4년을 받고 살다 출소했다.

　　이처럼 들끓는 여론을 이겨내지 못한 영국 중앙정부는, 피터 고드버 사건을 계기로 1974년에 홍콩 총독 산하의 독자적인 반부패 수사기구 염정공서(廉政公署, ICAC: Independent Commission Against Corruption)를 세우게 된다. 홍콩 정부의 장관이 직접 지휘하는 부패 방지 수사기구로, 부패 행위자를 영장 없이 체포하고 수사할 수 있는 권한을 가진 독립적인 기구다. 〈풍재기시〉가 다루고 있는 시기가 바로 이때다.

　　염정공서의 부패 감시와 단속, 지속적인 대국민 홍보 덕

에 1980년대 들어 부정부패는 거의 자취를 감추게 된다. 염정공서는 홍콩을 아시아 최고의 청렴 국가로 격상시킨 것은 물론, 그로 인한 경제 발전을 밑거름 삼아 아시아 최고의 글로벌 도시로 성장하게 만든 동력이자 근원이 됐다. 염정공서가 검은돈을 전부 적발해내 더 이상의 '돈세탁'이나 불투명한 자본이 불가능해진 것이다. 스위스 로잔의 세계경쟁력센터에서 1989년부터 해마다 발표하는 '세계 경쟁력 연보'에서 2025년 기준으로, 홍콩은 '뇌물 및 부패 부재' 지표에서 세계 4위이자(한국은 30위) 아시아·태평양 지역 1위다. 2019년 우산혁명 등 최근 홍콩이 큰 정치적 변화를 겪으며 '염정공서가 본토 당국과 협력한다'는 의심을 사며 신뢰도가 다소 떨어진 적도 있었으나, 곧장 회복해 여전히 홍콩 사람들로부터 90%

이상의 높은 지지를 받고 있다. 말하자면 〈풍재기시〉는 여락과 파호의 몰락, 그리고 그를 지켜보는 남강을 통해 '홍콩은 언제부터 우리가 알던 홍콩이 되었나'라는 자부심을 보여주는 영화다.

허관문의 독백과 홍콩의 내일:
"그대들은 어떻게 살 것인가"

양조위가 남강을 연기하는 것만큼 중요한 캐스팅은 바로 염정공서의 수석 조사관 '이자초'를 연기한 배우 허관문이다. 그는 여락과 남강이 세운 거대한 부패 제국을 무너뜨리기 위해 애쓴다. 특히 〈풍재기시〉 후반부에서 그가 '어느 시점 이전의 부정부패는 기소하지 말자'는 머레이 맥클레호스 총독을 앞에 두고 홍콩의 부패 척결에 대해 열변을 토하는 장면, 영국 식민 정부의 방관과 홍콩 경찰의 부패 아래 홍콩 사람들이 겪는 고통을 대변하는, 그 약 5분여의 독백 장면은 영화의 백미라 할 수 있다. 2022년 40회 홍콩금상장 시상식에서 공로상을 받았던 허관문은, 이듬해인 2023년 41회 홍콩금상장 시상식에서 〈풍재기시〉로 남우조연상을 받았다. 보통 공로상은 더 이상 현역 활동이 없는 원로 영화인에게 존경의 의미를 담아 시상하는 것인데, 특별출연한 영화 〈풍재기시〉로 이른바 '본상'을 수상하는 저력을 보여준 것이다. 참고로, 남우주연상은 〈신탐대전〉의 유청운이 받았고, 〈풍재기시〉의 양조위는 아시아필름어워즈에서 남우주연상을 받았다.

허관문은 홍콩영화계의 레전드 중의 레전드라 할 수
있다. 1970년대 홍콩영화계에서 '액션에 이소룡이 있었다
면, 코미디에는 허관문이 있었다'고 하면 이해가 쉬울까. 이후
1980년대에 이르기까지 그는 〈미스터 부〉 시리즈를 통해 홍
콩 코미디영화의 제왕으로 군림했다. 역시 코미디 배우로 유
명한 허관영과 〈최가박당〉 시리즈로 최고의 인기를 누린 허관
걸이 동생이다. 이후 주성치가 등장했을 때 모두가 그를 '허관
문의 후계자'라 일컬었을 만큼 허관문은 독보적인 존재였다.
웨인 왕 감독의 〈차이니즈 박스〉(1997) 이후 사실상 은퇴한 것
이나 다름없던 그가 25년 만에 〈풍재기시〉의 염정공서 조사
관으로 복귀했다는 사실은, 그 자체로 홍콩영화계가 마주한
경이로운 사건이었다.

옹자광 감독은 허관문에게 특별출연을 부탁하면서 영
화 속 '홍콩의 70년대'에 놀라운 사실감을 부여했다. 게다가
여전히 홍콩 사람들의 존경을 받고 있는 그가 코믹한 모습이
아닌 진중하고 날카로운 모습으로 등장한 것 역시 탁월한 반
전이었다. 그처럼 양조위와 허관문이 각기 평소 이미지와 다
른 모습으로 함께 출연하며 홍콩영화의 서로 다른 두 세대가
만나는 것 같은 감동을 줬고, 양조위는 "허관문과 함께 연기한
것만으로도 무한한 영광"이라 했다. 심지어 후반부의 연설 장
면은, 자신의 촬영 분량이 없음에도 양조위가 현장에 와서 지
켜본 것으로 유명하다.

소시민적인 코미디로 사랑받던 '홍콩 국민배우' 허관

문이 홍콩의 변화에 대해 연설할 때 그 울림은 어마어마하다. 그는 링컨 대통령이 한 말로 전해지는 다음의 얘기를 꺼낸다. "나는 내 할아버지가 누구였는지는 모른다. 내가 더 알고 싶은 것은 그의 손자가 어떤 사람이 될 것인가이다." 과거의 혈통이나 가문보다 자신의 정당한 노력으로 성장해나갈 미래 세대가 과연 어떤 모습의 홍콩에서 살게 될지 지켜보고 싶다는 말이다. 과거와 달리 청렴하고 아름다운 도시가 될 홍콩을 기대하며, 마치 미야자키 하야오의 작품 제목처럼 '그대들은 어떻게 살 것인가'라며 바로 지금의 홍콩 사람들에게 던지는 질문이기도 하다. 그렇다면 과연 지금 홍콩의 모습은 그가 간절히 바랐던 화양연화의 미래일까.

'남강'이 떠나고 '위걸'이 오기까지

염정공서의 1970년대가 〈풍재기시〉라면, 1980년대가 바로 〈골드핑거〉다. 공교롭게도 양조위는 두 영화 모두에서 염정공서로부터 조사받는 처지다. 더 나아가, 염정공서가 없었으면 양조위도 없었다. 무슨 얘기냐면, 1974년 설립 이래, 염정공서의 엄격한 감시와 수사 아래 그때까지 뇌물로 살아가던 경찰 간부 대부분이 조직을 떠났다. 영화 속 대사처럼 "경찰이 돈을 내고 국수를 먹는 시대"가 된 것이다. 이후 1980년대로 접어들면, 경찰 총원의 절반이 넘는 인원이 제대로 된 경찰교육을 받은 젊은 인력들로 채워지게 된다. 양조위가 신입 경찰

'장위걸'로 큰 인기를 얻은 출세작 〈84신찰사형〉은 바로 그런 분위기 속에서 만들어진 드라마였다. 〈영웅본색〉(1986)에서 장국영이 연기한 신입 경찰 '송자걸'도 마찬가지다. 〈풍재기시〉나 〈여락〉이 다루는 시대는 경찰이 되는 문턱도 낮았고 체계적인 경찰교육도 없었지만, 염정공서 설립 이후 모든 것이 달라졌다. 경찰훈련학교와 소방훈련학교가 설립됐고, 사회의 인프라 역시 크게 개선됐다. 지금도 남아 있는, 스타 페리가 아니면 이동할 수 없었던(그래서 67폭동 이전인 1966년, 스타 페리 요금이 인상되자 대규모 시위가 벌어지기도 했다) 홍콩섬과 구룡반도를 잇는 크로스하버 터널이 1976년 개통했고, 구룡반도의 위와 아래를 잇는 홍콩 최초의 지하철인 MTR 쿤통선도 1979년 개통했다.

홍콩의 현대사, 더 나아가 홍콩의 영화사 역시 염정공서 설립 이전과 이후로 나뉜다고 봐도 이상하지 않을 것 같다. '경찰 이야기(警察故事)'라는 지나치게 직관적이고 특색 없는 제목을 가진 성룡의 〈폴리스 스토리〉(1985) 시리즈가 홍콩 사람들의 큰 사랑을 받고, 〈84신찰사형〉을 시작으로 〈중경삼림〉(1994)에 이르기까지 경찰 제복을 입은 양조위가 절대적인 사랑을 받은 데는 다 이유가 있다. 1980년대 들어 홍콩 누아르 장르가 폭발적인 인기를 누린 데는, 그 중심에 여락이나 남강과는 다른 '정의로운 경찰'이 있기 때문이다. '오랜 부패를 타파하고 새로 태어난 깨끗한 경찰' 이미지를 구축하던 시기의 작품들인 것이다. 그래서 두 작품 모두 신입 경찰들이 열심히 훈련받는 장면이 꽤 큰 비중으로 들어가 있는데, 그것은 홍콩의 정치·사회적 변화를 보여주는 굉장히 중요한 설정이었다.

〈84신찰사형〉에서 귀여운 얼굴로 땀을 뻘뻘 흘리며 열심히 훈련에 열중하고, 영지(장만옥)와의 사랑도 풋풋하게 키워가는 것은 물론, 아버지에 대한 증오도 극복하고 화해해나가는 위걸의 모습은 홍콩 사람들에게 크나큰 위로와 희망이었다. 〈영웅본색〉에서 형 자호(적룡)의 실체를 모르던 시절, 열심히 훈련받다가 저 멀리 형을 발견하고서 마치 댕댕이처럼 뛰어오던 자걸의 해맑은 웃음 역시 마찬가지다. 〈영웅본색〉에서 암흑가의 형과 경찰인 동생이 마치 파호와 여락처럼 한통속이 되어 더 크게 해 먹는 것도 가능할 텐데, 둘은 그를 거부했다. 당시 홍콩에서 〈영웅본색〉의 폭발적인 인기의 핵심은, 혈연에 이끌리지 않고 정의를 택한 자걸로 인해 발생하는 것이다. 그러고 보니 양조위와 장국영 모두 두 작품에서, 역할 이름의 마지막 글자 앞에 친근하게 광동어 특유의 '아(阿)'를 붙여 '아걸'로 불렸다. 그처럼 1980년대 홍콩 대중문화의 폭발력은 '잘생기고 교육 잘 받고 정의로운' 젊은 경찰 위걸과 자걸, 그 두 아걸로 인해 시작됐다. 〈해피 투게더〉의 요휘와 보영, 양조위와 장국영의 연결고리는 이미 그때부터 시작된 것 아닐까.

앞서 여락과 남강 모두 비리 경찰이었다. 그런데 왜 여락과 파호가 아니라, 여락과 남강이었을까, 라는 질문으로 돌아온다. 염정공서의 내부 조사가 시작된 뒤에도, 뇌물로 쌓은 재산이 5억 달러에 이른다고 하여 '오억탐장'이라는 별명으로

불렸던 여락은 끝까지 재산을 포기하지 못한다. 파호도 실제로 아내가 "지금 우리 재산은 이미 10번 다시 태어나도 다 못 쓸 정도로 많으니 그만하자"고 했는데도 그를 포기할 생각이 없다. 반면 남강은 그들과 달리 물러날 때를 알았다. 누구 하나 때 묻지 않은 사람이 없었으나, 남강은 시대가 변했음을 가장 먼저 깨닫고 미련 없이 퇴장을 택했다. 이제 홍콩이 아무리 발버둥 쳐봐야 개인이 어찌할 수 없는 제도와 시스템의 시대로 접어들었음을 직감한 것이다. 그리하여 앞으로 경찰 일에 관여하지 않겠다며 남강과 그의 가족은 홍콩을 떠나 태국으로 간다. 여기서 양조위가 보여준 허무한 체념의 표정은 한 시대의 종언을 고하는 눈빛이다. 바꿔 말해, 홍콩의 1980년대를 요약하면 〈풍재기시〉의 남강이 가고 〈신찰사형〉의 위걸이 온 시대다. 그런데 그 40년의 세월을 한 명의 배우가 연기했으니, 1980년대 이후 홍콩영화의 시간은 양조위의 시간이었다. 그렇게 우리는 양조위의 시대를 살았다.

«
〈84신찰사형〉의
'아걸'로 등장한
양조위(위)와
〈영웅본색〉에 '아걸'로
등장한 장국영(아래).

〈골드핑거〉로 찾아온 양조위를 보며

양조위는 스님으로 데뷔했다. 1982년 TVB 드라마 〈천룡팔
부: 허죽전기〉에서 그는 소림사 스님이라는 단역으로 처음 대
중에게 얼굴을 알렸다. 훗날 〈오호장〉(1991)에서 경찰 동료로
다시 만나는 양가인, 탕진업, 황일화 등이 주연을 맡았던 이
시리즈에서 그는 이름 없는 스님이었다. '스님으로 데뷔했다'
는 사실은 양조위라는 배우의 이미지와 묘하게 잘 어우러진
다. 세상사에 적당히 무심한 듯 거리를 두며, 감정을 절제하고
내면으로 침잠하는 그의 모습이 수행자의 그것과 닮았기 때문
일 것이다.

　　장국영이 떠나고 왕조현만 남은 〈천녀유혼〉 시리즈의
세 번째 작품 〈천녀유혼3〉(1991)에서도 양조위는 다시 스님이
되었다. 금불상을 운반하다 난약사에서 하룻밤을 묵게 된 스
님 십방(양조위)은 귀신 소탁(왕조현)의 유혹을 받는다. 불경을
외며 유혹을 떨쳐내려 애쓰는 십방의 모습은 당시 양조위가
지닌 캐릭터의 본질을 보여준다. 전편의 영채신(장국영)이 섭소
천이 귀신이라는 사실조차 눈치채지 못할 만큼 순진한 인간이
었다면, 십방은 이미 세상의 고뇌를 모두 껴안고 진실을 꿰뚫
어 보는 인물이었다. 장국영보다 양조위 같은 캐릭터가 세상
을 살아가기 훨씬 고단하겠다고 느낀 이유가 여기에 있다.

　　김용의 무협 세계로 넘어오면 양조위의 캐릭터는 더욱
흥미로워진다. 교활한 기회주의자인 위소보 역을 맡았던 〈마

등출영〉(1993)은 사실 그에게 다소 어색한 옷이었다. 일곱 명의 부인을 두고도 끊임없이 여자를 밝히며 거짓말에 능수능란한 위소보는 양조위보다 주성치에게 훨씬 잘 어울리는 배역이었다. 실제로 주성치는 영화 〈녹정기〉(1992)에서 이 캐릭터를 완벽히 소화하며 자신의 커리어 내내 이를 변주해왔다. 김용의 인물들을 배우별로 정리하자면 유덕화의 양과, 주성치의 위소보, 그리고 양조위의 장무기일 것이다.

그렇기에 〈마등출영〉은 팬들에게 오히려 신선한 영화다. 위소보와 가장 거리가 먼 배우가 그 역할을 맡아 어쩔 줄 몰라 하며 당황하는 표정 자체가 양조위만의 독특한 매력을 자아내기 때문이다. 양조위의 과거와 현재를 잇는 진정한 김용의 페르소나는 〈86의천도룡기〉의 장무기다. '여복은 많으나 우유부단하고 언제나 타인에게 끌려다니는' 장무기는 극 내내 여러 사람에게 휘둘리고 속임을 당하지만, 작가가 부여한 압도적인 '운'으로 위기를 극복한다. 타인과 운명에 자신의 삶을 내맡기는 이 유약한 영웅은 양조위의 이미지와 완벽하게 접목된다.

운명을 받아들이는 자와 운명을 개척하는 자의 교차
양조위의 진중한 이미지는 시대극 〈적벽대전〉 시리즈(2008~2009)의 주유로 이어진다. 주유는 외모와 인품, 무예와 전술까지 겸비한 당대의 천재였다. 오우삼 감독은 자신의 주인공에게 악기 연주라는 낭만적인 설정을 부여하길 즐기는데, 음악에 조예가 깊은 주유는 그에게 더없이 매력적인 피사체였을 것이다. 영화 초반, 주유의 인품을 보여주는 물소 에피소드는 배우 양조위의 실제 인품과 캐릭터 사이의 경계를 허문다. 도둑을 단번에 색출할 수 있음에도 모든 군사에게 반성할 기회를 주는 주유의 모습은, 픽션과 현실을 오가는 양조위 특유의 고결한 아우라를 대변한다.

주유가 되기 전, 그는 〈초시공애〉(1998)에서 제갈량으로 출연한 적이 있다. 형사 유일로(양조위)가 인질극 현장에서 제갈량 복장을 하고 협상을 벌이다 과거 삼국시대로 타임슬립하는 이 황당한 줄거리는, 어쩔 수 없이 흘러가는 운명에 자신을 내맡기는 인물의 전형을 보여준다. 양조위는 언제나 홍콩 영화 안에서 거대한 운명의 수레바퀴에 자신을 맞추어가는 사람이었다.

이 기나긴 과거의 궤적을 훑어 내려온 이유는 결국 〈골드핑거〉(2023)의 양조위를 설명하기 위해서다. 카르멘 그룹의 리더 청이엔으로 분한 양조위는 오직 직진만을 아는 인간이다. 이전의 영화들에서 보여주었던 깊은 슬픔이나 사려 깊은 눈빛은 더 이상 찾아볼 수 없다. 그가 러닝타임 내내 선글라스로 눈을 가리고 등장하는 것은 어쩌면 그의 가장 강력한 무기인 '우수'를 지워내기 위한 장치일지도 모른다.

오우삼의 〈첩혈가두〉(1990)에서 고통받는 친구를 위해 눈물 삼키며 방아쇠를 당기고, 〈중경삼림〉(1994)에서 실연의 아픔을 사물에게 속삭이며, 〈화양연화〉(2000)에서 차마 말

»
〈골드핑거〉 속 교도소
촬영지인 센트럴 타이퀀
센터. 실제 옛 홍콩의
경찰서 및 교도소였다.
ⓒ주성철

을 꺼내지 못한 채 사랑을 떠나보내던 양조위는 늘 운명에 순
응하는 자였다. 반면, 기어이 운명을 제 손으로 비틀어 바꾸려
했던 인물은 대개 그의 상대역인 유덕화의 몫이었다. 그러나
〈골드핑거〉는 이 오랜 공식을 뒤집어 보여준다. 운명에 휩쓸
리던 스님의 얼굴이 욕망을 설계하는 설계자로 변모한 순간,
양조위와 유덕화의 팬이라면 이 기묘하고도 매혹적인 역할의
교차를 결코 놓칠 수 없을 것이다.

40년의 세월이 빚어낸 황금빛 조우

〈골드핑거〉의 가장 중요한 감상 포인트는 〈무간도〉(2003) 이
후 양조위와 유덕화의 20년 만의 만남이라는 점이다. 그런데
돌이켜보면 〈무간도〉에서 두 배우는 주인공임에도 불구하고
영화 안에서 별로 마주치지 않았다. 〈무간도〉 1편의 진영인(양
조위)과 유건명(유덕화)은 초반부에 오디오숍에서 서로의 정체
를 모른 채, 채금의 '피유망적시광(被遺忘的時光)'을 나란히 앉
아 함께 들었다. 중반부에 서로 쫓기고 쫓길 때도 소리만 들었
을 뿐이다. 마지막에 이르러 경찰서에서 만나게 될 때도 일단
서로 모른 채 만났다. 그 두 사람이 앞서 오디오숍에서 만난
적 있다는 사실도 오직 관객만 알았다. 그로부터 훨씬 더 이
전, 어린 진영인(여문락)과 유건명(진관희)이 경찰학교에서 만날
때도 시선만 교환했을 뿐 서로의 정체를 몰랐었다. 피유망적
시광은 '잊힌 시간들'이라는 뜻으로 그처럼 서로 모른 채 경찰
과 삼합회 조직원이라는, 원치 않는 다른 이의 삶을 살면서 살
아온 허무한 시간을 의미한다.

　　〈골드핑거〉는 〈무간도〉의 설정을 뒤집으며 시작한다.
〈골드핑거〉의 장문강 감독이 맥조휘와 더불어 과거 〈무간도〉
시리즈의 공동 각본가라는 점에서 더욱 흥미로운 대목이다.
어쨌건 오래도록 홍콩영화에 애정을 가져온 사람이라면 알 것
이다. 유덕화가 뜨거운 불처럼 말보다 행동이 앞서는 다혈질
의 배우라면, 양조위는 잔잔한 물처럼 말을 아끼고 가만히 관

찰하는 소심한 배우다. 가령 〈무간도〉 이전에 두 배우가 함께 출연한 〈오호장〉(1991)에서도 그들은 기존의 이미지를 그대로 보여줬다. 천숙(양가인), 아화(묘교위), 아방(황일화)을 비롯해 경찰 막내 동기인 자명(유덕화)과 두피(양조위)가 포함된 다섯 명의 경찰팀이 한 범죄자의 돈을 몰래 횡령하면서 위기에 처한다. 발각될 위기에 처해서 다들 어떻게 해야 하나 고민하고 있을 때, 성질 급한 유덕화는 마땅한 대책도 없으면서 "내가 다 책임질게!"라며 나서고, 양조위는 "캐나다로 떠난 동생에게 보낼 돈이 필요했어"라며 (지금 우리가 알고 있는) 그 특유의 슬픈 표정부터 짓는다. 그 두 배우는 홍콩영화 안에서 오랜 시간 그렇게 살아왔다. 그런데 〈골드핑거〉는 기존의 두 배우 캐릭터를 완전히 뒤집어 캐스팅한 것이다.

양조위, 파격적인 빌런의 탄생

〈골드핑거〉는 홍콩의 1980년대를 배경으로 삼고 있다. 청이옌(양조위)은 홍콩 경제를 주무르는 황금제국 '카르멘 그룹'을 이끌고 있다. 카르멘 방역회사, 카르멘 부동산, 카르멘 여행사, 카르멘 운수, 카르멘 제지 등 카르멘이라는 이름으로 수십 개의 회사를 만들어 막강한 부를 축적한다. 류치위안(유덕화)은 그동안 자행된 카르멘 그룹의 불법적인 일들을 수사하는 염정공서, 즉 홍콩 반부패수사국의 수사관으로 등장한다. 하지만 홍콩 정재계에서 카르멘의 뇌물을 받아먹지 않은 이들이 없기에, 20여 년의 세월 동안 여러 번 법정에 세우는 데도 청이옌은 매번 무죄로 풀려난다. 그처럼 2조 홍콩 달러에 달하는 대규모 수사가 계속되고, 청이옌과 류치위안의 물고 물리는 관계는 오랜 시간 계속된다.

일단 양조위의 팬이라면, 첫 장면부터 감격스럽다. 바로 영화가 양조위의 독백으로 시작하기 때문이다. 마치 〈대부2〉(1978) 도입부에서, 어린 비토 콜레오네(로버트 드니로)가 시칠리아에서 뉴욕으로 오면서 자유의 여신상을 바라보며 미래를 꿈꿨던 것처럼, 청이옌은 "난 이곳에 내 운을 맡겨보기로 했다"라며 '기회의 땅' 홍콩으로 배를 타고 오는 것으로 시작한다. 〈중경삼림〉(1995), 〈해피 투게더〉(1998), 〈화양연화〉(2000), 〈일대종사〉(2013) 등 양조위가 주연을 맡았던 왕가위 감독의 걸작들은, 언제나 양조위의 그 담담하고 근사한 목소리의 내레이션으로 시작했다. 그처럼 〈골드핑거〉에서도 맨 처음 홍콩에 도착한 양조위는 얼마간 우리가 아는 그 양조위로 생활한다. 하지만 그가 '돈의 맛'을 알고 난 다음부터는 바로 변질되기 시작한다. 〈씨클로〉(1995), 〈암화〉(1998), 〈상성〉(2006) 등 양조위는 지금껏 몇몇 작품을 통해 악역을 연기한 바 있지만, 아마도 〈골드핑거〉의 양조위야말로 빌런 중의 빌런이다. 수단과 방법을 가리지 않고 돈만 밝히는 그는 자신의 악행에 무감한 인물이다. 마치 서커스단의 동물처럼 팔과 허리에 쇠사슬을 감은 채 체포되는 모습은, 양조위에게서 한 번도 보지 못한 충격적인 이미지라 할 수 있다. 게다가 그를 조사하기 위해 선발된 113명의 회계사들을 양옆에 두고 비열한 웃음을 지으며 지나가는 모습, 상대를 속이기 위해 자해공갈까지 하는 양조위의 모습까지 그야말로 충격의 연속이다.

유덕화, '죽음의 미학'을 딛고 기어이 살아남다

유덕화라고 해서, 양조위와 달리 악역을 가끔 연기했던 것은 아니지만, 예나 지금이나 단 하나의 공통점은 있다. 바로 그는 언제나 영화에서 바빴다는 것. 양조위와 달리 유덕화에게 기다림은 어울리지 않는다. 어쩌면 (물론 '넘사벽' 장국영을 제외하고 그 둘만 놓고 보면) 왕가위 영화에서 유덕화가 떠나고 양조위가 기회를 얻은 가장 중요한 이유가 그것일지 모른다. 그렇게 유덕화는 좋은 역할일 때도 바쁘고 나쁜 역할일 때도 바쁘다. 심지어 영화 안의 캐릭터도 바쁘고, 영화 밖의 자연인 유덕화도 너무너무 바쁘다. 동세대 배우들 중 홍콩과 중국 본토를 오가며 가장 많은 영화에 출연하고 있기도 하고, 대만 영화 〈나의 소녀시대〉(2016)에 특별 출연한 적도 있으며, 가수 활동은 또 어떤가. 게다가 '중국판 틱톡' 더우인에서 3천만 명 넘게 시청한 '라방'을 통해 1백 억 원에 가까운 수익을 올릴 정도로 그는 잠시도 쉬는 법이 없다. 〈골드핑거〉의 수사관 유덕화도 부지런하기 이를 데 없다. 양조위를 체포하기 위해 밤낮으로 일하던 중 모처럼 시간을 내서 아내와 만나게 되는데, 그때도 계속 그를 호출하는 삐삐가 울려 어쩔 수 없이 아내와 가족에 대한 미안함을 안은 채 사건 현장으로 달려간다.

그런 유덕화가 냉정과 열정 사이에서 가장 차분하고 냉

철한 모습으로 출연한 영화가 〈골드핑거〉다. 얼핏 〈무간도〉에
서도 그런 모습이었으나, 어느덧 자신의 본체를 버리고 경찰
이 되고자 했던 유건명(유덕화)은 이중인격자의 전형이었다. 영
화 후반부, 유덕화는 무선호출기의 배터리를 분리하며 아내와
의 외식을 결심한다. 일손을 놓고 가족을 향해 발걸음을 옮기
는 이 행위는 그의 필모그래피에서 가장 감동적인 서사를 완
성한다. 〈천장지구〉(1990)로 대표되는 과거의 유덕화는 늘 '생
즉사 사즉생'의 태도로 가족과 친구의 만류를 뒤로한 채 비극
적인 죽음을 맞이하던 존재였기 때문이다. 하지만 이제 그는
단 하나뿐인 가족과 고향 홍콩을 위해 기어이 '살아남기'로 결
심한다. 지난 시간 그 수많은 영화 속 죽음을 딛고 성장하여
기어이 살아남은 화어권 최고의 배우가 거기 있다.

역사의 무대가 된 센트럴 타이퀀 센터

촬영장소도 흥미롭다. 1980년대를 배경으로 한 〈골드핑
거〉에는 장국영을 떠오르게 하는 만다린오리엔탈호텔부터,
1985년에 노만 포스터의 설계로 지어진 외형 노출 양식의 홍
콩상하이은행(HSBC) 본사가 청이엔(양조위)이 일하는 사무실
창밖으로 보인다. 그만큼 그가 승승장구하며 단숨에 센트럴
중심가에 진입해 홍콩의 유력 인사가 됐다는 얘기다.

더 눈에 띄는 건물은 바로 센트럴의 타이퀀 센터다.
우리가 교도소를 '큰 집'이라고 부르는 것처럼 홍콩도 그렇
다. 큰 집이라는 뜻의 대관(大館), 즉 타이퀀(Tai Kwun) 센터는

1850년대 홍콩에 주둔하던 영국군이 중앙경찰서, 빅토리아 감독, 법원 등의 관공서를 한데 모아 조성한 홍콩 권력의 심장부였다. 오랜 시간 사용되지 않다가 1995년 문화재로 지정된 후 2008년 복합문화공간으로 재생시키자는 홍콩 정부의 결정에 따라 10년간 리모델링을 거쳐 2018년에 재탄생했다. 아마도 이 기간 중 홍콩 센트럴을 찾은 사람들이라면 굳게 닫혀 안을 들여다볼 수 없는 이곳이 내내 궁금했으리라. 지은 지 170여 년이 지났지만 경찰서 본관을 비롯해 부속 건물들 대부분이 예전 모습 그대로 남아 있어, 도시재생사업의 모범사례라 할 수 있다. 1995년 문화재 지정 이전에도 수많은 홍콩 영화에서 경찰서로 등장했는데, 대표적으로 〈영웅본색〉(1986)에서 장국영이 근무하던 경찰서가 바로 이곳이었다.

〈골드핑거〉에서는 유덕화가 일하는, 앞서 〈풍재기시〉에도 등장했던 반부패수사국 염정공서(ICAC)가 1974년 설립된 것으로 나오는데, 그 ICAC 건물 장면을 바로 현재의 타이퀸 센터에서 촬영했다. 홍콩 내에서 일종의 '범죄와의 전쟁'이 강력하게 시행되고 삼합회 조직원들이 찾아와 무력 시위를 벌이는 장면이다. 타이퀸 센터 자체가 워낙 넓어서 마당 뒤편의 골목, 그러니까 본관에서 교도소로 넘어가는 길목과 뒤뜰에서 시위 장면이 촬영됐다. 여기서 류치위안(유덕화)은 "평화 시위로 돌아서면 없던 일로 해주겠다"며 삼합회와 맞선다.

홍콩의 위기 속에서 시작된 두 전설

〈골드핑거〉에서 홍콩 역사상 가장 중요한 분기점으로 묘사되는 때가 바로 1982년이다. 우리 모두가 알고 있는, 1997년 홍콩의 중국 반환이라는 거대한 사건, 바로 그 영국과 중국의 홍콩반환 협상이 재개된 해가 바로 1982년이다. 현재까지 이어지고 있는 홍콩의 운명을 결정지은 해였다고 할 수 있다. 홍콩 최대의 영국계 기업은 회사 이전을 결정했고, 홍콩의 항생지수가 폭락하고 홍콩달러의 가치도 폭락하면서 여러 은행이 도산했다. 어쩌면 왕가위 감독이 〈화양연화〉(2000)로 묘사했던 1960년대 이후 초고속 성장을 해오던 홍콩이 기나긴 침체의 길목으로 접어드는 것은 아닌가, 하는 우려가 팽배했던 때였다.

공교롭게도 1982년은 바로 양조위와 유덕화가 본격적으로 데뷔한 해이기도 하다. 유덕화는 TVB 드라마 〈엽응〉과 허안화 감독 〈투분노해〉(1982), 양조위는 TVB 드라마 〈천룡팔부: 허죽전기〉(1982)로 처음 등장했다. 이후 한 살 많은 1961년생 유덕화가 TV 시리즈 〈83신조협려〉에, 1962년생 양조위는 〈84신찰사형〉을 통해 최고의 인기를 누리게 된다. 1982년 이후 두 사람은 사이좋게 홍콩 대중문화의 아이콘으로 자리 잡았다. 이처럼 홍콩의 위기가 언제 시작됐나, 라고 시간을 거슬러 올라가 조망하는 영화에서 1982년은 '위기의 시작'이라기보다 '홍콩영화 최전성기의 서막을 연 해'라고도 할 수 있다(홍콩영화 역대 박스오피스 최강자라 할 수 있는, 홍콩영화의 전과 후를 완전히 바꿔놓았다고 해도 좋을 〈최가박당〉 시리즈가 시작된 것도 바로 이듬해인 1983년이다). 그런데 이러한 테마는 유덕화와 양조위가 바로 이 영화의 주인공이기 때문에 가능하다. 실제 1982년에 데뷔한 두 배우가 무려 40년의 세월이 지나 다시 만났기 때문이다. 보잘것없던 신인 배우 두 사람이 40년 뒤의 이런 모습을 감히 상상할 수나 있었을까. 그렇게 그들은 열심히 멋지게 살아왔다. 말하자면 〈골드핑거〉는 유덕화와 양조위가 지금도 최고의 자리에 있기 때문에 성립하는 영화다. 이 어찌 감동적이지 않을 수 있을까. 유덕화와 함께라면, 그리고 양조위와 함께라면, 홍콩은 여전히 홍콩이다.

아버지라는 트라우마, 50년 만의 화해

잠시 양조위와 아버지의 이야기를 하려고 한다. 2023년, 중국의 숏폼 플랫폼 더우인이 제작한 다큐멘터리 〈이 순간, 양조위가 당신에게 말한다〉에서 그는 좀처럼 꺼내지 않던 유년의 기억을 털어놓았다. 그 이야기의 핵심은 '명랑했던 소년은 어떻게 침묵하는 어른이 되었나'였다.

본래 그는 장난기 많고 웃음도 헤픈, 친구들과 어울리기 좋아하는 아이였다. 그를 바꿔놓은 건 아버지의 알코올 중독과 끊이지 않던 부모의 다툼이었다. 그는 아버지가 집을 떠나던 어느 겨울날, 굳게 닫힌 철문에서 나던 차가운 쇠창살의 녹슨 냄새를 아직도 기억한다고 말했다. 그날 이후 소년 양조위는 이불을 뒤집어쓰고 우는 날이 많아졌고, 감정을 속으로 삼키며 서서히 말 문을 닫았다.

양조위에게 아버지에 대한 기억은 상처와 그리움이 뒤섞여 있었다. 어린 시절 아버지가 놀이공원에서 찍어준 사진 한 장을 떠올렸는데, 마침 파리가 날아와 얼굴을 찡그린 찰나의 순간이 담긴 사진이었다. 알코올 중독자의 모습 이면에, 가끔은 손을 잡고 놀이공원에 데려가 주던 다정한 아버지의 기억도 공존하는 것이다. 하지만 7살 이후 아버지와 대화가 단절되면서 그는 마음의 문을 걸어 잠갔다. 그가 오랜 시간 영화에서 아버지 역할을 피해온 이유도 이 때문이었다.

그런 그가 아버지와 정면으로 마주한 작품이 바로 할리우드 진출작 〈샹치와 텐 링즈의 전설〉(2021)이다. 그가 연기한 '웬우'는 주인공 샹치를 암살자로 키우는 비정한 아버지이자, 수 세기 동안 어둠의 세상을 지배해온 독재자다. 하지만 양조위의 해석은 달랐다. 그는 웬우를 단순한 빌런이 아닌 "가족을 사랑하지만, 사랑하는 법을 몰라 결국 무너져내린 실패한 아버지"로 받아들였다. 아버지라는 존재의 그림자를 피하지 않고 작품을 통해 비로소 응시한 것이다.

어린 시절 스스로 걸어 들어간 침묵의 세계에서, 양조위는 여전히 살고 있다. "지금도 사람들 앞에 서는 건 어렵다"고 말하는 그는 홀로 일본으로 떠나 스키를 타고, 조용한 호텔 로비에서 커피와 스콘을 시켜놓고 창밖의 기차 소리를 듣는 시간을 즐긴다. 30년 넘게 매년 일본을 찾으면서도 굳이 일본어를 배우지 않았다. 이유는 간단했다. "말을 하고 싶지 않아서." 언어의 장벽을 방패 삼아 온전한 고독 속에 머무는 것이다.

다큐멘터리가 보여준 '인간 양조위'는 '배우 양조위'와 다르지 않다. 이를 누구보다 예리하게 포착한 이가 왕가위 감독이다. 말하려다 멈추고, 다가가려다 돌아서며, 사랑한다 외치는 대신 끝내 침묵하는 영화 속 양조위는 실제 그의 내면을 스크린에 투영한 결과다. 왕가위는 대사 대신 침묵으로, 긴 설명 대신 좁은 계단과 비 내리는 골목으로 그의 고독을 시각화했다. 그 정점이 영화 〈화양연화〉(2000)의 마지막 장면이다. 양조위가 앙코르와트 사원의 돌벽 구멍에 말 못 할 사랑의 비밀을 속삭이고 진흙으로 덮어버리는 그 모습. 그것은 어쩌면, 녹슨 철문 뒤에서 울음을 삼키며 감정을 봉인해야 했던 어린 날 양조위의 메타포가 아니었을까.

베니스영화제 공로상을 수상한 양조위에게

〈아비정전〉(1990)은 개봉 당시 홍콩 누아르 특유의 화려한 총격전을 기대했던 팬들에게 커다란 분노를 안겨준 영화로 유명하다. 장국영이 필리핀까지 가서도 끝내 친모를 만나지 못한 채 '발 없는 새'를 읊조리며 세상을 등지는 결말도 당혹스러웠지만, 무엇보다 관객을 폭발하게 만든 것은 마지막 장면이었다. 영화 내내 보이지 않던 양조위가 갑자기 등장해 담뱃불을 붙이고 정성껏 머리를 빗으며 외출 준비를 하는 것으로 영화

388   마지막 홍콩배우 양조위

가 끝나버렸기 때문이다. "우정은 약속이다!"라는 포스터 카피에 낚여 장국영, 유덕화, 양조위, 장학우가 펼칠 뜨거운 액션을 기대했던 이들에게 그 뜬금없는 엔딩은 배신에 가까웠다.

당시 양조위는 낮은 천장 탓에 몸을 잔뜩 웅크린 채 거울 앞에서 빗질을 마친 뒤 돈 몇 푼을 챙겨 나간다. 주인공 아비(장국영)의 죽음으로 끝난 줄 알았던 영화에 덧붙여진 이 '쓸데없어 보이던' 장면에는 기묘한 사연이 숨어 있다. 애초에 양조위는 아비의 오랜 친구이자 도박꾼으로 설정되어 꽤 비중있는 역할을 맡을 예정이었다. 유덕화가 마도로스가 되듯, 양조위 역시 2부의 주인공으로서 긴 호흡을 이어가야 했고 실제로 많은 분량을 촬영했다.

당시 그는 유가령과 막 사랑을 키워가던 시기였기에, 자신의 촬영이 없는 날에도 유가령의 보호자를 자처하며 현장을 지켰다. 사실상 장국영보다 촬영장에 더 오래 머문 배우였던 셈이다. 그러나 왕가위 감독은 장국영이라는 불멸의 아이콘에게 완전히 매료되어 있었다. 맥락 없이 삽입된 장국영의 맘보춤 장면처럼, 감독은 장국영과 영화를 찍는다는 사실 자체에 도취해 있었다. 결국 2부로 이어져야 할 양조위의 에피소드는 통째로 들어내졌고, 계약 관계를 이행하기 위해 남은 조각이 현재의 엔딩이 되었다. 다른 배우라면 불같이 화를 냈을 법한 상황임에도 양조위는 이를 '감독의 의도'라며 담담히 받아들였다. 유가령과 함께할 시간을 벌어준 고마운 영화라 생각했을지 모를 일이다.

무기력함마저 매혹적인 배우, 양조위

양조위의 이런 '착한 면모'는 〈해피 투게더〉(1997) 속 요휘에 게서도 고스란히 드러난다. 지독한 감기에 걸려 코를 훌쩍이 면서도 제멋대로인 연인 보영(장국영)을 위해 볶음밥을 만들 던 그 모습은 양조위 본연의 아우라와 닮아 있다. 장국영의 죽 음 이후 왕가위의 세계는 큰 축을 잃었으나, 역설적으로 양조 위라는 존재를 통해 〈화양연화〉, 〈2046〉, 〈일대종사〉로 이어 지는 절제된 무드의 영화를 완성할 수 있었다. 장국영과 양조 위는 왕가위 영화 안에서 각각 '과잉'과 '절제'라는 두 얼굴로 공존했다. 양조위는 언제나 말을 아끼고 상대를 관찰하며, 주 변의 공기마저 정지시키는 고요한 침묵의 순간을 창조해낸다. 관금붕, 허우샤오시엔, 트란 안 홍, 리안 등 아시아의 거장들이 그의 눈빛에 깊은 연민과 슬픔을 담아내려 했던 것은 결코 우 연이 아니다.

이러한 깊은 우울과 태생적인 고독은 앞서 이야기한 양 조위의 불우했던 가정사에서 기인한다. 어린 시절부터 입을 닫고 사는 것이 습관이 된 소년은 그대로 슬픈 눈을 가진 배 우가 되었다. 〈지하정〉(1986)에서 자신의 삶을 탄식하던 청년 은 〈비정성시〉(1989)에서 아예 말을 못 하는 사진사가 되어 운 명의 소용돌이에 휩쓸렸다. 〈첩혈가두〉(1990)에서는 고통받 는 친구를 위해 비정하게 방아쇠를 당겨야 했고, 〈중경삼림〉 (1994)에서는 실연의 고통을 낡은 비누와 수건에 털어놓았다. 〈화양연화〉(2000)에서조차 그는 끝내 진심을 전하지 못한 채 사랑을 떠나보냈다.

장국영이 〈아비정전〉의 오프닝에서처럼 "우리 함께한 이 1분을 기억하겠다"며 성큼성큼 다가가는 인물이라면, 양조위는 주변 세상이 빠르게 흘러갈 때 혼자만 멈춰 서 있는 관조적인 인물이다. 하고 싶은 말을 녹음기에 묻거나 앙코르와트의 벽 틈새에 봉인하는 그의 매력적인 무기력은 관객으로 하여금 깊은 감정 이입을 불러일으킨다. 페르소나의 중심이 장국영에서 양조위로 이동했다는 것은 곧 왕가위 영화의 정서적 무게추가 이동했음을 의미한다.

오래가는 것이 강한 것이다

양조위의 변함없는 성정은 유가령과의 사랑에서도 증명된다. 기나긴 열애 끝에 2008년 부탄에서 비공개 결혼식을 올리기까지, 그는 숱한 풍파를 견뎌냈다. 1990년 유가령이 납치되어 고초를 겪었을 때 그는 영화 촬영까지 포기하며 그녀를 지켰다. 10년이 지난 뒤 당시의 나체 사진이 공개되는 잔인한 상황에서도 그는 "내 사랑은 흔들리지 않는다"며 오히려 그녀에게 프러포즈를 했다. 이토록 변함없이 곁을 지키는 인간 양조위의 진심은 그의 연기만큼이나 숭고하다.

돌이켜보면 한때 그에게 가졌던 편견이 미안해진다. 홍콩영화의 전성기 시절, 그는 주윤발처럼 위풍당당하지도, 장국영처럼 화려한 꽃미남도, 유덕화처럼 혈기왕성한 반항아도 아니었다. 그저 왜소하고 유순해 보이는, 어딘가 심심한 배우라 생각한 적도 있었다. 〈천녀유혼3〉에서 장국영의 빈자리를 채운 그가 마땅찮았던 기억도 있다. 하지만 그 '비범한 평범함'이야말로 세월을 견디며 그의 눈빛을 더욱 깊게 만든 원천이었다.

2023년 제80회 베니스영화제에서 평생공로상을 받은 양조위는 리안 감독에게 트로피를 건네받으며 눈물을 쏟았다. '강한 것이 오래가는 것이 아니라, 오래가는 것이 진정 강한 것'이라는 진리를 그는 온몸으로 증명했다. 이제 〈아비정전〉의 그 황당했던 엔딩은 영화사에서 가장 운치 있고 시적인 장면 중 하나로 재평가받는다. 양조위가 지난 세월 보여준 눈부신 성취가 과거의 뜬금없던 장면조차 살아있는 유기체처럼 숨 쉬게 만든 것이다. 과거에는 틀렸던 감흥이 지금은 맞게 느껴지는 마법, 양조위는 그렇게 신계(神界)의 배우가 되어 우리 곁에 머물고 있다.

에필로그

마지막 홍콩배우 양조위
最後一位香港演員 梁朝偉

양조위는 언제나 고향 홍콩으로 돌아가길 원하는 사람이다. 김용 작가의 《사조영웅전》을 영화화한 〈동사서독〉(1994)에서 양조위는 시력을 잃어가는 검객 '맹무살수'를 연기했다. 자신의 아내 '도화삼랑'(유가령)과 바람이 난 황약사(양가휘)를 다시 만나면 죽이겠다고 맹세했지만, 햇빛이 비치지 않는 곳에서는 눈이 보이지 않아 그렇게 하지 못했다. 그리고 "내 고향의 봄에는 복사꽃이 아름답게 핀다"며 언제나 고향으로 돌아가고 싶어 한다. 하지만 그 바람은 이뤄지지 못한다. 마적단과 홀로 혈투를 벌이던 중, 날씨가 어두워지면서 앞이 제대로 보이지 않아 그만 죽음을 맞이하게 된 것이다. "검이 빠르면 피가 솟구칠 때 바람 소리처럼 듣기 좋다던데, 내 피로 그 소리를 듣게 될 줄이야"라는 말을 마지막으로 남긴 채 쓰러진다. 흥미로운 점은 장국영의 구양봉, 양가휘의 황약사, 임청하의 독고구패, 장학우의 홍칠공과 비교해 맹무살수와 도화삼랑 모두 원작에 없는 인물이라는 사실이다. 왕가위는 굳이 원작에 없는 인물을 창조하고 양조위에게 맡겨 대체 무슨 얘기를 하고 싶었던 걸까.

    나중에 구양봉이 맹무살수가 말한 복사꽃을 보기 위해

*2023년 9월 2일, 제80회 베니스영화제 '황금사자 평생공로상' 시상식 무대 위에서 트로피를 들고 포즈를 취하는 양조위. ⓒ게티이미지코리아

그의 고향에 갔을 때, 복사꽃은 어디에도 없었다. 그건 아내 도화(桃花)삼랑을 이야기하는 것이었고, 남편이 죽었음을 눈치 챈 그녀는 비통하게 울부짖는다. 맹무살수도 허구의 캐릭터고 복사꽃 만발한 고향도 허구의 공간이다. 다루는 배경과 장르가 완전히 다른 왕가위의 두 영화 〈동사서독〉과 〈중경삼림〉이 홍콩에서 각각 1994년 7월과 9월, 거의 동시에 만들어져 같은 해 개봉했다는 사실을 여기서 떠올려야 한다. 모두가 캘리포니아 드리밍을 부르며 비행기에 오를 때 고향 홍콩을 떠날 생각이 없는 〈중경삼림〉의 경찰 663(양조위)과, 비록 딴 남자와 바람을 피웠음에도 아내가 보고 싶어 고향에 돌아가기만을 꿈꾸던 〈동사서독〉의 맹무살수(양조위)는 결국 같은 사람이다. 그들은 고향을 떠나서는 살 수 없다고 여긴다.

왕가위에게 원작에 없는 인물과 서사를 만든다는 것은, 그 원작을 끌어와 결국 자기 얘기를 하고 싶다는 욕망일 것이다. 〈동사서독〉의 수많은 배역 중에서 오직 상상의 역할이었던 맹무살수를 연기한 양조위만이, 이후 왕가위와 계속 함께 했다는 것은 무척 의미심장하다. 맹무살수의 삶과 죽음에 〈동사서독〉의 주제가 있다. 맹무살수가 지키지 못한 귀향의 약속, 그리고 딱 서른 살이 되면 완전히 잃게 될 시력은 〈중경삼림〉에서 강박적으로 얘기하던 '유통기한' 같은 것이 아니었을까.

시력을 잃어가는 검객 맹무살수는 왕가위의 또 다른 영화 〈화양연화〉(2000)의 주 선생(양조위)과도 이어진다. 시력을 잃어 정작 도화삼랑을 만나도 볼 수 없는 사람과, 마음속 이야기를 수리첸(장만옥)이 아닌 앙코르와트의 구멍에 속삭일 수밖에 없는 사람, 그처럼 양조위는 왕가위의 영화에서 자신의 운명을 스스로 어찌할 수 없는 사람을 연기했다. 조금씩 앞을 보지 못하게 되고, 하고 싶은 이야기도 마음대로 할 수 없는 캐릭터가, 당시 홍콩 사람들의 불안과 체념의 정서를 대변하고 있다고 하면 지나친 것일까.

공교롭게도 왕가위 영화에서뿐만 아니라, 양조위는 언제나 고향을 지키려고 하거나 다시 돌아가고자 하는 사람이었다. 가령 담가명 감독 〈살수호접몽〉(1989)에서는 조직의 화를 면하기 위해 필리핀으로 함께 떠나자는 릭(종진도)과 랩(왕조현)에게, 아청(양조위)은 남아서 모든 일을 혼자 처리하기 위해 "난 같이 안 가요. 난 홍콩이 좋으니까 남을 거예요"라고 말했다. 곡덕소 감독 〈행운초인〉(2002)에서는 유명 풍수학자 뇌료포(양조위)로 출연해 "홍콩섬의 완차이를 머리처럼 두고 있는 빅토리아 피크의 거북이와 건너편 서구룡의 주작은 서로 잘 맞아서, 두 곳 모두 발전할 거예요. 그래서 홍콩의 미래는 더 좋아질 거예요"라고 얘기했다. 앞서 귀신 붙은 집을 떠나야 하는 문제로 고민하는 친구에게는 불쑥 자리에서 일어나, 심지어 카메라를 쳐다보면서 "이사하면 패배를 인정하는 거야. 우리 홍콩 사람은 절대 항복하지 않아!"라고 외치기까지 했다. 장이모우 감독 〈영웅: 천하의 시작〉(2003)에서 진나라의 침략으로 조국과 가족을 잃은 조나라 출신 파검(양조위)은 언제나 비설(장만옥)과 함께 고향에 돌아가기만을 꿈꾸는 사람이었다.

1997년 홍콩의 중국 반환을 얼마 남겨두지 않은 상황에서, 〈동사서독〉의 그 복사꽃 만발한 고향은 언젠가 홍콩 사람들이 그리워할 잃어버린 낙원일지도 모른다. 복사꽃 하면 자연스레 연상되는, 복사꽃으로 가득한 지상낙원 '무릉도원'은 왕가위가 1997년 이후 만들게 될 영화 제목 '화양연화'와도 연결된다. 그리고 〈중경삼림〉의 '캘리포니아 드리밍'과 '몽중인', 〈화양연화〉(2000)의 '유메지의 테마', 그리고 그가 처음으로 만든 TV 드라마 〈번화〉(繁花, Blossoms Shanghai, 2023)에 이르기까지, 1990년대 이후 왕가위의 작품들은 언제나 아련한 '꿈'과 향기로운 '꽃'을 모티브로 삼고 있다. 그것은 '향기로운 항구'라는 이름의 향항(香港), 즉 홍콩에 대한 변함없는 사랑의 표현이다. 그리고 그 사랑의 중심에 양조위라는 페르소나가 있었다. 언젠가 지구상에서 홍콩영화가 사라지는 날이 올지라도, 복사꽃 만발한 고향 홍콩에서 마지막 홍콩배우 양조위가 우리를 기다리고 있을 것이다.

《마지막 홍콩배우 양조위》라는 제목으로 양조위와 멸종 위기에 처한 홍콩영화에 대해 쓰다 보니 괜히 비장해졌는데, 여전히 왕성하게 활동하고 있는 현실의 양조위는 정작 이를 반길까 싶다. 사실 2020년대 들어 양조위의 작품 중 가장 좋아하는 장면은 '꼰대 양조위'의 코믹한 모습을 엿볼 수 있는 〈샹치와 텐 링즈의 전설〉(2021)이다. 초인적인 능력을 가진 '텐 링즈'의 힘으로 수 세기 동안 어둠의 세상을 지배해온 빌런 웬우

(양조위)가, 미지의 위협 세력으로부터 세계를 지키는 신비스런 마을 '탈로'의 장로 광보(원화)에게 '꼰대력' 가득하게 "어린 놈이 버르장머리가 없구나. 내가 너보다 10배는 더 살았어!"라고 화내는 장면이다. 원래 중국어 대사 원문은 "내가 먹은 소금이 네가 먹은 쌀보다 많다(我吃的盐比你吃的米还多)"로, 어른이 아랫사람에게 훈계할 때 종종 쓰는 관용구다. '내가 너보다 훨씬 오래 살았고, 그만큼 세상의 소금기 가득한 쓴맛 단맛 다 겪어봤으니 까불지 마!'라는 뜻을 담고 있다. 우리말로 하자면, "나 때는 말이야"라는 전형적인 '라떼' 용법과 비슷한데, 과거에는 소금이 귀했으니 생겨난 말일 테다.

　물론 영화에서 표준 중국어로 말했지만, 홍콩을 포함한 광동어권 지역에서 "我食鹽多過你食米"라는 말로 워낙 흔히 쓰는 관용구라, 홍콩 사람들은 할리우드에 진출하여 갑자기 홍콩에서와 달리 '홍콩 아재'가 되어 꼰대력 발산하는 양조위를 보며 더 신기하게 느꼈을 것이다. 그전까지 난(양자경)과 평범하게 영어로 대화를 주고받다가, 갑자기 끼어들어 자신의 과거를 들먹이는 광보에게 '긁혀서' 냅다 중국어로 저렇게 얘기하는 타이밍도 좋았다. 확실히 연기를 잘한다고 느꼈다. 양조위의 침묵의 미학에 대해 한참 얘기했지만, 사실 그는 주성치 못지않은 순발력을 가진 수다의 미학도 장착하고 있음을 간과해서는 안 된다.

　게다가 그 꾸지람을 듣는 상대가 주성치의 〈쿵푸 허슬〉(2004)에서 돼지촌의 주인을 연기한 바 있는, 홍콩영화계의 대선배인 원화여서 더 웃겼을 것이다. 영화 설정상 웬우가 수천 년을 산 인물이기에 어려도 한참 어린 광보를 향해 그런 '소금 타령'을 하게 된 것이다. 웬우가 빌런이면서도 무조건 미워할 수 없는 존재처럼 받아들여진 데는, 양조위가 이 대사를 격하게 화내듯 연기한 것이 아니라 진짜 홍콩 아재처럼 일상적이고 당연한 것 같은 가벼운 울분과 오만함을 담아 담담하고 빠르게 연기한 덕분이다. 〈샹치와 텐 링즈의 전설〉에서 아들을 킬러로 만든 빌런으로서의 아버지 웬우 캐릭터를 분석하며, 양조위가 어렸을 적 아버지의 기억을 접목했다는 비하인드 스토리는 그렇게도 완성된다.

한편, 홍콩영화 마니아인 데스틴 크리튼 감독은 홍콩영화계의 레전드이자 홍금보, 성룡, 원표 등과 함께 칠소복 출신인 원화를 직접 캐스팅해 옛 홍콩영화의 향수를 환기하고 오마주를 바치고자 했다. 그래서 놀랍게도 그 오랜 시간 동안 영화에서 단 한 번도 만난 적 없었던 TVB 드라마 출신 양조위와, 칠소복이자 스턴트맨 출신인 원화가 할리우드 액션영화에서 함께 연기하게 된 것이다. 그런 뜻깊은 만남이 뒤늦게 할리우드에서 이뤄지리라 그 누가 예상했을까. 그리고 보니, 마치 홍콩영화가 2046년이 되기도 전에 막을 내릴 것처럼 비장하게 얘기하던 톤앤매너를 바꿔야겠다.

문득 〈동사서독〉에서 일거리를 찾아 매일 자신을 찾아오는 맹무살수를 두고, 사막의 인력사무소장 구양봉이 했던 흥미로운 묘사가 떠오른다. "한물간 검객이지만 생활은 규칙

적이다. 술 한 잔에 밥 두 그릇. 해질녘에 떠난다." 그처럼 맹무
살수, 아니 일거리를 구하지 못했어도 성실하게 다음날을 준
비하는 양조위의 규칙적인 일상과 함께라면, 홍콩영화는 결코
저물지 않을 것이다.

양조위가 걸어온 길

[드라마]

1982 〈천룡팔부: 허죽전기〉 (데뷔작)

1982 〈향성낭자〉, 〈소걸아〉, 〈엽응〉

1983 〈천강재신〉, 〈재견19세〉, 〈북두쌍웅〉, 〈귀감구운〉

1984 〈재판인〉, 〈녹정기〉, 〈가유교처〉, 〈신찰사형〉, 〈아대청춘무회〉

1985 〈도전〉, 〈충열전기 양가장〉, 〈신찰사형속집〉

1986 〈의천도룡기〉

1987 〈대운하〉, 〈신찰사형1988〉

1988 〈대도회〉, 〈도시방정식〉, 〈절대쌍교〉

1989 〈계절〉, 〈협객행〉

[영화]

1983 〈광풍83〉 (영화 데뷔작)

1985 〈화심홍행〉, 〈청춘차관〉

1986 〈전로정전〉, 〈지하정〉

1987 〈인민영웅〉, 〈즐거운 인생〉

1988 〈철갑무적 마리아〉

1989 〈비정성시〉, 〈살수호접몽〉, 〈칠전사〉

1990 〈아비정전〉, 〈첩혈가두〉

1991 〈천녀유혼3: 도도도〉, 〈오호장〉, 〈중환영웅〉, 〈호문야연〉, 〈명일천애〉, 〈마화정〉, 〈천왕〉

1992 〈첩혈속집〉, 〈아비와 아기〉, 〈척도보〉, 〈삼개하천〉

1993 〈동성서취〉, 〈신난형난제〉, 〈마등출영〉, 〈신유성호접검〉, 〈아이니 아이워〉, 〈쌍웅출사표〉, 〈이역2〉, 〈선학신침〉, 〈정인지기〉

1994 〈중경삼림〉, 〈동사서독〉, 〈도협3: 승자위왕〉

1995 〈류맹의생〉, 〈씨클로〉, 〈구세신곤〉, 〈블라인드 로맨스〉

1996 〈강호대폭풍〉

1997 〈해피 투게더〉, 〈최가박당 지 취가박당〉, 〈감옥풍운〉

1998 〈해상화〉, 〈암화〉, 〈초시공애〉, 〈매일매일 8시간 너를 사랑해〉

1999 〈빅 타임〉

2000	〈화양연화〉, 〈동경공략〉, 〈협골인심〉
2001	〈동거남녀〉, 〈사랑은 방울방울〉
2002	〈무간도〉, 〈영웅: 천하의 시작〉, 〈천하무쌍〉
2003	〈무간도3: 종극무간〉, 〈지하철〉, 〈행운초인〉
2004	〈2046〉
2005	〈서울공략〉
2006	〈상성: 상처받은 도시〉
2007	〈색, 계〉
2008	〈적벽대전: 거대한 전쟁의 시작〉, 〈동사서독 리덕스〉
2009	〈적벽대전2: 최후의 결전〉
2012	〈청풍자〉, 〈대마술사〉
2013	〈일대종사〉
2016	〈파수인〉, 〈헤마헤마〉
2018	〈몬스터 헌트2〉, 〈유럽공략〉
2021	〈샹치와 텐 링즈의 전설〉
2023	〈풍재기시〉, 〈무명〉, 〈골드핑거〉
2025	〈사일런트 프렌드〉, 〈엽호행동〉

[음반]

· 광동어 앨범

1986	《몽롱야우리(朦朧夜雨裡)》
1987	《수원(誰願)》
1993	《난이망기적니(難以忘記的你)》
1994	《일생일심(一生一心)》
1994	《일여야(日與夜)》
1995	《종전...이후(從前...以後)》

· 보통화 앨범

1989	《아심중유애(我心中有愛)》
1993	《일천일점애련(一天一點愛戀)》
1994	《위정소곤(為情所困)》
1995	《착재다정(錯在多情)》
2000	《화양연화(花樣年華)》

2002   《풍사(風沙)》(영화 〈무간도〉 주제곡 수록)

[주요 수상 내역]

1988   제7회 홍콩금상장영화제 남우조연상 (〈인민영웅〉)

1990   제9회 홍콩금상장영화제 남우조연상 (〈살수호접몽〉)

1994   제31회 대만금마장 남우주연상 (〈중경삼림〉)

1995   제14회 홍콩금상장영화제 남우주연상 (〈중경삼림〉)

1998   제17회 홍콩금상장영화제 남우주연상 (〈해피 투게더〉)

2000   제53회 칸영화제 남우주연상 (〈화양연화〉)

2001   제20회 홍콩금상장영화제 남우주연상 (〈화양연화〉)

2003   제40회 대만금마장 남우주연상 (〈무간도〉)

2003   제8회 홍콩금자형장 남우주연상 (〈무간도〉)

2003   제22회 홍콩금상장영화제 남우주연상 (〈무간도〉)

2005   제24회 홍콩금상장영화제 남우주연상 (〈2046〉)

2005   제10회 홍콩금자형장 남우주연상 (〈2046〉)

2007   제44회 대만금마장 남우주연상 (〈색, 계〉)

2008   제2회 아시안 필름 어워즈 남우주연상 (〈색, 계〉)

2022   제27회 부산국제영화제 올해의 아시아 영화인상

2023   제16회 아시안 필름 어워즈 공헌상

2023   제16회 아시안 필름 어워즈 남우주연상 (〈풍재기시〉)

2023   제80회 베니스영화제 평생공로상 (명예 황금사자상)

2023   제36회 중국금계백화영화제 남우주연상 (〈무명〉)

2024   제42회 홍콩금상장영화제 남우주연상 (〈골드핑거〉)

마지막 홍콩배우 양조위

ⓒ주성철, 2026

초판 1쇄 인쇄 2026년 2월 4일

초판 1쇄 발행 2026년 2월 13일

지은이 주성철

펴낸이 유강문

편집2팀 이윤주 김지하

마케팅 김한성 조재성 박신영 김애린 오민정 우지윤

펴낸곳 ㈜한겨레엔 www.hanibook.co.kr

등록 2006년 1월 4일 제313-2006-00003호

주소 서울시 마포구 창전로 70(신수동) 화수목빌딩 5층

전화 02-6383-1602~3

팩스 02-6383-1610

대표메일 book@hanien.co.kr

ISBN 979-11-7213-378-8 03680